KB102625

마음을 흔드는 한 문장

The
Handbook
of Slogans

2200개 이상의 광고 카피 분석

마음을 흔드는 한 문장

라이오넬 살렘 지음 | **네이슨 드보아, 이은경** 옮김

유아이북스

마음을 흔드는 한 문장

1판 1쇄 발행 2013년 7월 10일
1판 4쇄 발행 2018년 7월 25일

지은이 라이오넬 살렘
옮긴이 네이슨 드보아, 이은경
펴낸이 이윤규

펴낸곳 유아이북스
출판등록 2012년 4월 2일
주소 서울시 용산구 효창원로 64길 6
전화 (02) 704-2521
팩스 (02) 715-3536
이메일 uibooks@uibooks.co.kr

ISBN 978-89-98156-10-7 03320
값 20,000원

이 도서의 국립중앙도서관 출판시도서목록(CIP)은 서지정보유통지원시스템 홈페이지
(http://seoji.nl.go.kr)와 국가자료공동목록시스템(http://www.nl.go.kr/kolisnet)에서
이용하실 수 있습니다.(CIP제어번호: CIP2013008904)

일러두기

1. 저작권사와의 협약에 따라 역자들에 의해 한국 사례들이 추가됐습니다.

2. 광고를 본 적이 없는 이들을 위해 관련 동영상 링크를 수록했습니다.

3. 원서의 순서를 바꾸어 스토리 위주로 짜여진 원서의 2부를 1부에 소개하였고, 1부인 산업별 슬로건 모음을 2부로 처리했습니다.

4. 슬로건이나 광고 문구의 번역은 직역했을 때 어색하고 의미전달이 안 되는 경우가 많아, 문맥을 고려하여 의역하거나, 독자의 이해를 돕기 위해 설명을 덧붙였습니다.

어색하고 우스운 콩글리시 꽤 많아

우리는 한국 기업과 제품 홍보 자료를 영어로 번역하는 일을 하는 번역가다. 대표로 이 글을 쓰는 이는 영어가 모국어인 미국인이다. 개인적으로 느끼기에 가장 이상적인 슬로건은 다중적인 의미를 가지고 있어 다양하게 읽힐 수 있는 문장이다. 간결하면서도 풍부한 뜻을 품고 있는 슬로건은 한편의 시이며, 그 진가를 발휘하고 이해하기 위해서는 만드는 이와 보는 이 모두 창의력과 언어와 문화적 소양이 필요하다. 각 언어의 특수성에 맞추어 제작되었기 때문에 다른 언어로 번역할 때 본래의 의미를 정확하고 온전하게 전한다는 것은 거의 불가능에 가깝다. 좋은 슬로건은 아무리 실력 있는 역자라도 번역하기가 까다롭다.

잘못된 광고 번역은 기업뿐만 아니라 국가 전체에 부정적인 인상을 심어준다. 슬로건은 기업과 상품의 얼굴이자 국가 이미지다. 웃음을 자아낼 정도로 잘못된 내용이나 의도치 않게 성적인 발언으로 변질되는 경우에는 기업과 국가 전체가 무지하고 무능하게 비춰질 수 있다.

〈코리아타임즈〉의 톰 코이너 Tom Coyner는 한국인이 광고에 사용하는 영어 번역의 전문성이 떨어진다고 지적한다. 잘못된 슬로건은 한번 웃고 끝날 일이 아니라 외국인 투자자들과 정치적 결정에 지대한 영향을 미친다는 점이 더 큰 문제다.

한국에서 직접 본 바로는 지방자치단체의 도시 슬로건이 가장 충격적(?)이다. OO시의 Best OO는 OO라는 음식을 선전하는 것 같이 보인다. 도시의 정체성에 대해 아무 설명도 없이 Active라는 수식어를 넣은 슬로건도 무의미하다. Aha!나 Wow! 같이 의미 없는 감탄사를 남발하는 홍보 문구는 좀 민망할 정도다.

영어로 된 도시 슬로건이 다 나쁘다는 것은 아니다. 인천광역시의 Fly Incheon, 안성시의 City of Masters, Anseong은 좋은 슬로건이다. Fly Incheon의 경우 한국의 관문이자 국제공항으로 손색없는 인천공항을 떠올린다.

안성시의 City of Masters는 공예와 장인정신을 연상시킨다. City of Artisans, Anseong을 사용했다면 Artisans이 Masters보다 문화적, 예술적인 측면을 더 부각시키며, Anseong과 Artisans 둘 다 A로 시작하기 때문에 듣기에도 좋기는 하지만, 지금 이 자체만으로도 도시의 정체성을 정의하는 좋은 슬로건이다. 동해시의 Sunrise City와 수평선 위 해돋이를 연상시키는 디자인 모두 훌륭하다. 동해를 태양과 바다, 새로운 시작의 도시로 만들어 주기 때문이다.

세계적으로 성공적인 지역 슬로건으로는 문자를 사용해 간략하고 세련된 뉴욕의 I♥NY, 무공해 자연 경관을 자랑하는 뉴질랜드의 100% Pure New Zealand가 있다. 캔자스의 Simply Wonderful은 지역의 특성을 구체적으로 설명하지는 않지만 언어 기교로 군더더기 없고 매력적인 슬로건을 완성시켰다.

여기에서 공통적인 점은 위의 세 곳 모두 영어권 지역이라는 것이다. 성공적인 영어 슬로건을 만들기 위해서는 영어를 사용하는 소비자에게 어떻게 들리는지 문화적, 언어적 측면에서 곰곰이 따져봐야 한다. 한국에서 유행하는 삼행시, 의성어 및 의태어의 형태에 얽매이기보다는 슬로건의 핵심인 정체성과 이미지를 효과적으로 전달할 수 있는 영어 형식을 차용하는 유연성이 필요하다.

영문 슬로건을 만드는 사람이 단어에 숨겨진 미묘한 뉘앙스를 감지하지 못하면 의도하지 않은 느낌을 주게 된다. S우유사의 Milk Itself는 순수한 우유 그 자체를 표방한다는 의도겠지만 영어로는 그 의미가 전달되지 않는다. Milk는 한국인이 흔히 알고 사용하는 명사로서의 의미 '우유'가 있지만 '모유'로 쓰일 때도 있다. '우유를 짜다'라는 동사로도 쓰이기도 한다. Milk itself에서는 milk가 동사로 읽혀 소가 자신의 우유를 짠다, 더 나아가서는 산모가 모유를 직접 짠다는 이미지가 연상된다.

모 워터파크의 Feel the Climax는 워터파크에서 짜릿함을 느끼라는 의도로 제작되어 2012년 여름 대중교통을 이용하며, 길거리에서 흔히 볼 수 있었던 슬로건이다. Feel the Climax 바로 아래에 있는 '절정의 끝까지 가봤어?'라는 도발적인 문구를 보면 분명 한국어 버전에서 성적인 요소를 마케팅에 활용하고 있지만 그보다는 어드벤처성 짜릿함이 더 부각된다. 하지만 영어 슬로건에서는 그렇지 않다. 이 상황에서 Climax는 매우 성적이며 바로 옆에 핫팬츠를 입고 허리까지 드러내고 있는 아름다운 모델은 노골적으로 성을 상품화해 놀이기구의 짜릿함보다는 도발적이고 선정적인 측면만 남는다. 한국 슬로건에서는 성이 약간 가미되었다면 영어에는 성밖에 남아있지 않다.

모 제철기업의 Steel Innovation은 기업의 정체성을 나타내는 steal과 세계적으로 기업의 유행어인 innovation(혁신)을 활용했지만 'steal innovation'과 발음이 같다. 제철분야에서 혁신을 꾀하기보다는 타인의 혁신적인 아이디어를 훔친다는 말로 들린다.

커다란 문법적 오류는 없지만 약간 어색해 약간만 다듬으면 훨씬 좋아질 슬로건도 많이 보인다. 카누의 영어 슬로건은 The Smallest Café in the World로 한국어 슬로건인 세상에서 가장 작은 카페를 번역한 것이다. 영어로 보아도 어색한 점 없이 같은 의미를 전달한다. 하지만 영어 슬로건을 조금만 더 다듬으면 풍부한 의미를 전달할 수 있다. The Smallest Café in the World 대신 The Smartest Café in the World는 어떨까? 기존 슬로건에서 전달하는 "카페에서 갓 내린 것처럼 신선한 원두커피를 스틱 안에 담아두었다는 의미"와 함께 두 가지 의미가 더 생겨난다. 똑똑한 소비자의 똑똑한 커피를 마시는 방식과 고품격 입맛을 가진 소비자에 걸맞는 스타일리시한 방식이라는 뜻까지 함께 전달할 수 있다.

물론 현재 카누의 광고는 슬로건과 영상, 음악, 그리고 모델이 조화를 이루어 이미 포화상태인 인스턴트 커피 시장에 브랜드의 콘셉트와 메시지를 효과적으로 진입했다. 세상에서 가장 작은 카페 후속으로 나온 세상에서 가장 쿨한 카페에 이어 The Smartest Cafe in the World(세상에서 가장 스마트한 카페)를 사용한다면 smartest의 다양한 의미로 제품의 이미지가 더 풍부해질 것이다.

문법적으로 완벽하고 기업 및 제품 정보를 전달하며 함께 이미지까지 풍부하게 만들어 주는 슬로건은 세계 시장에 내놓아도 손색이 없다. 이런 슬로건은 기존에 쓰이는 표현과 여러 가지 뜻으로 해석할 수 있는 단어 등을 활용해 고객에게 감각적으로 다가간다. 아리랑 TV의 Heart to Heart는 마음에서 마음으로, 마음을 터놓고의 의미로 생활 속에서 쓰이는 문구다. 일상적인 표현을 사용해 감성적으로 시청자와 소통하는 방송이라는 느낌을 전달해 무미건조하고 일방적인 다른 기업과 차별화한다.

금호건설의 Home, Smart Home 역시 기존에 있는 표현이자 유명한 노래 제목인 'Home, Sweet Home(즐거운 나의 집)'을 사용해 아늑하고 포근한 집을 연상시키면서도 Sweet를 Smart로 바꿔 첨단 기술로 무장된 최신식 건축물을 추구한다.

LS전선의 Connecting to the Future는 미래지향형 기업 방향을 설명한다. LS전선이 전력, 통신을 다루는 기업이라는 사실을 알게 된다면 케이블을 통해 불을 밝히고 소통을 원활하게 하며 미래를 밝히는 기업이라는 더 깊은 이미지까지 완성된다.

현대전자의 Investing Today, Leading Tomorrow의 한국어 슬로건은 내일을 준비하는 오늘이다. 한국어 원문부터 훌륭하고 직역이 아니라 유연하게 번역하면서 리듬감과 스타일 모두 살렸다. 이 슬로건 역시 "오늘 투자하고 내일 성공을 거둔다", 또는 "오늘에 투자하고 내일을 이끈다"라고 다양하게 해석할 수 있다. 1997년 첫 선을 보인 이 슬로건은 지금 사용해도 효과적일 눈에 띄는 슬로건이다.

매일유업의 Everyday Choice, Everyday Fresh는 매우 창의적인 슬로건이다. 특상급의 신선한 우유를 표방하는 이 슬로건은 매일유업의 이름을 간접적으로 슬로건에 노출했다. 매일유업의 한국어 뜻을 이해하는 소비자에게는 신선하게 다가갈 수 있는 재치 있고 재미있는 영어 슬로건이다.

포스코에너지의 Energy Mover는 간결하고 강력한 슬로건이다. 다양한 뜻은 없지만 단도직입적이기 때문에 기업의 역동적인 면모를 보여준다. 심플한 슬로건도 복잡하고 퍼즐 같은 슬로건만큼 효과적일 수 있는 예다.

현대카드의 Make Break Make는 자연스러운 영어로 서양인은 고안해 내지 못할 새로운 동양적 아이디어를 사용해 현대카드의 혁신성을 자랑한다. 만들고 부수고 새로운 것을 다시 만든다는 콘셉트는 불교의 윤회사상을 연상시킨다. 불교의 이국적이고 정신적인 면모가 현대카드에 이미지를 다각화한다. 또 이 슬로건은 도자기를 빚고 깨는 장인의 모습을 연상시켜 완벽함과 전문성이 떠오른다.

이 슬로건의 주제인 Innovation(혁신)은 기업의 필수 가치지만 모든 기업이 주장하는 만큼 식상할 수도 있는 조심스러운 단어이기도 하다. 하지만 현대카드의 슬로건은 innovation을 직접 언급하지 않으면서 동양적인 이국적이고 신선한 방법으로 혁신성을 강조한다. 언어적인 면에서도 뛰어나다. 메이크 브레이크 메이크로 에이크가 반복되는 라임이 있으며 1음절 단어가 세 번 반복해 시적이다. 형태로도 다른 영어 슬로건과 비교해 손색이 없으며, 영어 슬로건이 보여주지 못하는 방식으로 혁신성과 전문성을 전달하기 때문에 더할 나위 없는 훌륭한 슬로건이다.

대부분이 영어로 된 광고는 사실 영어권 소비자를 위해 만들어졌다기보다 영어가 세계 공용어이며 정치, 경제, 사회, 문화 모든 방면에서 위신 높은 세련된 언어이기 때문에 사용된다. 그렇기 때문에 진정한 슬로건이라기보다 이목을 끌 도구다. 하지만 기왕 영어를 사용하려면 제대로 쓰는 게 좋지 않을까?

많은 한국 기업이 영어 이름이나 슬로건을 사용할 때, 영어 원어민에게는 어떻게 보일지 고려하지 않는다. 그렇다고 그 결정이 틀렸다고는 할 수 없다. 한국인 소비자가 차이를 알아보지 못한다면 구태여 더 올바르고 더 좋은 영어 슬로건을 사용할 필요가 없다. 한국에서 영어는 제1외국어이며, 많은 영어 단어가 이미 한국인의 일상생활에 흡수되어 있음에도 불구하고 대부분의 한국인은 한정된 단어만 알고 있다. 그렇기 때문에 기업이 제목이나 슬로건을 번역할 때 대중이 알고 있는 제한된 영어를 사용해야 한다.

일례로 개인적인 이야기를 나누고 싶다. 픽사의 애니메이션 〈슈퍼배드〉가 2010년 개봉해 한국에서 처음 보게 되었다. 나중에 내가 미국에 돌아가 DVD를 직접 구매하기 전까지 〈슈퍼배드〉의 원제가 〈Despicable Me〉라는 사실을 몰랐다. 왜 한국에서는 제목을 〈Despicable Me〉에서 다른 영어인 〈슈퍼배드〉로 바꿨을까? 어떤 이들은 원래 미국에서 나온 애니메이션이니까 영어 이름으로 결정했다고 할 수 있을 것이다. 그렇다면 왜 〈디스피커블 미〉라고 하지 않았을까? 제목을 어떻게 정할지는 어떤 제목이 더 잘 팔릴지에 따라 달려 있다. 그리고 바로 〈디스피커블 미〉

대신에 〈슈퍼배드〉로 이름이 바뀌게 된 이유다. 〈슈퍼배드〉는 한국인 관객에게 더 가까이 다가갈 수 있으면서 영화와도 어울리는 좋은 영어 사용의 사례다.

한국에서 쓰는 영어에 대한 비판은 조심스러운 일이다. 영어를 어느 정도 하는 사람들은 '파이팅', 또는 '화이팅'이 영어로는 얼마나 말도 안 되는지 잘 알고 있을 것이다. 하지만 한국 사람들은 이 콩글리시에 대해 별다른 거부감이 없어 보인다.

그리고 내가 콩글리쉬를 쓰는 한국인들을 비판할 수도 없는 일이다. 언어는 살아 있는 유기체로서 항상 변화한다. 콩글리쉬 역시 한국어가 만들어지고 발전하는 과정의 일부다.

영어로 시작한 한 단어를 가지고 와서 한국어에서의 의미를 부여하고 그에 맞게 변형시켜 이제는 일상생활에서 쓰이는 말이 된 것이다.

다른 사례로는 '웰빙'이 있다. 실제로 영어권 국가에서도 well-being이라는 단어를 사용하지만 한국에서처럼 유행어는 아니다. 한국에서 쓰이는 웰빙은 '건강한 라이프스타일을 추구하는'이라는 뜻으로 쓰이지만, 영어권에서는 안녕(安寧)과 복지의 의미가 더 강하다. 틀린 영어라기보다 한국과 영어권 국가에서의 뉘앙스가 다르다.

또 다른 예가 있다. Olive Young(올리브영)은 길에서 볼 때마다 빵이나 파스타를 파는 가게라고 항상 생각하게 된다. 이름 자체에는 아무 문제도 없다. 그리고 한국 사람이라면 나처럼 생각하지도 않을 것이다. 한국인들은 올리브영의 이름을 통해서 이국적이고 좋은 품질의 나에게 좋은 상품을 파는 가게라고 생각할 수 있다. 몸에 좋다고 알려진 올리브와 올리브 오일은 한국에서 나는 식품이 아니기 때문이다.

영어로 쓰여 있다고 해서 다 영어 원어민을 위해 만들어졌다고 생각하는 것 자체가 자기중심적인 생각일지 모른다. 애초부터 외국인이 아니라 한국 소비자에 맞춰 기획된 것이고 타깃 고객에게도 잘 전달되고 있으니까 말이다. 이것이 바로 단지 영어로 되어 있다고 해서 잘못된 콩글리쉬라고 비판할 수 없는 이유다.

영어 원어민이 라틴어나 그리스어, 프랑스어를 사용하는 것처럼 한국인은 영어를 사용한다. 이국적이고 세련된 느낌을 주고 품격을 높이기 위해서…. 하지만 한국 기업은 국내 시장에만 너무 치중하다 보니 세계인에게는 어떻게 보일 지까지 생각하지 못한다. 느낌만 좋으면 의미는 2차적인 문제다. 하지만 여기에도 주의사항이 있다. 세계 시장으로 진출하려면 한국인 외에 더 많은 사람들에게 다가갈 수 있어야 한다.

'We'(우리)와 '즐'(거움)의 합성어가 이름이 된 아이스크림 위즐은 영어권 국가에서는 팔기 쉽지 않은 음식이다. 한국어로는 창의적이고 성공적인 이름일지 몰라도 Weasel(족제비)과 발음이 유사한 이 아이스크림은 거부감을 유발한다. 소비자들은 아이스크림 안에 뭐가 들었는지 알고 싶지도 않고 직접 먹어보면서 맞춰보려고 하지도 않을 것이다.

번역가로서 한국인 마케터에게 몇 가지 조언을 하고 싶다. 좋은 슬로건을 만들고 싶다면 한글을 사용하라. 굳이 영어를 사용하면서 자국의 정체성과 문화, 언어의 가치를 낮출 필요는 없다. 게다가 잘못 사용하는 경우에는 무지함이 드러나 역효과가 날 것이다.

그래도 영어를 쓰고 싶다면 번역은 피하라. 실력이 있는 영어 작문가를 찾아 처음부터 영어로 기획해 더 자연스럽고 멋들어진 슬로건을 만드는 것이 효과적이다.

한국어식 슬로건과 제목은 번역했을 때도 어색하다. 만약 번역을 꼭 해야만 한다면 번역가와 긴밀하게 작업해 원문을 영어에 맞게 고쳐가면서 작업하라. 번역은 마법이 아니다. 번역가 또한 마술사가 아니다. 수준 낮은 원문을 주면서 번역가에게는 일류의 영어 슬로건을 만들라고 하는 것 자체가 어불성설이다. 괜찮은 원문이 있더라도 한국어에서는 가능한 기교가 영어에서는 유치해지거나 말이 되지 않을 수 있다. 제목과 슬로건, 또는 홍보문을 영어권 독자가 읽었을 때 명확하게 전달될 수 있도록 신경 쓰라. 슬로건이 기업과 제품의 첫인상이며 곧 국가 브랜드라는 점을 명심하자.

Part 2 산업별 영문 슬로건 모음

CONTENTS

THE
HANDBOOKS
OF SLOGANS

Part 1

슬로건 스토리

슬로건의 가장 근본적인 기능은 소비자에게 기업을 알리고 상품 및 서비스의 구매 욕구를 불러일으키는 것이다. 이 기본적인 목표를 바탕으로 전달하고자 하는 기업의 이미지, 제공하는 상품 및 서비스의 특성, 기업이 지향하는 고객과의 관계 등에 따라 슬로건의 성격이 세분화된다. 슬로건을 구분하는 방식에는 여러 가지가 있겠지만 이 책에서는 슬로건의 주체인 기업 및 제품 중심 유형, 슬로건의 대상인 고객 중심 유형, 그리고 슬로건의 묘미인 언어유희를 활용한 유형을 소개하며 마지막으로는 위에 포함되지 않는 캠페인 유형을 다룬다.

Chapter **1**

기업/제품 중심 슬로건

업계 최고를 강조하다 –

기업 아이덴티티에 초점을 맞추다 –

미래지향적 기업방향에 초점을 맞추다 –

제품 특성을 강조하다 –

브랜드 고급화를 지향하다 –

01
업계 최고를
강조하다

업계 최고를 주장하는 슬로건은 기업 중심 유형 중에서도 가장 간단하고 기본 목적에 충실한 형식이다. 많은 슬로건이 업계 최고, 최다, 최대, 가장 ~한, 세계 최고, 또는 국내 No.1이라는 타이틀을 지향한다. '최고'의 강조는 고객에게 다가가기 손쉬운 방법이지만, 그만큼 자주 사용되기 때문에 자칫 식상하며 설득력이 떨어질 수도 있다. 그럼에도 조금만 더 세련되게 만든다면 업계 최고를 지향하면서 기업의 이미지까지 만들 수 있는 방법이기도 하다.

아마존의 The world's largest bookstore(세계 최대 서점)는 세계 최고라는 가장 기본적인 정보를 강조하는데 충실한 슬로건이다. 한편 아마존의 다른 슬로건 A bookstore too big for the physical world(물리적으로 존재하기엔 너무 큰 서점)는 더욱 재치 있고 아마존에 잘 어울린다. 천편일률적인 구문 최대/최다를 사용하는 것보다 온라인 서점의 특성을 잘 나타면서 최대 서점이라는 정보를 은연 중에 잘 전달하고 있다.

벤츠의 The best or nothing(최고가 아니면 만들지 않습니다) 역시 근본적으로는 최고의 제품을 만드는 것을 자랑하는 문구지만 세계 최고 자동차, 또는 최다 판매 자동차라는 직접적인 표현보다 세련되었으며 설득력 있다. 마찬가지로 BMW의 The ultimate driving machine(궁극의 드라이빙 머신) 또한 표면적으로는 우리 차가 최고라는 정보를 전달하면서 BMW는 굳건하고 무게감 있고 품격 있는 기업이라는 이미지를 굳힌다.

아마존 닷컴 Amazon.com

지난 10년간의 인터넷 기업의 성공 신화 이야기가 나오면 가장 먼저 떠오르는 것이 아마존이다. 아마존 닷컴은 1994년 현 사장이자 CEO, 이사회 회장인 제프 베조스Jeff Bezos가 설립했다. 지난 17년간 임직원 수는 약 3만4000명으로 증가했다. 초창기에는 인터넷으로 도서만 판매했지만 이후 DVD, 비디오 게임, 장난감, 신발, 주방용품, 가구 등으로 확장했다. 본사는 시애틀에 위치한다. 기존 로고는 큰 대문자 A 위로 긴 강이 투시되어 있는 모습이었으나, 현재 로고는 기업명 Amazon 아래 a와 z가 미소로 연결되어 있는 모양이다(www.kokogiak.com/gedankengang/2004/07/amazoncom-logo-timeline.html 참고).

1995년 아마존의 초기 슬로건은 The world's largest bookstore(세계 최대 서점), 또는 The earth's biggest bookstore(세상에

서 가장 큰 서점)였다. 2002년 들어 기업은 새로운 슬로건 …and you're done(…여기서 쇼핑 끝)을 선보였다. 아직 이 두 슬로건의 영상 광고는 없지만 아마존의 전자북 킨들Kindle을 홍보하는 광고는 많이 있다. 그중 몇몇은 애플의 아이패드를 직접적으로 겨냥하고 있으며, 다른 광고는 경쟁사 제품과 호환성 차이에 중점을 두고 있다.

2010년 9월에 출시된 33초짜리 킨들 광고에는 야자수 나무가 있는 수영장이 나오고 한 젊은 여성이 매트리스에 기대어 킨들을 읽고 있다. 옆에서 아이패드를 사용하는 듯한 사람이 물어본다.

"저기요, 그거 어떻게 읽고 계시나요? 가벼워요?"

"이건 킨들이에요. 139달러예요. 사실 제 선글라스가 더 비쌌어요."

그 후 광고는 The all-new kindle(새로운 킨들)로 끝난다.

다른 TV 광고는 책 80만 권 분량의 정보를 자랑하며 킨들이 'lighter than a paperback(종이책보다 가볍다)'이라고 홍보한다. 광고 말미에 책을 옹호하는 말 'The book lives on!(그래도 책은 계속된다)'이 나오지만 아마존과 실물 서점과의 지속적인 경쟁구도를 분명하게 보여준다. 필자는 개인적으로 종이책을 선호하지만 한편으로는 아마존을 이용해 어디에서도 구할 수 없는 책을 주문할 수 있어 많은 도움을 받았다.

BMW

BMW는 바이에리쉐 모토렌 베르케[Bayerishe Motoren Werke]의 약자다. 이 기업은 1916년에 설립되었으며 본사는 뮌헨에 자리한다. BMW는 1923년부터 오토바이를, 1928년부터 자동차를 제작해왔다. 1998~1999년부터는 롤스로이스의 자동차 제작팀도 소유해왔다. 슬로건에 대한 이야기로 넘어가기 전에, 우선 4등분된 원 모양의 하얀색과 파란색 로고부터 이야기하고자 한다. 이 로고의 기원이 파란 하늘을 가르는 하얀 프로펠러인지, 또는 파란색과 하얀색의 마름모꼴을 배경으로 하는 바바리아 왕국의 깃발에서 기인한 것인지는 확실하지 않다.

The Ultimate Driving Machine(궁극의 드라이빙 머신)이라는 슬로건은 당시 뉴욕에 광고사를 시작한지 얼마 되지 않은 랄프 아미라티[Ralph Ammirati](당시 48세)와 마틴 퓨리스[Martin Puris](당시 36세)에 의해 고안되어 1975년부터 BMW를 대표해왔다. 랄프와 마틴은 이미 피아트[Fiat]의 광고를 성공적으로 제작하기도 했다. 3년간 BMW 세일즈 담당 부사장이자 경영이사회 멤버였던 밥 루츠[Bob Lutz](1972~1974년)가 이 광고 회사를 선정한 것으로 보인다.

비록 1993년 2월 11일 멀렌 광고사[Mullen Advertising]가 아마라티와 퓨리스를 대신해 BMW의 광고를 맡게 되었어도 기존의 슬로건은 잊혀지지 않고 기업의 성공에 결정적으로 기여했다. 종종 슬로건이 바뀔 것이라는 루머가 있었는데 2006년 A company of ideas(아이디어 기업)가 한 예다.

하지만 마케팅 전문가인 조이 밥스는 2009년 11월 4일 BMW 블로

그에 이런 글을 올렸다. "당신이 BMW를 운전해본다면 단순히 한 곳에서 다른 곳으로 이동하는 교통수단이 아니라는 것을 부정할 수 없을 것이다… 이 차에는 정신이 담겨 있으며 즐길 가치가 있다."

BMW 5 시리즈의 3분 14초 온라인 광고 영상(2008년 11월)에는 수백 개의 타원형 방울이 허공에 끊임없이 떠 있는 것이 보인다.[1] Innovation(혁신), Technology(기술), Design(디자인), Verantwortung(책임감), Kompetenz(능숙함), Mobilität(기동성) 등의 카피가 천천히 나타났다 사라진다. 시청자가 지루해질 때쯤 방울들이 모여 차의 윤곽을 만든다.

—
참고한 광고 영상 주소

비슷한 구슬 광고
http://www.youtube.com/watch?v=go2mZnRPqnQ&feature=g-hist
http://www.youtube.com/watch?feature=endscreen&v=Gys8qv4KX5M&NR=1

---

1 이 광고 정보를 제공한 스테펜 보겔(Steffen Vogel; BMW 그룹)에게 감사를 표한다.

영국항공 British Airways(BA)

영국항공은 영국의 주요 항공사다. 본사는 항공사의 허브인 히드로 공항에 근접한 도시 워터사이드에 자리하고 있다. 1999년 2월 아메리칸 항공, 캐세이 퍼시픽 Cathay Pacific, 콴타스 항공과 원월드 제휴 Oneworld alliance를 체결한 이후, 2011년 1월에 이베리아 항공과 합병하며 국제항공그룹인 IAG를 창립시켰다. 영국항공의 CEO는 키스 윌리엄스 Keith Williams며 이사회 회장은 마틴 브라우턴 Martin Broughton이다.

영국항공의 슬로건 The World's Favorite Airline(세계에서 가장 사랑받는 항공사)은 1989년 사치앤사치 Saatchi & Saatchi가 제작한 얼굴 모양 광고로 처음 소개되었다. 이 광고는 수영하는 사람들이 해변으로 올라가 입술 모양을 만들고, 각 지역에 있는 다른 사람들은 눈과 귀 모양까지 만든다. 마지막으로 광고는 수천 명의 사람들이 사람 얼굴 모양을 이룬 것을 높은 상공에서 바라보며 끝을 맺는다.

이 슬로건의 배경 음악으로는 한때 레오 들리브 Leo Delibes의 오페라 'Lakmé(라끄메)' 중 '꽃의 이중창'(1883년 작곡. 1989년 당시 작곡 후 100년이 지났기 때문에 공용 도메인에 속함), 말콤 맥라렌 Malcolm McLaren의 'Aria on Air(공중의 아리아)'가 사용된 적도 있지만 여전히 들리브의 음악과 함께 기억된다(www.secondhandsongs.com 참조).

참고한 광고 영상 주소

얼굴 모양
http://www.youtube.com/watch?v=NAcBsSzjiUo&feature=g-hist

CNN

1980년 6월 1일에 본사가 있는 애틀랜타에서 시작된 CNN(Cable News Network)은 설립 후 얼마 안 되어 세계에 손꼽히는 TV 뉴스 채널로 자리 잡았다. 타임워너 Time Warner의 자회사인 터너 방송사 Turner Broadcasting System 소속이다. CNN 월드와이드 CNN Worldwide의 사장은 방송사 설립 1년 후 입사한 짐 월튼 Jim Walton이고, 미국 지사의 책임자는 켄 자우츠 Ken Jautz다.

CNN의 미국 네트워크는 폭스뉴스 Fox News와 MSNBC와 치열한 경쟁을 벌이고 있다. CNN에서 가장 유명한 프로그램은 아마 래리 킹이 다양한 분야의 유명인과 인터뷰하는 토크쇼 래리 킹 라이브 Larry King Live일 것이다. 이 프로그램은 2010년 12월 종영했다. CNN의 용감한 종군기자는 크리스티안 아만푸어 Christiane Amanpour며 그녀 역시 2010년 CNN을 떠났다.

가장 최근 슬로건을 제외하고 CNN은 자회사가 가장 처음으로 보도한다는 것을 홍보하는 슬로건을 채택했는데, 1991년 슬로건은 Covering the world like nobody can(그 누구도 우리만큼 뉴스를 전달하지 못합니다)이다. 같은 해에 BBC 월드 BBC World가 시작되었지만 당시에는 CNN처럼 24시간 뉴스를 상영하지 않았다. World's news leader(월드 뉴스 리더; 1992년 이후), 그리고 Be the first to know(가장 빨리 뉴스를 접하십시오; 2001년 3월부터 2009년 9월)가 있다.

슬로건이 주장하는 대로 CNN은 9.11사태를 처음으로 알리며 화염에 휩싸인 쌍둥이 빌딩을 보도한 TV 채널이다. CNN의 가장 최근 슬로건은 Go beyond borders(국경을 넘어서)며, CNN 글로벌 마케팅 부서와 크리에이티브 부서, 투스+네일 에이전시 Tooth+Nail Agency(보스턴)와 합작으로 만들어졌다. 베를린 장벽 붕괴 20주년 조금 전 2009년 9월 21일에 베를린 장벽 아트 프로젝트 Berline Wall Tape Art Project(수석 크리에이티브 디렉터 기도 헤펠 Guido Heffels, 크리에이티브 디렉터 마일즈 로드 Myles Lord)의 일환으로 소개되었다.

CNN은 슬로건이 사이사이에 적힌 40km 길이 빨간 테이프를 기존 베를린 장벽이 서있던 자리에 표시했다. 빨간 테이프는 베를린 예술가 엘 보초 El Bocho의 예술 작품 8개와 함께 전시되었으며, 지도 제작은 구글과 협력했다. 근래에 CNN은 닉 로버슨 Nic Robertson이 리비아에 있는 로커비 폭파사건 주범 알 메그라히 al-Megrahi를 찾아 처음 보도하는 방송사가 되었다.

메르세데스 벤츠 Mercedes-Benz

메르세데스 벤츠는 다임러 AG Daimler AG의 한 부서로 현존하는 가장 오래된 자동차 제조사다. 이 기업의 시초는 1886년 칼 벤츠 Karl Benz가 최초의 휘발유로 가는 차를 만들면서 시작된다. 메르세데스 벤츠의 본사는 슈투트가르트 Stuttgart에 위치하며 기업은 트럭과 버스도 제작한다. 메르세데스 벤츠 자동차 회장은 다임러의 회장을 겸임하고 있는 디터 제체 Dieter Zetsche며, 다임러 이사회의 회장은 만프레드 비숍 Manfred Bischoff이다.

오랜 시간 최상급의 고급 자동차를 생산해온 메르세데스 벤츠는 2인용 소형차 모델로도 성공적이다. 메르세데스는 로마나 그리스의 여신 이름이 아니라, 알렉상드르 뒤마의 소설 《몬테크리스토 백작》의 여주인공의 이름이다. 이 책의 영문판은 1846년 발간되었다. 자동차 브랜드명이 여성의 이름을 딴 것이었다(www.cybersteering.com에 따르면 오스트리아, 헝가리, 프랑스와 미국 다임러 사장의 딸 이름이 메르세데스라고 한다. 이 이름 역시 유명한 소설에서 따왔을 가능성이 높다).

최근에 나온 슬로건으로는 2010년 6월에 소개된 The best or nothing(최고가 아니면 만들지 않습니다; 샬머 아브농 아미카이 Shalmor Avnon Amichay/Y&R 인터액티브 Y&R Interactive, 텔 아비브 Tel Aviv)과 2011년 2월 선보인 Welcome(환영합니다; 머클리 & 파트너스 Merkley & Partners, 뉴욕)이 있다.

네이버 등-최고 지향 슬로건

이 책에 소개된 영어 슬로건과 한국에서 자주 접하는 슬로건을 보면 언어를 불문하고 최고를 자부하는 슬로건이 가장 많이 눈에 띈다. 특히 국내 1위를 주장하는 슬로건은 너무 많아 세기가 힘들 정도다.

일부만 보더라도 대한민국 1등 건설사(대우건설), 대한민국 No.1 검색포털(네이버), 대한민국 1등 인터넷서점(Yes24), 대한민국 1등 공기탈취제(그레이드 크린에어), 대한민국 1등 복사기(하이퍼CC), 대한민국 1등 여성복 브랜드(여성 크로커다일), 대한민국 1등 인터넷 쇼핑몰(LG eshop), 대한민국 No.1 어린이 채널(JEI 재능방송), 대한민국 No.1 채널(OCN), 대한민국 대표 기술(종근당), 대한민국 대표 냉장고(지펠 삼성전자) 등 수많은 슬로건이 있다. 그만큼 1등이라는 팩트는 소비자에게 강하게 어필할 수 있는 정보이기 때문이다.

그런데 업계 최고를 자부하는 슬로건은 기업 중심적 슬로건 중 가장 기본이지만, 앞으로 다뤄질 고객 중심적 슬로건, 언어유희 슬로건과 정교한 면에서 비교된다. 슬로건의 가장 기초적인 역할을 해내지만 그만큼 단순하고 차별화되기 어려운 슬로건이기도 한 것이다.

02
기업 아이덴티티에
초점을 맞추다

기업의 정체성을 정의하는 슬로건은 업계 최고를 자칭하는 슬로건보다 한 단계 발전된 유형이다. 최고를 지향하는 슬로건은 은연 중에 타사와의 경쟁을 암시하는 반면 기업의 정체성을 정의하는 슬로건은 업종 전체를 압도하며 상대적 우위보다는 변치 않는 절대적 가치를 내건다.

이케아의 슬로건 The life improvement store(생활개선 스토어)는 자사를 생활개선 스토어로 정의하면서 슬로건의 기본적인 역할, 즉 기업과 제품을 소개한다. 어찌 보면 투박해 보일 수 있는 이 슬로건은 이케아를 가구 및 주방용품 업계와 동일시하면서 간접적으로 업계 최고를 지향한다. 한마디로 이케아는 가구, 가구는 이케아가 되는 것이다. 타사와의 직접적인 경쟁 없이 누구도 근접할 수 없는 오리지널 '생활개선 스토어'가 되는 것이다.

업종에 맞춰 정체성을 정의할 수도 있지만 그보다 더 큰 가치로 아이덴티티를 정의할 수도 있다. 9.11사태 이후에 나온 아메리칸 항공의 슬로건 We are an airline that is proud to bear the name: American(우리는 아메리칸이라는 이름을 자랑스럽게 여깁니다)은 테러에 이용된 비행기 두 대가 모두 아메리칸 항공기였기 때문에 유발될 수 있는 부정적 연상을 기업 정체성 확립으로 극복한 매우 성공적인 사례다.

슬로건과 함께한 광고에서 아메리칸 항공은 자사가 "We are a way of life, the freedom to come and go, anywhere, anytime, with confidence and peace of mind(자신과 평정심을 갖고 언제 어디로든 자유로이 여행하는 삶의 방식)"라고 설명하며 아메리칸 항공을 보다 큰 가치와 동일시시킨다. 기업의 정체성을 미국으로, 더 나아가서 미국이 상징하는 자유와 자신감, 평정심의 영역까지 확장시킨다. 테러 이후 희생자와 유가족에게 애도를 표하면서도 역경을 기회로 삼아 기업의 정체성을 확고하게 자리매김하는 것이다.

아메리칸 항공 American Airlines

아메리칸 항공은 수송 여행객 누계(2010년 기준 1억5000만 명)로는 세계 3위, 여행객 수와 비행거리를 곱한 수로는 세계 1위인 세계적 기업이다. 아메리칸 항공의 본사는 텍사스Texas 주 포워스Fort Worth에 있다. 이사회 회장이자 CEO는 제라드 아페이Gerard Arpey다.

아메리칸 항공 여객기(보스턴에서 로스앤젤레스 구간을 운항하는 보잉 767)는 9.11사태 당시 쌍둥이 빌딩 테러의 첫 번째 희생자며 오전 8시 45분

북쪽 타워에 충돌했다. 두 번째 비행기(워싱턴에서 로스앤젤레스 구간을 운항하는 보잉 757)는 오전 9시 43분 펜타곤에 추락했다. 9.11사태 직후 아메리칸 항공은 TV와 캠페인을 통해 이러한 광고를 내보냈다.

"우리는 항공사입니다. 하지만 이번 일로 인해 그 이상이라는 것이 분명해졌습니다. 우리는 자신감과 평정심을 갖고 언제 어디로든 자유로이 여행하는 삶의 방식입니다. 우리는 아메리칸이라는 이름을 자랑스럽게 여깁니다."

1981년부터 아메리칸 항공의 광고를 담당해오던 광고 에이전시 TM 광고사(인터퍼블릭 그룹 Interpubliic Group 소속)가 2004년 9월에는 We know why you fly(당신의 여행을 이해합니다)라는 슬로건을 소개하며, 1984년부터 2000년까지 쓰여오던 Something special in the air(하늘에서의 특별함)과 그 이전에 쓰이던 the ontime machine(정시운항의 달인)을 대체했다. 이 프로젝트를 담당한 주요 임원으로는 그룹 크리에이티브 디렉터 빌 오클리 Bill Oakley, 크리에이티브 디렉터 셉 켈람 Shep Kellam, 카피라이터 제이슨 니바움 Jason Niebaum, 아트 디렉터 크리스 시마 Chris Cima, 제작자 할 댄츨러 Hal Dantzler, 제작사 목시 픽처스 Moxie Pictures가 있다.

30초 TV 광고(2006년 10월 1일)에는 AA 비행기가 구름을 뚫고 착륙하는 모습이 나온다. 승무원은 이 아메리칸 항공 여객기가 도쿄에서 밤비행을 마치고(시카고로 추정되는) 도착지에 착륙한다고 방송한다. 그 이후 옅은 미소를 지으며 행복하게 자고 있는 한 승객 모습이 나오며 그 뒤로는 승무원의 환승 안내가 계속 나온다. 광고 구문은 American Airlines flies to Shanghai, Tokyo and Delhi everyday(아메리칸 항공은 매일 상해, 도쿄, 델리로 출항합니다)다.

―
참고한 광고 영상 주소

http://www.youtube.com/watch?v=XzGSbjdpeRg
하늘에서의 특별함
http://www.youtube.com/watch?v=Afy4RuOmDG0
정시운항의 달인
http://www.youtube.com/watch?v=3D9xOD6brN8

| 호주 Australia

호주는 1606년 네덜란드 항해사 빌렘 얀스존Willem Janszoon이 발견한 대륙이다. 호주는 독립국이지만 영국 여왕을 대표하는 총리를 통해 영국과 연을 맺고 있다.

인구는 2200만 명을 상회하며 호주의 국기를 이해하기 위해서는 약간의 해독이 필요하다. 국기 좌측 상단의 연방기와 호주의 6개주를 나타내는 연방의 별과 우측으로는 남십자성으로 구성되어 있는데, 남십자성은 4개의 별 알파, 베타, 감마, 델타, 그리고 지구에서 단 57광년밖에 떨어지지 않은 작은 별 엡실론으로 이루어져 있다.

호주가 현재 홍보하는 슬로건은 DDB 시드니가 2010년 3월 31일 출시한 There's nothing like Australia(호주만한 곳은 없습니다)다. 곧이어 TV 광고로 나왔으며 그중 1분 30초 광고(감독 마이클 그레이시Michael Gracey, 제작 프로디지 필름즈Prodigy Films, 음악 조쉬 아브람스Josh Abrahams)는 호주의 대표적인 영상들을 차례로 보여준다.

석양이 지는 바다 위로 파도 타는 사람이 두 명, 그리고 저 멀리에는 돌고래가 있다.

"이것만한 게 없지? 안 그래? 이만한 해돋이나 첫 파도… 해안가 따라 여행하기…"

새로운 구절이 나올 때마다 장면이 바뀐다. 새벽녘 해변의 피아노, 낙타가 노니는 석양이 지는 해변, 코알라를 안고 있는 여자 아이, 캥거루 무리, 불꽃이 찬란한 시드니 오페라 하우스 등 매력적인 장면들이다. 단 한 가지 문제는 호주가 이 슬로건을 내걸었을 때 뉴질랜드의 도시 웰링턴 역시 호주 관광객을 겨냥해 There's no place like Wellington(웰링턴만한 곳은 없습니다)이라고 슬로건을 내놓았다는 사실이다.

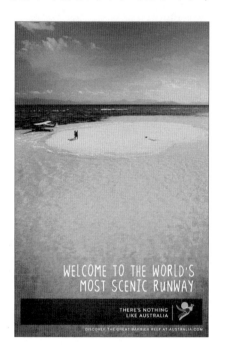

—
참고한 광고 영상 주소

http://www.youtube.com/watch?v=bvH4vSeGz4I

바클레이스 Barclays

바클레이스는 영국의 주요 은행 중 하나며 세계 10대 은행이자 금융

기관이다. 다른 주요 은행과 마찬가지로 핵심 업무는 크게 두 부문으로 나뉜다. 일반인을 상대로 하는 소매금융 업무와 투자Barclays Capital, 기업금융Barclays Corporate, 자산관리Barclays Wealth 등 보다 개별적인 금융 서비스가 있다.

바클레이스의 로고는 1690년 은행을 설립 당시 날개를 펼친 독수리 모양으로[2] 로고 지정 이후 계속 쓰이다가 1981년 새로 그려졌다. 바클레이스라는 이름은 설립자 중 한 사람의 사위 제임스 바클레이스James Barclays가 동업자로 참여한 1736년에 그의 성을 본떠 지정되었다. 바클레이스의 본점은 카나리 와프Canary Wharf에 위치하며 영국의 명망 높은 축구 프리미어리그를 후원한다. 바클레이스의 최고 경영자는 2011년 1월 1일 취임한 미국인 은행가 로버트 E. 다이아몬드Robert E. Diamond, Jr다.

바클레이스의 유명한 슬로건 Fluent in Finance(금융에 능통한)는 2002년 광고 에이전시 바틀 보글 헤가티Bartle Bogle Hegarty (BBH; 마크 햇필드Marc Hatfield와 핏 브래들리Pete Bradly)가 소개했으며 그로부터 약 10년간 사용되었다. 가장 최근에 나온 슬로건 역시 BBH(크리에이티브 디렉터 맷 도만Matt Doman, 이안 하트필드Ian Heartfield, 마크 레디Mark Reddy)가 제작한 Take one small step(한 걸음씩 차근차근)이다. 이는 2008년 4분기에 일어난 금융위기 정점인 2009년 3월 발표되었는데, 그 당시 경제 상황이 슬로건에 반영되어 있다. 'step(걸음)'이라는 단어는 슬로건에 있는 다른 세 단어보다 살짝 위에 위치해 있어 계단의 모습을 보여준다. 이 슬로건은

---

2 2007년 바클레이스가 ABN-AMRO와 합병되려고 했을 때 독수리 로고를 바꾸자는 의견이 있었지만 합병이 이루어지지 않았다.

바클레이스가 기본에 충실하며 자산관리를 철저히 해서 고객의 자산
이 열매를 맺도록 한다는 뜻을 내포하고 있다. 이후 메조필름MezzoFilms이
이 슬로건을 이용해 5만 파운드 상금이 걸린 온라인 대회를 홍보하는
데 사용했다.

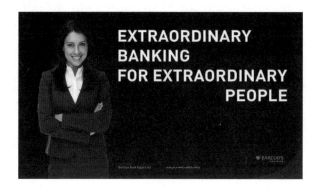

BBC

BBC라는 이름은 복잡하게 얽힌 언론사들을 총칭한다. 간략하게 보
면 BBC는 근래에 취임한 총재 조지 엔트위스텔George Entwistle을 수반으
로 BBC 트러스트BBC Trust라 불리는 이사회(회장 패튼Lord Patten of Barnes)가 이
끌고 있다. 1922년 10월 18일 설립 이후 현재 약 2만3000명의 직원을
두고 있으며 75%의 수입은 연간 TV 시청료에서 창출된다. 10개의 전
국적 라디오 방송망 외에 8개의 공중파 채널인 BBC1, BBC2, BBC3,
BBC4, BBC News, BBC Parliament, CBBC, CBeebies를 운영한다.
이 모두 프리뷰Freeview를 통해 무료로 시청할 수 있다. BBC 월드뉴스BBC

World News는 BBC의 국제 사업부다.

BBC는 제2차 세계대전 중 BBC 라디오의 활약으로 가장 유명하고 존경받았다(TV 방송은 1939년 9월 1일 이후 중단되었다). 1940년 5월 13일 BBC는 유명하고 역사적인 처칠의 명연설을 방송했다.

"저는 피와 노력과 땀과 눈물 외에 드릴 것이 없습니다. 승리 없이는 살아남을 수 없습니다."

또한 드골은 1940년 6월 18일 BBC 방송을 통해 호소문을 읽었다.

"그 어떤 일이 일어나든, 프랑스의 저항의 불꽃은 꺼지지 않아야 하며 꺼지지 않을 것이다."

BBC는 1997년부터 2006년까지 A Perfect day(완벽한 날)라는 슬로건을 사용했다. 유명한 1997년 TV 광고에서 29명의 가수가 로 리드의 유명한 노래 한 구절을 노래한다. 영상 마지막에는 "당신의 음악 취향이 어떻든지 BBC 라디오와 텔레비전이 당신의 구미를 맞춥니다"와 You make it what it is(당신이 우리를 만듭니다)가 뜬다. 이 마지막 문구는 1990년대 슬로건으로 쓰였다.

2006년 3월 25일 광고 에이전시 팔론Fallon이 This is what we do(이것이 우리가 하는 일입니다)라는 광고 카피를 소개했다. 첫 번째 광고는 담당 편집자 존 심슨John Simpson이 BBC 촬영진과 당나귀 28마리와 함께 카불로 들어가는 모습이다. 이 두 슬로건은 눈에 띌 만한 공통점을 가지고 있다. 이 책이 집필되는 당시 심슨은 리비아에 상황을 중계하고 있었다.

—
참고 영상

완벽한 날
http://www.youtube.com/watch?v=WJpQJWpVJds
이것이 우리가 하는 일입니다. 유투브에 본문에 언급된 영상은 없음.
그 외 카피와 관련된 영상
http://www.youtube.com/watch?v=PJn2P94L6uU

브리티시 가스 British Gas

브리티시 가스의 입지는 긴 세월에 걸쳐 다져졌다. 1948년, 1972년, 1986년에 걸쳐 가스법이 브리티시 가스가 1997년 2월까지 국내 가스 공급 서비스를 하도록 정의했으며, 1997년 이후 조정이 더 이루어져 우리가 아는 지금의 브리티시 가스는 윈저Windsor에 위치한 센트리카Centrica 소속이다. 센트리카의 의장은 로저 카 경Sir Roger Carr이, CEO는 샘 레이드로Sam Laidlaw가 역임하고 있다. 센트리카는 영국 FTSE 100지수에 상장되어 있다.

브리티시 가스는 유럽에 손꼽히는 중앙난방 시스템 제공자며 고효율 에너지 보일러와 세련된 디자인 보일러 등을 취급하며 많은 영국 가정에 가스와 전기를 공급한다. 브리티시 가스는 흥미롭게도 특별한 연관 관계가 없어 보이는 영국 수영팀을 후원한다. 브리티시 가스는 2009년 3월 영국 수영의 대표 데이빗 스파크스David Sparkes와 마케팅 디렉터 릭 블레믹스Rick Vlemmiks와 1500만 파운드 지원 계약을 맺었다.

런던 광고회사 CHI & Partners(런던)가 고안한 슬로건 Looking after your world(세상을 돌봅니다; 2008년 9월)는 CHI가 주도한 빅아이디어즈 Big Ideas의 협업으로 만들어졌다. 비록 영국 광고표준위원회가 2010년 4월 28일 과대 광고의 이유로(이 TV 광고는 크리스마스 당일에도 수리해 줄 것이라는 인상을 남긴다) 금지하기는 했지만 다른 31초 분량의 광고(2009년 3월)는 매력적이다.

자신들만의 행성에 사는 한 커플이 집을 더 푸르게 하기 위해 쓰레기를 버리는 모습과 함께 내레이션이 나온다.

"우리 브리티시 가스는 우리의 역할을 합니다… 세계 최대의 해양 풍력발전소 개발과 당신에게 재생 가능하고 적당한 가격의 에너지를 공급합니다."

이 영상은 호네트 Hornet Inc(뉴욕)가 제작, 길레르메 마콘데스 Guilherme Marcondes가 감독했다.

다른 30초 영상(2010년 10월)에는 집이 뒤집어져 있는 모습이 나오고 브리티시 가스 글씨가 뒤집혀져 있다.

"우리는 난방과 온수가 없으면 당신의 삶이 엉망진창이 된다는 것을 잘 알고 있습니다(CHI 제작, 맷 팜Matt Pam, 시몬 힙웰Simon Hipwell).[3]"

최근에 브리티시 가스는 미터기를 읽고 전기세를 내는 'Energy Smart(에너지 스마트)' 방식을 소개했다. 에너지 스마트는 슬로건처럼 쓰이는데 성공할 수도 있다.

—
참고한 광고 영상 주소

http://www.youtube.com/watch?v=pWZCbkBJEZU&feature=g-hist
http://www.youtube.com/watch?v=dDh3o7yd67M&feature=g-hist

---

3 이 슬로건 정보를 제공한 CHI 소속 아담 윈투어(Adam Wintour)에게 감사를 표한다.

시스코 Cisco

시스코는 1984~1985년 스탠포드 대학의 렌 보삭Len Bosack과 샌디 러너Sandy Lerner와 리처드 트로이아노Richard Troiano가 설립했다. 시스코Cisco라는 기업명은 샌프란시스코San Francisco에서 따왔으며 라우터를 제작한다. 인터넷 데이터를 송수신하는 가정은 라우터나 모뎀이 필요하다.

시스코는 최근 다각화를 했는데 그중 하나는 2006년 합병한 사이언티픽 애틀랜타Scientific Atlanta를 통해 확장한 케이블 TV 산업이다. 존 T. 챔버스John T. Chambers가 CEO와 회장을 각각 1995년과 2006년부터 역임하고 있다. 기업 로고는 파란색 줄이 세로로 파도치는 모습인데, 이것은 시스코가 네트워크상 정보를 보내는 모습을 상징하며 그 하단에는 빨간색 글씨로 기업명이 쓰여 있다.

2006년 10월 이래 시스코의 주요 슬로건은 Welcome to the human network(휴먼네트워크에 오신 것을 환영합니다; 오길비 앤 매터Ogilvy and Mather, 쿨버 시티Culver City)며, 다른 버전으로는 Together we are the human network(우리는 휴먼네트워크입니다)가 있다.

2009년 2월부터 방송되었던 1분 30초 TV 광고에 세계 각 지역의 모습이 나타난다. 하지만 이 영상보다 내레이션이 더 중요하다.

"어서 오세요! 새로운 하루를 시작하고 새롭게 일을 해결하는 방식으로 오신 것을 환영합니다. 지도가 새로 그려지고 외딴 마을들이 새로 연결된 곳으로 온 것을 환영합니다. 잡지가 아닌 개인(의 블로그/포스팅)을 구독하고 책이 절로 다시 써지는 곳… 휴먼네트워크에 오신 것을 환영합니다(수석 디자이너 칼 웨스트먼Karl Westman, 아트 디렉터 제프 컴튼Jeff

Compton)."

32초 분량의 TV 광고에서 아버지가 아들이 춤추는 모습을 동영상으로 찍어 세계 곳곳으로 보내는 모습을 볼 수 있다. 그중 한 곳은 서울의 남산타워다(지상 236m).[4] 2009년 6월 나온 1분 1초 광고에 몇몇의 사무원이 글로리아 게이너의 'I will survive' 음악에 맞춰 개사한 노래를 부른다.

"처음 전 두려웠어요. 겁에 질렸죠. 매번 미팅 때마다 감당하지 못할 만큼의 요구를 받았어요. 하지만 나중에 네트워크 비디오가 나오고… 기술이 절 살렸어요. 더 많은 협력과 줄어든 문제들… 이게 휴먼네트워크의 효과예요."

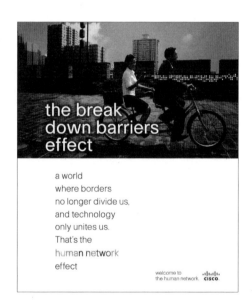

---

4 이 정보를 제공한 빅토리아 다빌라 레이스(Victoria Davila Leis)에게 감사를 표한다.

히타치 Hitachi

히타치는 1910년 오다이라 나미헤이^{Namihei Odaira}가 소형 전동기를 만들면서 시작되었다. 1920년 오다이라가 자신의 사업체를 재정비하며 현재의 히타치가 되었다. 현재 이 기업은 일본 최대의 글로벌 전자기기 기업이며 약 36만 명의 직원이 있다. 산업기기와 발전기 분야로 다각화되어 있다. 본사는 도쿄의 치요다^{Chiyoda}에 위치하며, 2010년 이래 사장은 나카니시 히로아키^{Hiroaki Nakanishi}다.

히타치는 딱히 로고가 없지만 Hitachi Tree(히타치 나무)라 불리는 모날루아 가든과 하와이의 오아후 섬에 있는 멍키포드 나무 모양이 있다. 이 나무는 기업의 종합적 역량과 폭넓은 영역, 그리고 친환경적인 이미지를 상징한다.

2006년 3월 39초 분량의 광고에 한 젊은 남자가 자신의 여자 친구에게 몇 개의 음식을 보여준다. 여자는 매번 아니라고 말한다. 이어 내레이션이 나온다.

"야채에 까다로우신가요? 농장에서 갓 재배한 듯 오랫동안 신선하게 보관해주는 특별한 야채칸이 있습니다. 히타치 쿠도 냉장고에만 있습니다."

남자는 여자가 권하는 신선한 샐러드를 거절하다가 곧 받아들인다. 광고 카피는 Home and Life Solutions from Hitachi(히타치의 생활가전)이다.

이케아 IKEA

이케아는 스칸디나비안, 정확히 말해 스웨덴의 성공 신화다. 이케아 가구를 사고자 하는 사람은 우선 인터넷에 접속해 이케아 온라인 카탈로그를 살펴본 후 이메일이나 대도시 근교에 있는 이케아의 특유의 청색과 노란색으로 된 매장을 방문해 구입한다. 이케아는 1943년 잉바르 캄프라드 Ingvar Kamprad가 17세에 설립한 기업이며, 그의 이니셜이 기업 이름에 담겨있다. 현재 회장 및 CEO는 토마스 버그스트롬 Thomas Bergström 이다.

첫 이케아 매장은 1958년 스웨덴의 알름홀트 Älmhult에서 첫 선을 보였다. 거의 5만 제곱미터에 이르는 대형 이케아 매장들은 스웨덴의 스톡홀름 Stockholm과 말뫼 Malmö, 그리고 중국의 심양 Shenyang, 호주의 멜버른 Melbourne에 위치한다. 이케아는 기업의 친환경 주의로 잘 알려져 있다. 1992년 환경보호 전략을 수립했으며, 2008년 이케아 녹색 기술 벤처펀드를 발족했다. 2012년에는 31개 언어로 쓰인 59가지 카탈로그를 39개국에 선보였다.

이케아의 가장 최근 슬로건인 The Life Improvement Store(생활개선 스토어)는 2010년 오길비앤매더가 소개했다. 32초 TV 광고(2011년 7월)에서 내레이터가 말한다.

"레이첼과 샘은 주택을 소유하고 있습니다. 이제 그 둘은 집을 갖고 싶어 합니다. 모든 것이 그들만을 위해 만들어진듯한 집. 그들의 예산과 스타일에 맞는… 우리는 단순한 생활용품점이 아닙니다. 우리는 이케아, 생활개선 스토어입니다."

이 슬로건은 'Life Improvement Project(생활개선 프로젝트)'에 사용되었으며, 우승자에게 10만 달러의 상금이 수여됐다. 가장 최근 우승자는 키리아 헨리로 'Paws4Vets'라는 단체를 운영하며 외상후 스트레스 장애에 시달리는 참전용사들을 위해 반려견을 분양하는 일을 한다.

프록터앤드갬블 Procter & Gamble(P&G)

영국인 윌리엄 프록터 William Procter와 아일랜드계(또한 두 누이와 결혼한) 제임스 갬블 James Gamble이 1837년 오하이오 주 신시내티에 설립한 양초와 비누제조사 P&G는 초대형 기업이다. 23개의 브랜드는 각기 수십억 달러의 매출을 올린다. 이 23개 중 10개는 필자가 개인적으로 사용하거나 들어본 적이 있는 제품들로 면도기 질렛 Gillette, 전기면도기 브라운 Braun, 세탁세제 아리엘 Ariel, 샴푸 헤드앤숄더 Head & Shoulders, 1956년까지 거슬러가는 일회용 아기 기저귀 팸퍼스 Pampers, 건전지 듀라셀 Duracell, 여성

스킨케어제 올레이[Olay], 여성 염색약 클레롤[Clairol], 그리고 체내 생리대 올웨이즈[Always]와 탐팩스[Tampax] 등이 있다. 현 회장은 밥 맥도널드[Bob McDonald]다. 전 세계적으로 12만 명의 종업원이 있으며 11명의 이사 중 5명이 여성이다.

P&G는 브랜드의 기업이라 말할 수 있다. Touching lives, improving life(생활 곳곳에서 삶을 개선합니다)는 P&G의 오래된 슬로건이며, 2002년 사치앤사치[Saatchi & Saatchi]의 리차드 홀트[Richard Holt]가 고안했다. 43초 분량의 광고(2009년)는 "항상 사람들을 위한 것이고 그들에게 중요한 것을 돌보기 위한 것이에요"로 시작한다.

면도를 하고 있는 아버지와 얼굴에 쉐이빙크림을 잔뜩 바르고 있는 젊은 아들 모습이 나타나고, 고양이가 또 다른 P&G의 제품인 IAMS 사료를 먹고 있는 모습을 개가 부럽게 쳐다보는 모습과 소녀 두 명이 이를 닦는 모습, 아이들이 손을 닦고 있는 모습이 연달아 나타난다.

마지막에는 "Even the simplest idea can build a better world(소박한 생각이 더 좋은 세상을 만듭니다)"로 광고가 끝난다.

2011년 3월 웨이든 & 케네디[Wieden & Kennedy](오레곤 주 포트랜드)가 Proud sponsors of mums(엄마들의 든든한 후원자)를 출시한다(크리에이티브 디렉터 다니엘 플래그[Danielle Flagg], 칼 리버만[Karl Lieberman]). 30초 영상에서는 아이들이 어머니와 있는 사진들이 나오는데 어머니의 얼굴은 항상 카메라에 잡혀 있지 않다. 말 그대로 어머니는 사진에 나오지 않는 것이다.[5] 그와 관련된 평이 스틸 이미지에 나온다.

---

5 이 정보를 제공한 W&K 소속 케이티 아브라함슨(Katie Abrahamson)에게 감사를 표한다.

"그녀는 손입니다. 그녀는 발입니다. 그녀는 머리 없는 몸입니다. 그 언제도 조명받지 못하지만 항상 그 자리에 있는 분. 공기처럼. 그녀 없이는 숨을 쉴 수 없을 것입니다. 고마워요, 엄마."

참고한 광고 영상 주소

http://www.youtube.com/watch?v=d0cyRRTVlyI

소니 Sony

소니는 일본 이름이지만 서양에 가장 잘 알려진 브랜드 중 하나다. 모리타 아키오 Akio Morita와 이부카 마사루 Masaru Ibuka가 1946년 트랜지스터 기업으로 시작한 후 1958년 소니라는 이름이 만들어졌다. 개척기를 거치며 소니는 세계에서 다섯 번째로 큰 규모의 소니그룹으로 불리는 미디어 복합 대기업으로 성장했다.

그중에서도 가장 잘 알려져 있는 사업체는 특히 TV로 유명한 전자가전, 게임(플레이스테이션)과 소니 픽처스 엔터테인먼트 Sony Pictures Entertainment(1989년 콜롬비아 픽처스 Columbia Pictures와 2005년 메트로 골드윈 메이어 할리우드 스튜디오 Metro-Goldwyn-Mayer Hollywood studio를 인수하며 영화산업의 입지를 굳혔다)다.

플레이스테이션은 현재 3세대까지 나왔으며, 나의 아이들과 손자 손녀들을 보아서는 8~12세 아이들에게 가장 인기가 많고 10대가 되면서 마이크로소프트사의 XBox를 더 선호하는 듯하다. 소니의 TV 세트는 비슷한 유럽제품에 비해 약간 비싸지만 뛰어난 품질로 유명하다. 소니의 현 회장은 영국과 미국의 국적을 갖고 있는 하워드 스트링거 Sir Howard Stringer다.

2007년 소니 VAIO 노트북 TV 광고에 옷을 벗은 한 여성이 만류하는 남자에게 달려든다. 이 남자는 화상으로 회사 임원들과 회의를 하고 있었던 것이다! 2005년 슬로건인 Like no other(누구와도.같지.않다)는 소니 브라비아 TV 브랜드 홍보에 쓰였으며 특출난 TV 광고가 많이 나왔다. 이 두 슬로건은 모두 런던의 팔론 에이전시가 고안했다. 상을 받은 2분 27초 분량의 광고에는 수만 개의 다채로운 색상의 공이 샌프란시스코 거리로 떨어지며 안개를 이룬다. 마지막에 colour(컬러)라는 단어가 나타나며 슬로건 like.no.other(누구와도 같지 않다)와 BRAVIA, new LCD Television(브라비아, 뉴 LCD 텔레비전)이 나타난다.

이보다 짧은 1분 11초 분량의 광고에서는 샌프란시스코 건물에 다양한 색상의 페인트가 분수같이 솟구친다. 광고는 빗물같이 떨어지는 페인트로 마무리되며 이전 광고와 마찬가지로 Color, like no other(색상, 그 누구와도 같지 않은)로 끝이 난다.

—
참고한 광고 영상 주소

페인트 분수
http://www.youtube.com/watch?v=GURvHJNmGrc&feature=g-hist

제록스 Xerox

제록스는 획기적인 과학적 발견이 세계적인 기업으로 거듭난 보기 드문 성공 스토리다. 제록스는 1906년 뉴욕 주 로체스터에서 조셉 C. 윌슨Joseph C. Wilson이 할로이드 포토그래픽 회사The Haloid Photographic Company로 시작해 아들과 손자(조셉 C. 윌슨Joseph C. Wilson, 1909~1971년)가 물려받았다. 현 CEO는 우르술라 M. 번스Ursula M. Burns며, 본사는 코네티컷 주 노워크Norwalk에 위치한다.

1960년대 초에 하버드 대학 화학과 동료들이 필자를 불러 복잡한 정전기 방식을 사용해 1분 내로 복사를 7부씩이나 할 수 있는 제록스 914 기기를 보여준 적이 있다. 그 당시 우린 기절초풍할 정도로 놀랐다! 1961년 7월 제록스가 뉴욕 주식 시장에 상장된 여름동안 주가가 10배나 뛰어오른 제록스 열풍을 잊을 수 없다.

1994년 8월 나온 제록스의 슬로건은 The Document Company(문서전문기업)며, 랜도 어소시에이츠Landor Associates 광고 회사(당시 상무이사 피터 J. 할레만Peter J. Harleman)[6]가 보조하여 제작했다. 그와 함께 하얀색 배경에 파란색 글씨로 Xerox가 쓰인 예전의 로고를 검은색 슬로건 아래 Xerox가 빨간색 글씨로 쓰인 형태로 바꿨다(http://www.instantshift.com/2009/01/29/20-corporate-brand-logo-evolution).

2010년 9월 7일 제록스는 새 슬로건 Ready for real business(본격적인 비즈니스를 위한 준비)와 TV 광고(광고 에이전시 영 & 루비캠Young & Rubicam,

---

6 이 정보를 제공한 제록스 유럽 PR 매니저 로버트 코비쉬리(Robert Corbishley)에게 감사를 표한다.

뉴욕; 수석 크리에이티브 디렉터 이안 레첸탈Ian Reichenthal과 스콧 비트론Scott Vitrone;

글로벌 미디어 에이전시 MEC, 뉴욕; 디지털 마케팅 에이전시 VML, 캔자스시티)를

소개했다.

2010년 9월 33초 분량의 광고에서는 제록스 임원 두 명이 야구공

머리에 등번호 00 유니폼을 입고 있는 마스코트 미스터 멧Mr. Met에게 클

럽 홍보를 하는 브로슈어를 준비했냐고 물어본다. 처음 미스터 멧의 제

안서를 보고 글씨체를 알아볼 수 없다고 투덜거리다가 네 개밖에 없는

손가락을 보고는 태도를 바꿔 "I love it. I love it, it's great(정말 맘에

들어요, 아주 좋은데요)"라고 칭찬한다.

광고 카피는 "멧츠는 제록스에게 전단 디자인과 발송을 맡기는 것이

더 좋다는 것을 잘 알고 있습니다. 그렇게 함으로써 팬 서비스에 집중할

수 있으니까요"이다.

참고한 광고 영상 주소

http://www.youtube.com/watch?v=uLQHxa2llUw&feature=g-hist

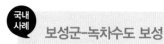

보성군-녹차수도 보성

　2008년 공모전을 통해 결정된 보성군의 슬로건 '녹차수도 보성'은 국내 최대 녹차 주산지로서의 명성을 브랜드화하고 녹차를 보성의 정체성으로 굳힌 성공적인 슬로건이다. 기존에 있던 보성과 녹차와의 상관관계를 활용해 보성하면 녹차, 녹차하면 보성을 떠올리도록 둘을 동일화시켰다.

　또한 단순히 '녹차의 도시'가 아닌 '녹차수도'를 사용해 보성은 녹차에 있어서는 최고의 고장이라는 이미지를 전달한다. 다른 지역 슬로건인 녹색의 땅 전남, 녹색첨단 도시 아산시, Hi Seoul, It's Daejeon과 비교했을 때보다 구체적이고 추가설명이 없이도 전달하는 메시지가 분명하다.

03
미래지향적 기업방향에
초점을 맞추다

기업이 지향하는 경영방침을 드러내는 슬로건이다. 기업 아이덴티티를 정의하는 슬로건이 기업의 현재를 이야기한다면 기업방향을 나타내는 슬로건은 앞으로 나아갈 미래를 가리킨다. 기업방향을 정의하는 슬로건은 기업과 업계의 성향에 따라 친환경적, 고객 친화적, 또는 어린이 친화적 등 다양하겠지만 특히 에너지, 자동차 및 전자기기 분야의 미래지향적인 슬로건과 광고를 소개하고자 한다.

토요타의 Today. Tomorrow. Toyota(오늘, 내일, 토요타)는 부드럽고 자연스럽게 토요타가 미래를 이끄는 기업이라는 메시지를 전달한다. 매끄럽게 읽히는 T의 반복이 토요타의 심플하면서 세련된 면모를 묘사한다. 오늘, 내일, 그 이후에 오는 토요타는 내일보다 더 앞선다는 느낌을 전하며 리듬감이 있어 매우 자연스럽다.

토요타와는 다른 방식으로 기업의 미래지향적 방향을 표현한 슬로건으로는 영국석유회사British Petroleum의 Beyond Petroleum(석유, 그 이상)이 있다. Beyond Petroleum은 영국석유회사가 석유화학에서 천연가스, 태양에너지 등 대체에너지 분야로 다각화하면서 채택된 슬로건이다.

영국석유회사는 1997년 석유화학기업 최초로 기후 변화 문제에 적극적 예방을 시작하였으며, 저탄소동력을 전략으로 태양열, 풍력, 천연가스 등의 비석유화학 분야에 투자개발을 하기도 한 에너지 분야의 선도자이기도 하다. 이 슬로건을 통해 영국석유회사의 이니셜인 BP가 Beyond Petroleum을 뜻하도록 꾀하며, 이제는 시대에 뒤떨어져버린 석유산업에서의 탈피를 노린다. Beyond Petroleum, 석유 그 이상의 에너지기업, 과거의 석유시대를 넘어 미래지향적이고 친환경적인 재생에너지 분야로 발전하고자 하는 새로운 정체성의 선포이자 앞으로의 경영방침이다.

영국자동차협회 AA(Automobile Association)

영국자동차협회는 1905년 속도위반 단속구간 피하기라는 시대에 뒤쳐진 목표를 가지고 시작했지만, 현재는 운전자를 돕는 자동차협회로 거듭났다. 24시간 긴급출동 서비스를 제공하며 고장 및 사고처리 작업을 한다. 그 외에 운전자 보험까지 제공하며 영국 최대의 자동차 보험회사가 되었다. 합리적인 가격으로 회원과 비회원에게 운전교습을 실시하기도 한다. 본사는 영국 베이싱스토크Basingstoke에 위치하며 사가 그룹 Saga Group의 보험 및 여행사와 마찬가지로 앤드류 굳셀Andrew Goodsell이 이끄는 아크로마스 홀딩 Acromas Holdings Ltd에 속한다.

예전에는 Safety first(안전제일)라는 슬로건을 내걸었으나, 현재 공식 슬로건은 For the road ahead(앞으로의 길을 위하여)다. "영국자동차협회에는 서비스 정신이 투철한 요원이 다른 어떤 영국 자동차 보험회사보다 더 많이 있습니다"라는 문구로 시작하는 짧은 영상과 함께 나온다.

이 슬로건은 최근(2009년 3월) 런던에 위치한 MBA 에이전시(CEO 스테판 마허 Stephan Maher)를 통해 소개되었다. 이 광고 에이전시에 따르면 슬로건이 소개된 이후 긴급출동 서비스 등 영국자동차협회 서비스 사용자가 66% 증가했다. 독창적인 광고 역시 큰 공을 세웠다.

21초 분량의 짧은 TV 광고(2010년 6월)는 노란색 영국자동차협회 차량들이 차고에서 급하게 출동하는 영상을 보여준다. 그 출동 차량 중 하나가 고장 난 차 옆에 멈춰서고 영국자동차협회 직원이 문제를 해결한다. 직원은 고마워하는 운전자와 악수를 나누고 떠난다.

광고 카피는 "세계 최대 자동차협회에 아직 가입하지 않았다면 지금 AA에 가입하세요. AA 가입은 좋습니다"이다. AA의 신속한 사후처리를 강조하듯 림스키 코르사코프의 '왕벌의 비행'이 배경 음악으로 나온다.

영국석유회사 BP(British Petroleum)

영국석유회사(BP)는 런던에 본사가 있는 세계적 석유업체다. 1909년 페르시안계 영국석유회사로 시작하였으며, 현재 회사명은 1954년에 만들어졌다. 이사회 회장은 2010년 1월 1일 역임한 칼 헨릭 스밴베리 Carl-

Henric Svanberg며, CEO는 2010년 10월 1일 활동하고 있는 로버트 더들리 Robert Dudley다.

2010년 4월 20일 석유시추시설이 폭발하며 멕시코 만으로 가라앉고 사상자도 11명 발생한 딥워터 호라이즌호 원유 유출 사태로 세계적인 악명을 떨쳤다. 석유시추시설에서 1마일 아래로부터 흘러나오는 원유를 막는데 약 3개월가량 걸렸다. 이로 인한 미국의 5개주인 플로리다, 루이지애나, 앨라배마, 미시시피, 텍사스에 엄청난 환경적, 경제적 손실을 입혔으며, 영국석유회사는 200억 달러를 복구 자원으로 투입시켰다. 2011년 8월 23일자로 이 자금의 1/4이 지불되었다. 원유 유출 사태 당시의 CEO 밥 헤이워드 Bob Hayward는 유출을 막으려는 물심양면의 노력과 공개사죄 이후 사임하였다.

영국석유회사의 초기 슬로건은 1998년까지 쓰여 왔던 On the move(역동적인; 도너 인터내셔널 광고 에이전시)다. 2000년 광고 에이전시 오길비앤매더 Ogilvy and Mather(크리에이티브 디렉터 데이빗 포울러 David Fowler, 제작자 데이빗 코헨 David Cohen)는 현재까지 쓰이고 있는 Beyond Petroleum(석유, 그 이상)을 선보였다. 그와 함께 회사 로고도 바뀌었는데 원 중심에서 바깥으로 갈수록 하얀색에서 노란색, 초록색으로 변하는 해바라기 모양이다.

38초 분량의 효과적인 애니메이션 광고(2007년 4월, 오길비앤매더, 뉴욕)에는 앞으로 운전대를 잡을 네 명의 꿈나무가 차를 타고 노래를 부르며 간다.

"Say hey! Make the day a little better! Say hey…(이봐요! 우리 더 나은 날을 만들어요)."

주유기가 춤추고 있는 영국석유회사 주유소로 차를 몰고 들어간다. 그 후 광고 카피는 "gas stations a little better, baby(주유소를 좀 더 좋게)"가 나오고 해바라기와 영국석유회사 슬로건이 나온다. 이 음악은 밴드 'Message of the Blues(메시지 오브 더 블루스)'의 노래 'L.A.'에서 영감을 받았다. 이 영상은 보는 이를 행복하게 만든다.

참고한 광고 영상 주소

http://www.youtube.com/watch?v=3rklKyFMUME&feature=g-hist

히타치 Hitachi

2000년 4월 이래 히타치의 슬로건은 기업의 브랜드 & 커뮤니케이션 부서가 시작한 세계적 아이디어 공모전에서 나온 Inspire the next(미래의 영감을 불어넣습니다)다.[7] 슬로건에 있는 x는 살짝 오른쪽으로 틀어져 있는데, 이는 앞으로의 미래를 선도하겠다는 히타치의 의지를 상징하며 빨간색의 악센트 표시는 히타치의 사명을 위해 함께 일하는 모든 이들의 열정을 나타낸다.

인텔 Intel

인텔은 과학적이고 복잡한 자사 제품보다 기업 광고로 더 유명한 기업 광고 사례를 보여준다. 설립자 고든 E. 무어Gordon E. Moore와 로버트 노

---

7 이 정보를 제공한 히타치 유럽 소속의 미오카 스즈키(Mioka Suzuki)에게 감사를 표한다.

이스Robert Noyce가 벤처 투자가 아서 락Arthur Rock과 함께 1968년 7월 18일 설립했으며, 이후 CEO가 된 앤드류 그로브Andrew Grove와 처음 시작했다. 현재 사장이자 CEO는 폴 오텔리니Paul Otellini며 이사회 회장은 제인 쇼Jane Shaw다. 기업 로고는 두 개의 반원이 소문자 인텔을 감싸고 있는 모양이며, 이는 스티브 그레그Steve Gregg와 그로브Grove가 개발한 초기 원형 로고에 착안한 것이다.

2009년 5월 11일 인텔은 폴 베나블즈Paul Venables가 창립하고 공동 경영하는 샌프란시스코 광고 에이전시인 베나블즈, 벨 & 파트너스Venables, Bell & Partners와 함께 Sponsors of Tomorrow(내일의 후원자)를 선보였다.[8] 핵심적인 목표는 인텔을 단순한 마이크로프로세서 제작사가 아닌 글로벌 브랜드로 홍보하려함이다. 몇몇의 TV 광고가 이 슬로건과 함께 나갔다. 그중 한 광고는 USB 공동 발명자인 아제이 바트Ajay Bhatt와 광고 카피 "Our rockstars aren't like your rockstars(우리의 영웅은 당신의 영웅과 다릅니다)이다."

다른 영상에서는 몇십 명의 인텔 직원들이 회의 직전에 정신없이 잃어버린 칩을 찾는다. "World Premiere… Intel's Smallest chip(세계 최초… 인텔의 가장 작은 칩)."

그중 한 명이 "OK. I've found it!(어, 찾았다!)"이라 말하며 족집게로 칩을 들어 올린다. 박수갈채를 받으며 사진을 찍는다. 그 후 광고 카피가 나온다. "Our big ideas aren't like your big ideas(우리의 아이디어는 당신의 아이디어와 다릅니다)."

---

8 이 정보를 제공한 인텔 PR 매니저인 데이빗 딕스타인(David Dickstein)에게 감사를 표한다.

참고한 동영상

내일의 후원자
http://www.youtube.com/watch?v=q-8GVi2Fdi4
세계 최초 인텔의 가장 작은 칩
http://www.youtube.com/watch?v=KQm-IHEsVL8

삼성 Samsung

삼성은 세계 최대의 전자기기 기업 중 하나며 휴대전화 제조로는
2인자다. 1938년 이병철이 각종 식료품과 국수를 팔면서 시작했다. 본
사는 서울 근교에 위치한다. 현재 회장은 이건희다. 삼성은 세계적인 조
선회사와 건설사도 가지고 있다. 필자는 개인적으로 삼성 SQ01 평면
TV를 사용한다. 삼성 로고는 회사명대로 별 세 개가 있는 모습이었지
만, 현재는 비스듬한 파란색 타원형 바탕에 굵은 글씨체로 삼성이 쓰인

모양이다.

지난 10년 동안 삼성은 자사 제품에 다양한 슬로건을 사용해왔다. 2002년 슬로건은 Everyone's invited(여러분 모두를 초대합니다)며, TV 광고는 삼성의 디지털 기술을 강조한다. 한편 더 바이럴 팩토리The Viral Factory(쇼어디치Shoreditch, 영국)가 촬영하고, 제이크 런트Jake Lunt가 감독한 환상적인 1분 44초 분량의 갤럭시 580 광고 영상(2010년 9월 9일)에는 꼬마 숙녀가 실내에서 신나게 춤추는 모습이 나온다. 곧 근처에 있던 어른 두 명이 뒤쪽으로 가서 함께 춤을 추고 두 명이 더 합류한다. 나중에는 실내 벽이 열리면서 온 동네 사람들 모두가 소녀와 함께 춤을 춘다. 슬로건은 Use your influence(당신의 영향력을 발휘하세요)며 아래에는 갤럭시 프로모가 뜬다.

이 구문은 TV 광고의 광고 카피로도 사용되어 새로운 맥 컴퓨터에 인텔칩을 사용했다는 것을 소개하기도 한다.

—
참고한 광고 영상 주소

당신의 영향력을 발휘하세요.
http://www.youtube.com/watch?v=bvyNe0lDNh4&feature=g-hist

토요타와 렉서스 Toyota and Lexus

일본의 자동차 기업 토요타는 토요타 키이치로 Kiichiro Toyota가 1937년 설립했으며, 매출 세계 1위, 매년 700만 대 이상의 차를 제작하는 기업이다. 본사는 일본 아이치현 토요타 시에 자리한다. 현 CEO는 설립자의 직계후손 토요타 아키오 Akio Toyoda며 2009년 취임했다.

토요타 로고는 큰 타원 안에 작은 타원 두 개가 겹쳐져 있는 모양이며, 이는 고객과 제품, 뛰어난 기술을 상징한다. 두 개의 작은 타원은 토요타 Toyota의 T를 약간 닮아 있다(1989년 10월). 토요타 마케팅은 캘리포니아 사치앤사치 Saatchi & Saatchi가 맡고 있다.

유명한 슬로건 Today Tomorrow Toyota(오늘, 내일, 토요타) 역시 사치앤사치가 개발했으며 2004~2005년 사용되었다.[9]

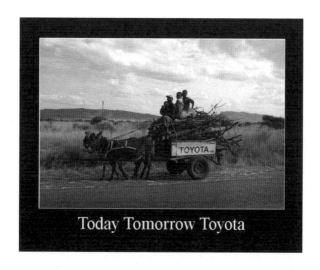

Today Tomorrow Toyota

---

9 이 정보를 제공한 클래어 파텔(Claire Patel)에게 감사를 표한다.

미래지향형 vs. 전통강조형

미래지향형 슬로건은 업계를 선도하고 신기술을 도입하는 기업이라는 이미지를 전달한다. 슬로건에 내일이나 미래를 직접 사용하기도 하지만 '첨단', '앞선', '최신', '21세기' 등의 구호도 애용한다. 반대로 전통강조형은 과거지향형으로 '반세기', '60년 전통', '100년을 이어온' 등 기업의 역사와 업적을 강조하며 오랜 세월에 걸쳐 입증된 품질과 노하우에 자부심을 보여준다.

경남기업의 '좋은 집만을 지어 온 경남기업'과 벽산건설의 '내일을 디자인하는 사람들'은 건설분야의 전통강조형과 미래지향형 예시다. '좋은 집만을 지어 온 경남기업'은 기업명을 직접 내걸고 현재까지의 성과를 바탕으로 고객의 신뢰를 얻고자 한다. 하지만 과거지향적 슬로건인 만큼 혁신의 이미지가 부족하며 성과 비판에 노출된다.

반면 벽산건설의 '내일을 디자인하는 사람들'은 기업의 역사나 실적보다는 앞으로의 미래에 집중한다. '디자인하는 사람들'이라는 구호를 사용해 기술 혁신으로 치중된 미래지향적인 카피에서 잊혀지기 쉬운 미적 감각과 인간미를 전달한다.

미래와 과거를 조합해 장점만 취하려는 카피도 있다. 바로 두산의 '역사속의 전통 100년 미래속의 도전 100년 DOOSAN'이다. 두산 창업 100주년을 기념해 나온 이 슬로건은 두산이 한국 근대 사회와 함께 성장해 지금의 위치에 자리하며 앞으로의 100년도 이끌어갈 것이라는 다짐을 보여준다. 100주년에 어울리는 간단하면서도 당찬 포부를 밝힌다.

1부에서 볼 수 있듯이 영어 슬로건 중 미래지향형은 자동차, 에너지, 컴퓨터 분야 등 기술이 필수인 업계에서, 전통강조형은 주로 시계제조업이나 보석류 업계와 같이 장인정신이 중요한 분야에서 많이 사용되는 경향이 있다. 서양에 비해 근대 역사가 짧고 첨단 기술력으로 승부하는 한국 기업의 대외용 슬로건은 미래지향형에 치중된 경향을 보인다.

04

제품 특성을
강조하다

제품과 서비스 정체성에 초점을 맞춘 카피는 기업 중심 슬로건의 핵심을 이루는 기업 정체성과 기업 방향을 제시하는 슬로건에서 한 발자국 나아간 유형이다. 기업과 고객을 1인칭과 2인칭으로 보았을 때 여전히 기업 중심적인 슬로건이기는 하지만, 개별 제품을 설명한다는 점에서 기업의 전체 이미지를 전달하는 슬로건과는 확연한 차이가 있다. 그 중 제품 특성 강조형 슬로건은 제품의 특징, 기능, 효과 등을 소비자에게 확실히 전달하는 것이 목표다. 간단하고 단도직입적인 슬로건을 많이 찾아볼 수 있는 유형이다.

M&M's의 The chocolate melts in your mouth, not in your hand(손이 아니라 입에서 녹는 초콜릿)는 제품의 특성을 확실하게 전달한 효과적인 슬로건이다. 입에 들어가기 전 손에서 녹아버리는 기존 초콜릿의 단점을 보완했다는 획기적인 강점을 슬로건 안에 잡아내어 다른

제품과 차별화하였다. 비록 길고 투박하기는 하지만 군더더기 없고 기억하기 쉽다.

소니의 make.believe(메이크.빌리브)는 M&M's의 단도직입적인 슬로건보다 약간 복잡하지만 디지털 제품의 실감나는 품질을 설명하는 슬로건이다. Make-believe는 가상, 또는 상상을 현실인 척한다는 뜻이다. 주로 쓰이는 make believe, 또는 make-believe로 표기하지 않고 중간에 마침표를 찍어 make와 believe를 따로 읽을 수 있는 여지를 남겼다. "(환상을) 만들다. (가상을) 믿다"라고 이해할 수 있으며, "소비자가 상상하는 대로 만들다. 그 상상이 현실이라 믿다"라고도 해석할 수 있어 가상 현실의 너무나 실감이나 현실 같다는 궁극적인 메시지를 전달한다.

캐드버리 Cadbury

캐드버리는 1824년 존 캐드버리 John Cadbury가 버밍험에서 차와 초콜릿 음료를 파는 가게를 열면서 시작했다. 흥미롭게도 필립 쉬샤르 Philippe Suchard 역시 같은 해에 스위스 뇌샤텔 Neuchatel에서 초콜릿을 팔기 시작했다. 캐드버리의 데어리 밀크 바 Dairy Milk bar는 1905년 첫 선을 보였다. 많은 캐드버리의 초콜릿 바가 여전히 이 이름을 사용한다. 쉬샤르와 마찬가지로 캐드버리는 크래프트 푸드 Kraft Foods의 소속이다. 크래프트가 캐드버리를 인수했을 때 캐드버리의 회장은 사임하고, 크래프트의 CEO 아이린 로젠펠드 Irene Rosenfeld가 그 자리를 맡았다.

한동안 캐드버리 초콜릿의 광고는 플레이크걸 Flake Girl이 맡아왔다. 플레이크걸은 붉은 머리에 여름옷을 입고 해바라기 꽃밭에 있기도 하고, 때로는 차를 타면서 플레이크 바를 먹기도 한다.

광고 말미에 남자 성우가 "The Crumbliest Flakiest milk chocolate in the world(세상에서 가장 바삭한 밀크 초콜릿 바)"라고 이야기 한다. 다른 관능적인 광고에서 한 여인(레이첼 브라운Rachel Brown)이 욕조에서 플레이크 바를 먹는 장면도 나온다.

참고 광고 영상 주소

플레이크걸
http://www.youtube.com/watch?v=iFGCZZV4dxs&feature=g-hist

히타치 Hitachi

2006년 12월에 나온 장-폴 구드 Jean-Paul Goude의 59초 광고 Power Unleashed(주체할 수 없는 힘) 속에 빨간 드레스를 입고 있는 아름다운 여성이 표범을 보석 목줄로 잡고 있다. 내레이션은 이렇게 말한다.

"플라즈마의 진정한 힘과 아름다움은 감추어져 잡아낼 수 없습니다." 표범은 계속 으르렁거리며 목줄을 당기며 앞으로 나아간다.

"히타치의 오리지널 기술만이 가장 실제에 가까운 색과 디테일을 플라즈마에 풀어냅니다."

끝내 보석 목줄이 끊어지며 보석이 사방으로 흩어지고 표범은 히타치 TV 스크린 바깥으로 뛰어나온다.

광고 카피는 "Introducing the world's highest-resolution 42-inch plasma TV-only from Hitachi(세계 최고 해상도 42인치 플라즈마 TV를 소개합니다. 오직 히타치입니다)"이다. 배경의 감미로운 음악은 존 오트만이 작곡했으며, 니오 탱고 그룹인 Gotan Project(고탄 프로젝트)에 영감을 받았다.

참고한 광고 영상 주소

표범

http://www.youtube.com/watch?v=k4-co0lKDbY&feature=g-hist

인텔 Intel

인텔의 슬로건인 Intel inside(인텔 인사이드)는 거의 완벽한 광고 카피다. 기존 슬로건은 Intel. The computer inside(인텔. 컴퓨터 인사이드; 달렌Dahlen, 스미스Smith, 화이트White, 솔트레이크시티Salt Lake City와 인텔 마케팅 매니저 데니스 카터Dennis Carter의 합작, 1991년)가 우선 두 단어 두운이 맞는데다 결정적으로 inside(인사이드)가 인텔이 어떤 역할을 하는지 완벽하게 표현한다. 바로 컴퓨터의 핵심이 되는 마이크로프로세서 제작이다.

인텔은 광고 에이전시를 1998년에 메스너 비티어 버거 맥엔미 슈미테러 뉴욕Messner Vetere Berger McNamee Schmetterer New York(유로 RSCG의 자회사)으로 했다가, 2005년에 맥캔 월드 그룹McCann World Group으로 바꿨다.

2006년 3월 35초 광고에서 인텔은 애플사와의 제휴를 자랑했다. 내레이션은 "인텔칩. 오랫동안 인텔칩은 PC 안에 갇혀 있었습니다. 더 큰 일을 할 수 있는 기간 동안 칙칙한 박스 안에 말이죠. 오늘부터 인텔칩은 맥 컴퓨터 안에서 자유로워집니다. 무한한 가능성을 상상해보세요"이다.

참고한 동영상
맥 컴퓨터
http://www.youtube.com/watch?v=WHJ3k4tZSp0

마스주식회사 M&M's(Mars Incorporated)

M&M's는 사탕으로 코팅이 된 초콜릿이다. 포레스트 마스 1세Forrest Mars, Snr.가 창시했으며, 1941년 당시 마스와 브루스 머리Bruce Murrie가 제작했다. M&M's는 마스사의 제품 중 가장 잘 알려진 제품 중 하나며, 그 외에 엉클 벤스 라이스Uncle Ben's rice, 로얄 캐닌Royal Canin, 위스카스Whiskas 등이 있다. 현재 마스의 CEO는 폴 S. 마이클스Paul S. Michaels이며, 이사회는 마스 가족이 임원을 맡고 있다.

회사의 슬로건 The chocolate melts in your mouth, not in your hand(손이 아니라 입에서 녹는 초콜릿)는 허쉬, 네슬레 등 다른 초콜릿에 직격탄을 날린 것으로 타사의 초콜릿이 손이나 주머니 속에서 쉽게 녹아버리는 점을 꼬집었다. M&M's의 슬로건은 1954년으로 거슬러가며 테드 베이츠Ted Bates 광고대행사가 고안해냈다.

제품 색상은 모두 6가지로 빨간색, 노란색, 갈색, 초록색, 오렌지색, 그리고 파란색이 있다. 이 중 오렌지색과 파란색은 기존에 있었던 보라색이 사라지며 나온 색이다. 필자는 직접 가게에서 가장 잘 팔리는 M&M's 세 종류를 각 두 봉지씩 구입했다.

- 45g 노란색 포장의 '땅콩' 종류(두 동네 가게에서 가장 인기가 많은 종): 비교해보니 빨간색 2개 vs 7개, 노란색 3개 vs 2개, 갈색 4개 vs 4개, 초록색 4개 vs 4개, 오렌지색 8개 vs 1개, 파란색 0개 vs 2개가 있었다. 전체 초콜릿의 숫자는 동일하지 않았다. 게다가 이 중 한 봉지 안에는 파란색이 들어 있지도 않았다!
- 36g 파란색 포장의 '크리스피' 종류: 비교해보니 빨간색 3개 vs 8

개, 노란색 7개 vs 10개, 갈색 8개 vs 8개, 초록색 8개 vs 3개, 오렌지색 4개 vs 4개, 파란색 6개 vs 2개가 있었다. 전체 개수는 36개와 35개지만 6가지 색상이 다 들어 있었다.

• 45g 짙은 갈색 포장의 '초코' 종류: 빨간색 5개 vs 7개, 노란색 6개 vs 10개, 갈색 7개 vs 9개, 초록색 12개 vs 7개, 오렌지색 7개 vs 11개, 파란색 10개 vs 5개가 있었다. 전체 개수는 47개와 49개였으며 마찬가지로 6가지 색상이 다 들어 있었다.

결론적으로 한 봉지 안에 6가지 색상이 다 들어 있다고 장담할 수 없다. 게다가 무게는 같더라도 담겨 있는 초콜릿 알갱이의 개수는 봉지마다 다르다!

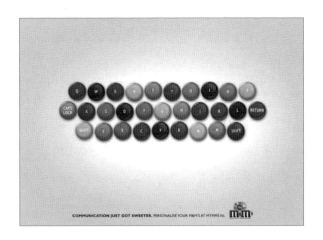

소니 Sony

지난 10년간 소니는 연이어 강력한 슬로건을 선보였다. 처음은 2000년 4월 사치앤사치 Saatchi & Saatchi가 선보인 Go Create(창조하라)다. 2009년 9월에는 에이전시 180 로스엔젤레스[180 Los Angeles]가 make. believe(메이크.빌리브)라는 슬로건을 소개했다.

1분 32초의 광고 영상에서는 "Believe that anything you can imagine you can make real(당신이 상상하는 그 무엇이든지 현실에서 이루어질 수 있다고 믿어라)"이라고 주장한다(2009년 11월).

하지만 여기서 문제의 소지가 있는 부분은 광고 자체가 환상을 가장한다는 것을 인정하는 것이다. 그렇기에 이 광고가 오랫동안 쓰일지는 의문이다.

—
참고한 광고 영상 주소

상상
http://www.youtube.com/watch?v=RHIGIX4qTI4&feature=g-hist

게보린-두통, 치통, 생리통엔 게보린

한국 성인치고 '두통, 치통, 생리통엔' 다음에 어떤 말이 나올지 못 맞출 사람이 있을까? 강단있고 힘차게 외치는 '두통! 치통! 생리통엔 게보-린!'이란 문구는 누구나 익히 들어봤을 것이다. 통-통-통 세 번 반복에 2음절-2음절-3음절-3음절로 리듬감 있고 기억하기에도 쉽다.

최고의 슬로건은 소비자의 잠재의식에 숨겨져 있다가도 필요한 순간에 깨어나 구매를 유도한다. 두통에 고통받고 있을 때, 치통으로 힘들 때 소비자가 떠올리기 쉬운 구호 '두통, 치통, 생리통엔 게보린!' 게보린이 어떤 기업에서 만들어졌는지는 전혀 중요하지 않다. 단지 지금 내 머리를 두드리는 두통을 없애야 할 뿐이다. 그리고 그 두통에는 게보린이니까.

이 리듬감 있는 카피 '두통, 치통, 생리통'은 너무나 유명해 일상생활에서도, 신문기사에서도 통증에 관한 이야기라면 자주 사용되는 구문이기도 하다. 한 가지 아쉬운 점은 '두통, 치통, 생리통'과 '게보린'을 엮어줄 연결고리가 약하다는 것이다. 여기에서 꼭 게보린이 아니어도 입에 붙는 2~3음절의 이름을 가진 제품이라면 모두 성공적일 것이다.

05
브랜드 고급화를
지향하다

브랜드 고급화 슬로건은 단순히 제품의 특성과 기능을 설명하는 것 이상으로 제품에 가치를 부여하여 제품의 격을 높인다.

아베크롬비앤드피치의 슬로건 Casual Luxury(캐주얼 럭셔리)는 편한 캐주얼과 고급 럭셔리를 조합해 품위 있는 캐주얼 의류를 표방한다. 무심한 듯 분위기 있는 스타일, 고급스러우면서도 편한 의류로 캐주얼 브랜드의 장점을 살리면서도 품격면에서는 다른 중저가 캐주얼과 차별화한다. 물과 기름처럼 서로 섞이지 않을 듯한 이색적인 조합인 캐주얼과 럭셔리를 함께 사용해 캐주얼 의류에서 최상급 브랜드로 제품의 격을 끌어올리는 매력적인 슬로건이다.

아베크롬비앤드피치 Abercrombie and Fitch(A & F)

1892년 데이빗 아베크롬비David Abercrombie와 에즈라 피치Ezra Fitch가 맨해튼에 설립한 아베크롬비앤드피치 Abercrombie and Fitch(A & F)는 현재 오하이오주 뉴 알바니에 본사를 두고 있다. 런던 A & F 매장은 사빌로Savile Row 42 번가에 위치해 있고, 정문은 벌링턴 가든Burlington Gardens 7번가에 있다.

이 매장에 들어서면 시끄러운 노래와 부산스러운 10대 고객들, 입구에 있는 반나체의 남자 모델이 반긴다(모델 두 명이 교대로 하루 종일 서있는 것으로 보인다). 열댓 명의 친절한 판매직원들이 찾기 쉽게 매장에 흩어져 있으며, 엄청난 크기의 높은 선반들에 있는 셀 수 없이 많은 A & F 스웨터들로 장식되어 있다. 행복을 표방하는 A & F에 아주 짙은 감청색 스웨터는 있을지언정 검정색 스웨터는 없다.

1939년에 A & F는 세계에서 가장 큰 스포츠용품 회사라고 자부했는데, 이 스키용품으로 장식된 거대한 선반은 A & F가 애디론댁 산맥과 관련 있는 스포츠용품 기업이라는 사실을 상기시켜주며, 소총으로 장식되어 있는 부분은 헤밍웨이가 A & F에서 직접 총을 샀을 수도 있다는 것을 보여준다. A & F의 규모는 자회사인 홀리스터Hollister와 호주의 길리힉스Gilly Hicks가 얼마나 성공적인지로 가늠할 수 있다.

A & F의 모든 옷에서 찾아볼 수 있는 로고는 북미 말코손바닥사슴이다. 홀리스터 역시 독자적인 갈매기 모양의 로고를 사용한다. A & F의 슬로건 Casual Luxury(캐주얼 럭셔리)는 2005년 뉴욕 5번가에 있는 대표 매장을 개장할 때 만들어졌으며, 사내 마케팅 디렉터 마크 제프리즈Mark Jeffries가 고안했다. 이 슬로건은 A & F 의류가 캐시미어, 피

마 코튼 등으로 만든 고급 제품이지만, 일상에서도 편히 입을 수 있다는 점을 어필한다. 1992년 이후 계속 CEO를 맡아온 마이클 제프리즈 Michael Jeffries는 스포츠용품밖에 취급하지 않던 기업을 젊음과 즐거움에 접목시켜 확장하는데 큰 공을 세웠다.

드비어스 De Beers

드비어스는 1888년 세실 로즈 Cecil Rhodes가 남아프리카 공화국 요하네스버그에 설립하여 로스차일드 Rothschild가의 도움으로 확장시켰으며, 1927년부터 그가 죽은 1958년까지 어니스트 오펜하이머 Ernest Oppenheimer 가 이끌었다. 현재 어니스트의 손자인 니키 오펜하이머 Nicky Oppenheimer가 운영하고 있으며, CEO는 2011년 5월 이후로 프랑스 알스톰 운송부문 Alsthom Transport 사장을 역임한 필립 블리에 Philippe Mellier다.

드비어스는 남아프리카 공화국 및 주변국인 보츠와나와 나미비아에서 채굴되는 다이아몬드 원석 시장을 장악하고 있으며, 공급량을 조절해 다이아몬드 가격을 정할 수 있다. 다이아몬드 사업에 대한 평판은 오랜 시간 앙골라, 시에라리온 등 다이아몬드 채집하면서 발생한 전쟁과 침략 때문에 피 묻은 다이아몬드라는 말이 생길 정도로 악명이 높다.

세계 최대의 다이아몬드는 컬리난 1세 Cullinan I(530캐럿)부터 컬리난 9세 Cullinan IX(4.39캐럿)와 96개의 소형 브릴리언트형 Brillants 으로 영국 왕족이 소유하고 있다. 다이아몬드의 최상급은 무결점 무색 flawless D 으로 가장 큰 컷은 273.85캐럿인 센테너리 다이아몬드Centenary diamond며 개인소장이다.

그 유명한 A diamond is forever(다이아몬드는 영원히)는 1947년 4월 미국 광고 회사 앤 더블유 아이어 앤 선즈N.W. Ayer & Sons의 카피라이터 프랜시스 게레티Frances Gerety가 만든 광고 문구다. 이 문구가 나오게 된 이야기는 이미 여러 번 소개되었다(www.prnewswire.co.uk/cgi/news/release?id=12285 참고).

이 슬로건은 광고 역사상 최고의 문구로 꼽힌다. "유명한 보석상에 따르면 다이아몬드 가격은 절대 떨어지지 않는다"라고 한다. 1977년 필자는 1캐럿짜리 무결점 무색 다이아몬드를 하나 샀다. 몇 년 후 다이아몬드 가격이 급등했지만 그 이후 폭락했다. 적어도 샀던 가격에 다이아몬드를 되팔 수 있어서 다행이었다. 현재 무결점 무색 다이아몬드의 가격은 대략 2만5000유로다(www.18carat.co.uk/onecaratdiamond.html).

티파니 Tiffany & Co.

티파니가 드비어스처럼 왕족에게 다이아몬드를 제공하지는 않았지만 티파니는 티파니만의 역사가 있다. 1837년 찰스 루이스 티파니^{Charls Lewis Tiffany}와 테디 영^{Teddy Young}이 문구류와 팬시상품을 판매하는 매장으로 설립했다. 1853년 회사명을 지금의 티파니로 바꾸고 보석류 전문 제조업체로 업종을 변경했다. 1879년 찰스 루이스 티파니는 드비어스에서 287.42 옐로우 다이아몬드를 매입하고, 쿠션 컷 128.51캐럿으로 가공했는데 쿠션 컷은 여전히 티파니의 기본 컷이다. 이 다이아몬드는 뉴욕의 한 티파니 매장에 디스플레이되어 있다.

현 회장이자 CEO는 마이클 J. 코왈스키^{Micheal J. Kowalski}다. 현재 티파니는 전 세계적으로 매장을 운영한다. 런던에만 해도 세 개의 주요 매장이 있고 웨스트필드와 히드로 터미널에도 있다. 티파니는 나이 많은 부유층 여성에게만 어필하는 것처럼 보이지 않도록 많은 노력을 한다. 한 예로 웨스트필드 매장은 젊은 층의 여성으로 붐빈다.

근래에 티파니는 New York since 1837(1837년 뉴욕에서 설립)이라는 슬로건을 내세웠다. 이는 몇몇의 시계 제작자와 마찬가지로 기업의 긴 역사가 품질의 기준이라는 것을 강조하는 것이다. 2008년 선보인 슬로건 Some style is legendary(전설적인 스타일)는 한편으로 기업의 긴 역사를 말하는 것이다.

연속으로 나오는 사진 속에 7명의 톱 모델이 각자 다른 귀금속을 착용하여 나타나고 각 이미지는 슬로건과 함께 나온다. 이 광고 역시 티파니의 다른 광고와 같이 약혼반지든, 목걸이든, 팔찌든 보석을 클로즈업

하지 않고 살짝 자연스럽게 보여준다. 티파니의 TV 광고 중 대사가 있는 건 본 적이 없고 항상 배경 음악만 흐른다.

2008년 3월 출시된 광고에는 장난기 많은 금발머리 줄리아 스테그너와 이디오피아계 리야 케베데가 약혼반지를 끼고 있는 모습이 나오며, There are times to celebrate(기념해야 할 순간에 함께합니다)라는 광고 카피로 끝난다.

2009년 12월 광고에서는 새로운 슬로건 Give voice to your heart(당신의 마음을 표현하세요)가 소개된다. 마지막으로 1961년 나온 영

화 〈티파니에서 아침을〉을 언급하지 않을 수 없다. 블레이크 에드워드 Blake Edward가 트루만 카포티 Truman Capote의 동명 소설을 근거로 감독한 이 영화는 오드리 햅번이 커피와 빵을 아침으로 즐기며 티파니 매장 진열장을 쳐다보는 모습이 나온다.

─
참고한 광고 영상 주소

본문에서 언급한 광고
http://www.youtube.com/watch?v=Y-1FHGLOD-M&feature=g-hist

힐스테이트-집에 담고 싶은 모든 가치

2000년 이후 한국의 아파트 시장이 기업명 아파트 중심에서 브랜드 아파트로 변화하며 주거공간의 개념 역시 발전하게 되었다. 어떤 기업은 친환경 브랜드로, 또 다른 기업은 가족 생활문화 브랜드로 이미지를 굳히는 동안 현대건설의 힐스테이트는 주거 공간의 고급화를 이뤄냈다. 힐스테이트의 슬로건 '집에 담고 싶은 모든 가치'는 아파트가 단순한 주거 공간이 아니라 하나의 라이프스타일임을 주장한다. 물질적인 공간에서 벗어나 고품격 삶의 가치를 담는 틀로써 재탄생시킨 것이다.

고급스런 이미지의 여배우, 금색과 와인색 등 깊고 우아한 색채의 조합, 부드럽고 격식 있는 서체로 쓰여진 H. 이 모든 것이 상류사회의 한 단면을 보여주는 듯하다. 그 이전의 슬로건 '당신의 H는 무엇입니까?'라는 질문의 답으로 제시한 History(역사), Honor(명예), Hotness(열정) 역시 각 분야의 일인자에게서 느껴지는 품격과 권위를 힐스테이트와 결부시킨다. 또한 소비자가 생각하는 모든 H로 시작하는 다양한 가치들을 한 문장에 담아 브랜드를 고급화시키는 것이 바로 슬로건 '집에 담고 싶은 모든 가치'다.

물론 이 슬로건 하나만으로는 너무 추상적이어서 기업이 의도하는 고품격 이미지를 온전히 전달하기가 힘들다. 집에 담고 싶은 모든 가치 중에서는 다른 기업이 추구하는 친환경, 가족 친화형 이미지까지 포함될 수 있기 때문에 차별화되는 정체성을 세우기에 부족하다. 하지만 힐스테이트는 TV 광고, 브랜드 스토리, 설치 광고, 그리고 기존의 슬로건 등 다양한 홍보 방식을 통해 일관성 있게 상류사회에 어울리는 명품 이미지를 굳혔으며, 그와 관련된 가치들을 한 문장으로 담아냈다. '집에 담고 싶은 모든 가치'는 현대건설이 힐스테이트의 고급화 전략을 확실히 다지는 슬로건인 것이다.

Chapter 2

고객 중심 슬로건

고객가치 고급화에 초점을 맞추다 –
서비스 및 고객과의 교감을 강조하다 –

06
고객가치
고급화에 초점을 맞추다

    슬로건의 고객가치 고급화 유형은 기업 중심적 사고방식에서 벗어나 고객에게 초점을 맞추는 것을 목표로 한다. 슬로건의 주체인 기업을 1인칭으로 보았을 때 자신(기업/제품)을 넘어서 타인(고객)의 입장을 고려하는 방식이라 볼 수 있으며, 기업 중심적 슬로건보다 성숙하고 발달된 유형이다. 고객에게 가치를 부여하여 소비자의 위상을 높이며 기업은 고객의 까다로운 구미에 맞는 양질의 상품과 서비스를 제공한다는 점을 강조한다. 기업과 제품 이미지를 고급화하며 슬로건의 궁극적 기능인 기업과 제품 노출을 눈에 띄지 않게 해내는 세련된 유형이다.

    롤렉스의 A crown for every achievement(모든 업적에게 롤렉스를 상징하는 왕관을)는 성취감과 성공을 테마로 고객에게 경의를 표하는 슬로건이다. 왕의 전유물인 왕관을 고객에게 부여하여 고객을 왕으로 만드는 이 슬로건은 왕관을 로고로 한 롤렉스의 시계 자체가 고귀한 고객에게 어울리는 진정한 왕관이라는 점을 시사한다.

많은 슬로건이 기업의 입장을 나타낸다면 로레알의 Because I'm worth it(난 소중하니까요)은 소비자의 목소리를 내는 흥미로운 슬로건이다. 이 슬로건에서는 자신감이 넘치는 소중한 여성 소비자와 그에 걸맞은 제품의 품질만 부각되며 기업의 존재감은 어디에서도 찾을 수 없다. 소비자 자신이 이 제품을 직접 써보고 다른 소비자에게 추천하는 인상을 주기에 자화자찬형 슬로건과 차별화되며 더욱 신뢰가 가기도 한다. 소비자의 목소리를 표방한 형식과 고객가치를 강조한 카피 내용까지 모든 면에서 기업의 자아보다는 소비자의 입장을 반영하여 고객의 품격을 높여주는 예시다.

| 기네스 Guinness

알코올 함유량이 4~7.5%가 되는 기네스는 물, 볶은 보리, 홉(향을 내는데 쓰이는 넝쿨식물), 발효용 이스트, 정화작용을 하는 부레풀을 양조해서 만든 흑맥주다. 1759년 아서 기네스Aruthur Guinness가 더블린에 있는 성 제임스 게이트 양조장에서 첫 선을 보였다. 이 양조장은 오늘날에도 세계에서 단 하나뿐인 기네스 맥주 양조장이다. 베일리스와 마찬가지로 기네스 역시 디아지오 자기업이다.

기네스의 로고는 브라이언 보루Brian Boru 하프 모양인데 아일랜드의 국장과 비슷하지만 반대 방향이다. 가장 유명한 광고 문구는 1920년대 초에 나온 Guinness is good for you(기네스는 당신에게 좋다)다. 한

동안 이 광고에 대한 논쟁이 있었는데 공식적으로 술은 좋을 수 없기 때문이다. 하지만 2000년대 초 기네스 맥주에 있는 항산화물질이 혈전의 생성을 저하하고, 동맥 내벽의 콜레스테롤의 퇴적 속도를 줄일 수도 있다는 연구가 있었다.

그 외 다른 슬로건으로는 My goodness, my Guinness(세상에, 나의 기네스), 그리고 필자가 가장 좋아하는 17.59, It's Guinness time(6시 1분 전, 기네스 타임), 또 최근에 나온 광고에서는 Good things come to those who wait…(기다리는 자에게 기네스를…)라는 대사가 맥주를 기네스 잔에 따르는 모습과 함께 나온다.

1분 32초 분량의 광고 영상(1999년)에는 해변에서 파도 타는 사람이 다음의 내레이션과 함께 천천히 나온다.

"I don't care who you are-here's to your dream(당신이 누구든지 상관없습니다. 당신의 꿈을 위하여)."

이후 파도타기 선수와 그 친구들은 말로 형상화된 파도와 머리 위에서 부서지는 파도를 탄다. 배경에서 강렬한 드럼소리가 난다. 다시 환호하며 해변으로 돌아온 사람들을 배경으로 'Here's to waiting!(기다림을 위하여)'이라는 외침과 건배하는 모습이 등장한다. 곧바로 기네스 맥주가 슬로건과 함께 나타난다. 이 광고는 아봇 미드 비커스 BBDO Abbott Mead Vickers BBDO 에이전시가 만들었다.

—
참고한 광고 영상 주소

http://www.youtube.com/watch?v=lJnAFL7UOmE&feature=g-hist
http://www.youtube.com/watch?v=hqQ1ROREP24

로레알 L'Oréal

때때로 기업의 슬로건이 너무나 인상 깊어 광고를 보다가 후반부에 나오는 슬로건이 사라지지나 않았을까 걱정하면서 기다리게 되는 경우가 있다. 바로 로레알이 그 같은 경우다. 로레알은 세계에서 가장 큰 화장품 회사로 Parce que je le vaux bien(난 소중하니까요)이라는 슬로건으로 유명하다. 많은 사람들이(71%의 미국 여성) 이 슬로건을 기억하고 어디서 유래되었는지 알고 있다. 최근 몇 년간 슬로건에 약간의 변화를 주었는데 '난'을 '당신은'으로 변경된 것도 있다.

로레알 본사는 파리 근교에 있는 클리쉬Clichy에 자리하고 있다. 한때 파리 동쪽 근교에 있는 로레알 연구소에 일했던 필자의 경험으로 미루어보아 로레알은 거의 비밀스러울 정도로 세간의 이목을 피한다. 연구기관이 많이 있는 기업이라면 이해가 가는 부분이다. 전 CEO는 영국인 린지 오웬-존스Lindsay Owen-Jones며, 1988년부터 2011년 3월까지 회장직을 맡았다. 그는 로레알의 환상적인 세계적 성장에 큰 공을 세웠다. 회사 지분의 30.9%는 릴리안 베탕쿠르Liliane Bettencourt가, 29.7%는 네슬레Nestlé가, 그리고 36.8%는 일반 대중이 소유하고 있다.

Because I'm worth it(난 소중하니까요) 광고 카피는 1973년에 소개되었으며, 로레알 염색약 프레퍼런스Préférence를 홍보하기 위해 만들어졌다. 〈더뉴요커The New Yorker〉의 1999년 3월 22일자 기사 트루 컬러스True Colors에 따르면, 이 슬로건은 당시 뉴욕에 있는 맥캔-에릭슨McCann-Erickson 광고대행사의 카피라이터 일론 스펙트Ilon Specht(당시 23세)가 고안했다. 광고는 이렇게 진행된다.

"I use the most expensive hair colour in the world, Préférence by L'Oréal. It's not that I care about money. It's that I care about my hair… What's worth more to me is the way my hair feels… I don't mind spending more for L'Oréal. Because I'm worth it(난 세상에서 가장 비싼 염색약을 써요. 로레알 프레퍼런스. 난 돈 몇 푼에 연연하지 않아요. 내가 신경 쓰는 건 내 머리카락이에요. 내게 더 중요한 것은 내 머릿결이 어떻게 되느냐에요. 로레알을 위해 얼마 더 쓰는 건 상관하지 않아요. 왜냐하면 난 소중하니까요)." 이 슬로건은 이제 38년이나 됐다.

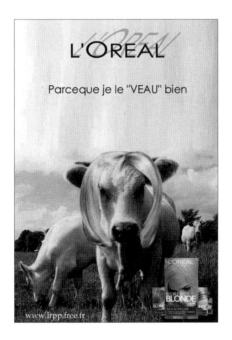

롤렉스 Rolex

롤렉스사는 1915년 베를린 태생 한스 윌스도르프[Hans Wilsdorf]와 알프레드 데이비스[Alfred Davis]가 설립했다. 이 둘은 이미 함께 손목시계를 제작하는 일을 한 적이 있었다. 롤렉스의 'ex'는 정교하다는 뜻의 프랑스어 'exquise'에서 기인한다고 한다. 파텍 필립과 마찬가지로 이 기업은 개인이 소유하고 있다.

2011년 5월 현재 새로운 회장은 이탈리아계 지안 리카르도 마리니[Gian Riccardo Marini]다. 이름 있는 롤렉스시계 중에는 최초의 기밀, 방수, 방진 기능을 가진 롤렉스 오이스터[Oyster](1926년), 최초의 자동으로 태엽이 감기는 퍼페추얼[Perpetual](1931년), 최초의 날짜표시 기능이 있는 데이트저스트[Datejust](1945년), 그리고 두 시간대를 동시에 보여주는 GMT 마스터[GMT Master](1954년 팬암항공사[Pan Am Airways] 요청으로 제작되었으며, GMT 마스터는 테두리를 돌려 조절할 수 있어서 동시에 두 시간대 시각을 볼 수 있다) 등이 있다.

제2차 세계대전 중 윌스도르프는 독일군에 포로로 잡혀있는 영국장교들에게 구매를 권유한 후 전쟁 후에 시계값을 받았다. 롤렉스의 금관 로고는 1925년 만들어졌지만 1939년까지 사용되지 않았다. 롤렉스 상호는 초록색 대문자이거나 초록색 바탕에 하얀색 글자로 쓰여 있다.

롤렉스는 상당히 많은 슬로건을 시도했으나 대부분의 TV 광고에는 슬로건이 나타나지 않는데, 그중 예외적인 것은 짧은 광고 A crown for every achievement(모든 업적에게 롤렉스를 상징하는 왕관을; J. 월터 톰슨[J. Walter Tompson], 뉴욕 2002년)로 로저 페데레[Roger Federer]가 선전한다(2007년 5월에 나온 13초 광고와 2010년 6월 중순에 나온 31초 광고. 이 중 후자는 윔블던 테니스 챔피언십^{Wimbledon Championship} 기간에 맞춰서 나왔는데, 페데레는 6월 30일 준준결승에서 탈락했다).

2011년 롤렉스는 새 슬로건 Live for greatness(위대함을 위해 살다)를 선보였다(J. 월터 톰슨, 뉴욕). 2011년 6월에 나온 새로운 30초짜리 페데레 출연 광고가 이렇게 묻는다.

"When is greatness achieved?… Maybe it's when you're always asking yourself 'What's next?'(언제 위대함이 달성되는가?… '다음엔 또 무엇에 도전할까?'라고 항상 자문하게 되는 때일 것이다)." 이후 슬로건이 나오며 끝난다.

참고한 광고 영상 주소

호주 오픈 2012 광고, 여기에 언급된 광고는 아님.
http://www.youtube.com/watch?v=g9hX-oKjE_s&feature=g-hist

롯데백화점-당신이 빛나는 주인공이 되는 곳
현대백화점-단 한 사람, 당신을 위하여

고객에게 가치를 부여하고 고객의 품격을 높이는 슬로건은 주로 최상의 품질과 서비스를 지향하는 고가 브랜드에서 찾아볼 수 있다. 롯데백화점의 '당신이 빛나는 주인공이 되는 곳'과 현대백화점의 '단 한 사람, 당신을 위하여'는 고객가치에 중심을 둔 슬로건의 예다.

두 슬로건 모두 고객 한 사람 한 사람의 특별함에 초점을 맞춰 해당 백화점을 방문하는 고객은 맞춤 서비스와 차별화된 제품을 제공받을 수 있다는 인상을 준다.

롯데백화점과 현대백화점의 고객가치 중심 유형의 슬로건은 고객을 주인공으로 조명하며 기업의 존재감은 고객을 위한 조연 정도로 최소화시킨다. 백화점이 가지고 있는 화려함과 고품격 이미지를 자연스럽게 고객의 가치로 전환하는 것이다. 특히 백화점은 특정한 제품이나 브랜드를 홍보하기 힘든 만큼 고객과 고객과의 관계에 중점을 둔 고객의 가치를 고급화하는 슬로건이 적합하다.

07
서비스 및 고객과의
교감을 강조하다

고객가치 고급화 슬로건은 고객을 높이며 상대적으로 기업이 낮아져 고객과 기업의 관계가 수직 관계로 형성된다. 서비스를 강조하고 고객과의 교감을 표현하는 슬로건은 고객과 신뢰감을 쌓고 친구, 동반자임을 자청해 보다 수평적 관계를 지향한다.

로이드 TSB의 슬로건 It's the bank for me(나의 은행), TyesB(T예스 B), 그리고 for the journey(여정을 위해) 모두 고객과 함께 하는 은행이라는 점을 강조한다. It's the bank for me는 고객의 목소리를 통해 로이드 TSB와 고객이 딱 맞는 조합이라고 한다. TyesB는 TSB와 발음이 비슷한 것을 활용해 고객과의 공감을 적극적으로 표현하며, 고객의 요구를 모두 이루어 주고자 하는 절친한 친구 같은 은행이라는 인상을 남긴다. 다른 슬로건 for the journey를 통해 로이드 TSB가 고객의 일생 동안 함께하는 동반자라는 점을 다시 한 번 전달한다.

부츠 Boots

부츠는 1849년 존 부츠John Boot가 개업한 약국에서 시작되었다. 2005
년 10월 얼라이언스 유니켐Alliance Unichem과 합병하며 사기업이 되었다. 현
재는 스위스 추크Zug에 본사를 둔 얼라이언스 부츠의 제약, 건강, 미용
분야 자회사며, 이탈리아계 스테파노 페시나Stefano Pessina가 이끌고 있다.
부츠는 옵티컬과 사진 분야로도 확장하고 있다.

부츠의 주 슬로건은 Trust Boots(부츠를 믿으세요)며, 2008년에는
마더Mother Ltd(UK), 소디치Shoreditch, 그리고 부츠의 주도 아래 여러 광고에
이전시가 공동 제작한 슬로건 Feel Good(기분 좋은)으로 변경되었다.[10]
To champion everyone's right to feel good(모든 이들의 기분 좋
을 권리를 위하여)의 줄임말이다.[11] 이 슬로건을 홍보하는 눈에 띄는 TV 광
고가 여럿 있다.

2007년 11월 1분 3초짜리 광고는 커다란 사무실에서 몰래 화장을
하는 여자들로 시작한다. 점점 더 많은 여자들이 보다 과감하게 화장
을 하기 시작하고 화장실에서 꾸미고 있는 여자들까지 합세한다. 한편
남자들은 반대편에서 당혹해한다. 이후 슈가베이비스의 'Here come
the girls(히어 컴 더 걸스)' 음악에 맞춰 수많은 여자들이 무리지어 나온
다. 마지막으로 'It's the season to be Gorgeous(잇츠 더 시즌 투 비 고
저스)'가 나오고, 슬로건 Trust Boots(부츠를 믿으세요)가 광고 마지막을

---

10 이 정보를 제공한 부츠 홍보 부서 PR 매니저 피오나 라킨(Fiona Lakin)과 마케팅 디렉터 엘리자베스 파
간(Elizabeth Fagan)에게 감사를 표한다.
11 이 정보를 제공한 알리슨 헤밍스(Alison Hemmings)에게 감사를 표한다.

장식한다.

'Surprise(깜짝선물)'이라 불리는 마더의 다른 30초 광고(2010년 11월)에서는 크리스마스 파티가 열린다.

한 여자 손님이 선물을 열며 "이게 뭔지 알 것 같은데"라고 말하지만, 선물을 보고는 실망한 목소리로 말한다.

"과일이야?"

그러자 파티 주선자가 답한다.

"그냥 과일이 아니야, 과일잼과 과일절임 만들기 강좌에 가져갈 특별한 거야!"

이 말을 듣고 여자는 더 낙담한다. 그러다가 남자가 두 번째 선물을 건넨다.

"장난이야, 생츄어리 스파에 가져갈 선물을 준비했어!"

여자는 아주 기뻐하며 남자를 껴안는다. 그 후 광고 카피 "부츠에서 여자가 좋아할 선물을 3개에 2개 가격으로 가져가세요"와 슬로건 Feel Good(기분 좋은)이 나온다.

참고한 광고 영상 주소

히어 컴 더 걸스
http://www.youtube.com/watch?v=wiB8HMTAPDE&feature=g-hist
http://www.youtube.com/watch?v=D9bSjiOlbqw&feature=g-hist
깜짝선물
http://www.youtube.com/watch?v=hXrXdJzTrKk&feature=g-hist

| 영국항공 British Airways(BA)

영국항공은 2004년에 TV 광고로 사치앤사치 Saatchi & Saatchi가 고안한 슬로건 The way to fly(비행하는 방법)를 선보였다. 한 사람이 뉴욕 케네디 공항으로 가는 택시를 타고 간 뒤, 새로 나온 클럽 월드클래스의 평평한 침대 위에 누워서 비행기를 타고 런던에 있는 가족과 재회한다. 물론 배경에는 '꽃의 이중창'을 연주하는 오케스트라가 있다. 특이한 점은 이 오케스트라가 뉴욕과 런던 사이에 있는 대서양 바다에 있다는 것!

2009년 광고 에이전시 BBH(바틀, 보글, 헤가티 Bartl, Bogle, Hegarty; 크리에이티브 디렉터 믹 마호니 Mick Mahoney)는 9가지 TV 광고를 소개한다. 각 30초 분량인 영상은 opportunity doesn't always live on your doorstep(기회는 항상 당신의 문 앞에 있지 않습니다)이라고 시청자로 하여금 비행기를 타고 여행하도록 이끈다.

그중 첫 TV 광고는 곧 있을 뭄바이 패션쇼를 조명하는데 인도를 배경으로 한 영화 〈슬럼독 밀리어네어〉의 성공을 활용했다. 다른 광고는 세렝게티에 사는 200만 마리의 야생동물의 이주를 보여준다.

마지막으로 2011년 9월 21일 BA는 새로운 슬로건 To fly. To serve(비행, 그리고 서비스)를 BBH와 함께 선보였다. 이 90초 분량의 영상은 프레더릭 플랜슨Frédéric Planchon과 아카데미 필름즈Academy Films가 제작해 새로운 슬로건을 홍보한다.

—
참고한 광고 영상 주소

뭄바이 패션쇼
http://www.youtube.com/watch?v=qKWs_siMQsl&feature=g-hist
http://www.youtube.com/watch?v=PO6VOd8PLUg&feature=g-hist

| 히드로 Heathrow

지금까지 이 공항과 관련되어 대중에게 알려진 문구들은 히드로 공항의 주요 쟁점이 아닌 것으로 보인다. 하지만 이 공항은 유럽에서 여객 수송에 있어 가장 큰 공항일 뿐만 아니라 세계 어느 공항보다 해외여행 승객이 많이 지나다니는 곳이다. ADI 국제 차관단의 산하기관인 영국 공항공단 BAA 리미티드BAA Limited(CEO 콜린 매튜스Colin Matthews, 회장 나이젤 러드Sir Nigel Rudd)가 운영한다.

총 다섯 개의 터미널이 있으며 영국항공 전용으로 사용하는 터미널 5는 2008년 3월 27일 개장해 이제 막 4년밖에 되지 않았다. 연간 6600만 명의 승객이 이 공항을 사용한다. 가장 사용자가 많은 국제선 노선은 뉴욕의 JFK공항(252만 명), 두바이(178만 명), 더블린(149만 명)과 홍콩(138만 명)이다. 가장 오래된 터미널 2는 재정비하고 있으며, 2014년 스타 얼라이언스Star Alliance(유나이티드항공 United Airlines, 루프트한자 Lufthansa 등)
가 사용할 수 있도록 오픈될 계획이다. 1996년 2월 7일 콩코드기가 2
시간 52분 59초 만에 히드로에서 뉴욕까지 역사적인 여행을 했으며, 가
장 빠른 대서양 횡단 비행으로 기록된다.

히드로의 역사는 놀라운 사건사고로 가득하다. 2004년 5월 17일 스
코틀랜드 야드의 특별 기동 수사대가 스위스포트 운송업체 Swissport Cargo
Warehouse에서 4000만 파운드어치의 금괴와 같은 양의 현금을 훔치려던
7명을 체포했다.

2010년 12월 18일 폭설로 인하여 공항이 마비되었는데 해결되는 데
까지 며칠이 걸렸다. 그보다 더 최근인 2011년 5월 26일 중동항공 Middle
East Airlines 여객기가 7시간 동안 묶여 있었는데, 이륙할 차례를 놓쳤기 때
문이었다. 기다리는 동안 승객은 비행기에서 내리지 못했다.

현재까지 가장 잘 알려진 히드로 공항 관련 슬로건은 공항 시위자들
이 내건 Climate camp-no airport expansion(환경을 해치는 공항
확장 반대; 2007년 8월), 또는 Stop airport expansion(공항 확장을 멈춰
라; 2008년 3월)이다. 2010년 5월 12일 데이비드 캐머론David Cameron's 정부
가 터미널 6개와 세 번째 런웨이 프로젝트를 중단했을 때만 해도 성공
적으로 보였다.

2009년 6월 BAA 마케팅, 인사이트 디렉터 닉 아델리 Nick Adderley와
그의 커뮤니케이션 팀 동료들은 Making every journey better(더
나은 여행을 만들어드립니다)라는 슬로건을 내놓았다.

2010년 10월 최근에는 통신사 타-모바일 T-Mobile이 히드로 공항 터미
널 5에 TV 광고를 내보내며 춤과 노래로 승객을 반갑게 맞이한다. 초반

에 나오는 사진은 Heathrow T5. Welcome back(히드로 터미널 5.
환영합니다)이라고 반긴다. 여기서 마지막 구절은 인상 깊은 슬로건이라
할 수 있다.

—
참고한 광고 영상 주소

http://www.youtube.com/watch?v=NB3NPNM4xgo

로이드 TSB Lloyds TSB

로이드 TSB는 근래에 이뤄진 1995년 로이드 은행과 TSB 은행의 합
병 이후 만들어진 이름이다. 로이드 은행은 1765년 존 테일러John Taylor
와 샘슨 로이드Sampson Lloyd가 버밍엄에 설립했으며, TBS 은행은 1989년
에 설립되었다(아래 참조). 로이드의 검은말 로고의 기원은 은행가 험프
리 스톡스Humphrey Stockes가 롬바드 가Lombard Street에 사업을 시작한 1677년
으로 거슬러간다. 로이드의 앞발을 들고 있는 말의 모습이 페라리 로고
와 많이 다르지 않다.

로이드 TBS는 2008~2010년 경제위기에 영국정부로부터 구제금융을 받았으며 이로 인해 영국정부는 많은 타격을 입었다. 유럽연합집행위원회는 로이드에게 632부서를 매각하라고 지시하였다(녹색 프로그램이라 불린다). 2011년 6월 30일 로이드의 회장 안토니오 호타-오소리오 Antonio Horta-Osorio는 2011~2014년까지 1만5000명 규모의 인원감축을 단행할 계획이라 밝혔다.

신탁저축은행 Trustees Savings Bank의 약자인 TSB가 회사명 로이드 TBS에서 가장 흥미로운 부분일 것이다. 1810년에 임의관리신탁 저축은행으로 저소득계층을 위해 단기소액예금으로 운영되었다(1810년에 처음으로 임의관리신탁은행이 생겨났고, 1817년 저축은행 관련 법 조항이 제정되었다). 20세기 후반 들어 TSB는 분권화된 구조를 버리고, 1980년대의 마지막 합병을 이루었다. TSB 은행은 1989년에 생겨났지만, 몇 년 후 30대 70퍼센트로 로이드 은행과 합병하였다.

1970년대부터 TSB만의 슬로건이 있었다. 처음에는 TSB, it's the bank for me(TSB, 나의 은행). 그 이후 1979년 슬로건에는 We like to say yes(우리는 당신께 예스라고 답하고자 합니다)였으며, 1982년에 The bank that likes to say Yes(당신께 예스라고 말하고 싶은 은행)로 변경되었다.[12] 2007년 12월 데이빗 보이스 David Boyce가 갑부 JJ 해켄부시 JJ Hackenbush로 열연하는 TV 영화에서는 슬로건이 더 축약되어 TyesB(T예스B)다.

---

12 예전 슬로건과 관련된 정보를 제공한 로이드 아카이브 소속 앤 아처(Anne Archer)에게 감사를 표한다. 하지만 누가 1982년 슬로건 The bank that like to say Yes(당신께 예스라고 말하고 싶은 은행)를 고안했는지 아는 사람이 없었다.

로이드의 슬로건 for the journey(여정을 위해) 제작은 광고 에이전시 레인리 켈리 캠벨 로알프/Y&R Rainey Kelly Campbell Roalfe/Y&R(감독 마크 크라스트 Mark Craste, 제작 마크 월드론 Mark Waldron, 데이빗 갓프리 David Godfree)이 참여했으며, 2007년 2월 제작 착수되었다.

2007년 4월에 방영된 1분 분량의 TV 광고는 평범한 연인이 기차에서 처음 만나 이내 결혼하고 나중에는 딸을 약혼자에게 보내는 인생의 여정을 보여준다.

참고한 광고 영상 주소
여정을 위해
http://www.youtube.com/watch?v=b3xe9dSY7zM

노키아 Nokia

노키아는 핀란드의 국민기업이다. 1865년 프레드릭 이데스탐Frederik Idestam이 핀란드 동남쪽에 위치한 도시 노키아에 목재 펄프 제재소를 시작하며 설립된 노키아는 1871년 이데스탐과 동업자 리오 메체린Leo Mechelin이 출범시켰다. 현재 본사는 헬싱키Helsinki 근방에 있는 도시 에스포Espoo에 자리하고 있다.

노키아는 1966년 처음으로 자동차 전화 사업을 시작하며 이동전화 업계에 발을 들여놓았으며, 그 이후 휴대 가능한 모비라 토크맨Mobira Talkman 을 출시했고, 1992년에는 첫 GSM 휴대전화 노키아 1011을 출시했다. GSM으로 전화 통화뿐만 아니라 문자 메시지 및 음악을 듣거나 사진도 전송할 수 있게 되었다.

2000~2010년까지 이동통신 업계에서 선두를 차지했으면서도 노키아는 기기보다는 와이파이 등의 정교한 소프트웨어가 필수적인 스마트폰 혁명을 놓쳤다고 평가되고 있다. 그 결과 노키아의 시장 점유율은 줄어들고 있는 추세다.

노키아는 기업 슬로건과 함께 쓰이는 기업 이름 외에 딱히 로고가 없다. Connecting people(사람을 연결합니다)은 오브 스트랜드버그Ove Strandberg가 1992년 소개했다. 이 슬로건이 첫 선을 보였을 당시 스트랜드버그는 당시 헬싱키 기술 대학교에서 학위논문을 쓰고 있었고, 노키아 연구센터에서 파트타임으로 일하고 있었다. 학위논문 쓰는데 너무 신경이 예민해져서 30분 동안 쉬는 게 좋을 것 같았다. 그래서 슬로건에 대해 생각하다가 Nokia connecting people(노키아는 사람을 연결합니다)과 Connecting Nokia people(사람을 연결하는 노키아)을 구상하게 되었다고 회고한다.

스트랜드버그는 그렇게 고안한 슬로건 두 개를 연구센터에 제출했다. 노키아 본사는 이 중 첫 번째를 최종 후보에 올렸고 1992년 11월 채택했다. 이 일화는 좋은 슬로건을 찾기 위해 꼭 광고 에이전시가 필요하지만은 않다는 것을 보여준다. 하지만 대중화시킬 수 있는 아이디어를 구상하는 능력은 타고난 몇몇에게만 있는 특혜라고 말할 수 있다.

기업 슬로건은 2002년 독일인 디자이너 에릭 슈피커만Erik Spiekermann이 고안한 특별한 서체를 사용했다. 노키아 전화의 벨소리는 쉽게 알 수 있다. 상당수의 노키아 광고 영상은 대부분 전화기만 보여주는 광고다. 하지만 노키아같이 대중에 많이 모습을 보이지 않는 기업마저도 선정적인 광고 트렌드를 벗어나지는 못했다.

근래에 데이빗 윌슨David Wilson이 만들고 슈가베이비스의 노래 'Freedom(프리덤)'이 나오는 노키아 N8 핑크 광고는 거대한 분홍색 사슴과 인형극에 나오는 꼭두각시같이 춤추는 인형이 나온다. 광고 마지막에는 주인공 인형이 노키아 전화 두 개로 만들어진 브래지어를 입고 있다.

—
참고한 광고 영상 주소

핑크 광고
http://www.youtube.com/watch?v=-tU2H0D3KfM&feature=g-hist

피터존스앤드존루이스 파트너십
Peter Jones & John Lewis Partnership

런던 슬론 스퀘어Sloane Square에 있는 피터 존스 백화점은 옥스퍼드 거리에 존 루이스 백화점의 설립자인 존 루이스가 1905년 매입했다. 현재 이 매장은 존 루이스 본점이다. 존 루이스는 그 이후 기업을 지속적으로 확장했으며 현재 영국 전역에 30여 개의 백화점을 가지고 있다. 영국에서 세 번째로 큰 개인 기업이다.

피터 존스의 매니징 디렉터는 토니 휠러Tony Wheeler고, 회장은 찰리 메이필드Charlie Mayfield다. 피터 존스 백화점의 비주얼 머천다이징 마케팅 매니저 레이첼 제임스Rachael James와 존 루이스 백화점의 특별한 상황에 관해 논할 기회가 있었다. 레이첼씨는 고객에게 제품을 홍보하는 이벤트를 매장에서 진행하는, 상대적으로 새로운 프로그램 리테일먼트Retailment(유통·Retail과 오락·Entertainment을 결합한 신조어)를 진행한다.

존 루이스 백화점은 두 가지 차별화 전략을 세우고 있다. 우선 백화점은 사내에서는 NKU라 불리는 1925년 슬로건 Never knowingly undersold(결코 양보하지 않습니다)를 고수한다.

근래에는 on quality, price and service(품질과 가격과 서비스를)란 구절과 함께 표현한다. 다소 거추장스러울 수 있는 이 슬로건은 창업자의 아들인 존 스페단 루이스John Spedan Lewis가 고안한 것이다.

피터 존스는 고객이 만족하지 않는다면 변상해주는 정책을 가지고 있다. 레이첼은 "우리는 고객 만족을 위해 노력합니다"라고 이야기한다. 이 기업의 모든 임직원은 파트너이며, 기업은 임직원의 소유다. 존 루이스 주식이 따로 있는 것이 아니라 매년 피터존스앤드존루이스 파트너십의 수익의 일부는(최근에는 12~15%) 임직원에게 돌아간다. 나머지는 재단장과 마케팅 등으로 들어간다. 여기서 성과금 비율은 전체 존 루이스 기업의 소득을 바탕으로 계산되기 때문에 각 매장의 성과에 상관없이 모든 파트너가 같은 퍼센트를 받는다.

2010년 4월 존 루이스의 1분 31초 분량의 TV 광고는 출생부터 결혼, 노년까지 한 여인의 삶을 보여준다. 한편으로는 그녀의 인생 드라마는 다양한 가구가 어떻게 그녀의 삶 속으로 들어오는가를 보여준다.

아기 때 유아용 침대부터 결혼 후 소파까지…, 이 영상은 기존 슬로건 외에 Our lifelong commitment to you(당신을 향한 평생의 헌신)를 보여준다. 음악은 빌리 조엘의 'She's always a woman(쉬즈 올웨이즈 어 우먼)'이다. 광고 에이전시는 아담 & 이브Adam & Eve, 런던(공동 창업자 제임스 머피James Murphy, 크리에이티브 디렉터 벤 프리스트Ben Priest, 아트 디렉터 벤 톨렛Ben Tollett)이다.

필자에게 정보를 제공해준 기록보관자 주디 파러웨이Judy Faraday에 의하면 기업의 슬로건은 다양한 형식이 있었는데, 그중 이 슬로건이 가장 간결하며 오래 사용되었다고 한다.

—
참고한 광고 영상 주소
당신을 향한 평생의 헌신, 가구
http://www.youtube.com/watch?v=jYOsWWKHZVw
결코 양보하지 않습니다.
http://www.youtube.com/watch?v=8jiJShJfqmY

삼성 Samsung

2010년 이후 삼성의 슬로건 수는 크게 증가했으며 모두 나름대로 훌륭하다. Turn on tomorrow(내일을 켜세요)는 호주 태생 배우 시몬 베이커가 나오는 1분 2초 TV 광고 마지막에 나온다(음악 모건 반 담Morgan Van Dam, 런던). 광고 속에 나오는 Tomorrow is delivered today(내일을 오늘 전해드립니다)는 구문 자체만으로도 훌륭한 광고 카피가 되었을 것이다.

다른 2분 2초 분량의 삼성 갤럭시 TV 광고는 미식축구로 시작해 다양한 종류의 스포츠를 찬미하며, Everything is possible for your imagination. Imagine the possibilities(모든 것이 상상 속에서 가능합니다. 가능성을 상상하세요) 카피로 끝난다. 최신 삼성 노트북의 슬로건으로 나온 구문은 Designed to go. Powered to perform(성능을 위해 디자인되다)이다.

—
참고한 광고 영상 주소
내일을 켜세요.
http://www.youtube.com/watch?v=2ORTcgWRgMQ&feature=g-hist

보다폰 Vodafone

버크셔 주 뉴베리에 본사를 둔 보다폰은 세계에서 가장 수익이 큰 이동통신 업체며 런던 증권거래소 지수로는 네 번째로 큰 기업이다.

1984년에 설립되어 비교적 짧은 역사를 가지고 있으며, 2008년부터 이 탈리아계 사업가 비토리오 콜라오가 이끌고 있다. 보다폰은 2011년 이집트에서 일어난 반정부 시위기간 이집트 정부의 요구에 응해 네트워크를 정지시킨 것으로 비난받았다. 그러나 기업의 슬로건 Power to you(대중에게 힘을; 아래 참고)가 이집트 대중을 고무시켰다고 주장한다.

보다폰의 로고는 따옴표 로고 speechmark logo라고도 불리며, 빨간색의 작은따옴표 하나가 하얀색 동그라미 배경에 있는 모양이다. 이 따옴표는 대화를 의미한다지만 직접 보다폰을 사용하는 고객으로서 필자가 회사 정보를 알아보기 전까지 로고 뜻이 무엇인지 알지 못했다.

지난 10년간 보다폰은 세 개의 슬로건을 사용했다. 2001년에는 슬로건 How are you?(어떻게 지내시나요?)가 소개되었다. 이와 관련된 2007년 10월에 나온 1분 분량의 TV 광고는 보다폰 사용자가 누리는 몇 가지 기쁜 상황을 보여준다("우리 외출해, 우리는 매력적이야, 우리는 자유로워, 우리는 사랑에 빠졌어, 우리는 안전해, 우리가 이기고 있어." 등이 나오며, 한 장면에서는 남성이 오페라에서 "전화 받을 수 없습니다"라고 하는 모습이 나온다). 보다폰 배너와 "당신이 필요로 하는 사람들은 닿을 수 있는 거리에 있습니다. 어떻게 지내시나요?"로 끝난다.

두 번째 슬로건 Make the most of now(지금을 최대한 활용하세요)는 2005년 광고 에이전시 JWT와 BBH가 함께 고안했다. 마이크로소프트사의 슬로건 Where do we go today?(오늘 어디로 갈까?)와 비슷하지만 질문 형식이 아니라 보다 확정적이다. Power to you(대중에게 힘을)가 가장 인상 깊은데, 이 슬로건은 아르헨티나 광고 에이전시 산토스 Santos가 2009년 고안했다.

2010년 5월에 출시된 감동적인 1분짜리 광고 영상에서 한 신사가 진급을 축하하는 공식적인 자리에 있는 모습을 보여준다. 그의 딸이 그에게 전화해 말한다.

"아빠, 제 남자친구가 절 떠났어요."

"지금 어디있니?"

그 후 그 남자는 그 자리를 떠나 택시를 타고 급하게 딸을 찾아간다.

딸은 아버지 품에 안기며 "특별한 거 하고 계시던 건 아니죠?"라고 물어본다.

"아냐, 설거지 정리하고 있었어"라고 답한다.

그 광고는 보다폰의 슬로건이 나오며 내레이션 "People depends on our network(사람들은 우리의 네트워크를 신뢰합니다)"로 끝난다.

참고한 광고 영상 주소

http://www.youtube.com/watch?v=jpnMNIQ4Mak&feature=g-hist

제일모직-우리 옷의 첫 단추는 고객입니다

고객 중심의 가치경영을 주장하는 기업 또한 대한민국 No.1, 대한민국 최초, 대한민국 최대 등을 내세운 기업만큼 보편적이고 그만큼 차별화하기도 어렵다. '고객과 함께'로 시작하는 슬로건만 해도 고객과 함께 세계를 열어가는(쌍용투자증권), 고객과 함께 하는(조달청/중앙투자신탁/동남은행/삼성카드/삼성증권), 고객과 함께 번영하는(동원증권), 고객과 함께 미래를 열어가는(부산은행) 등 서른 개가 넘는다.

모두가 정형화된 방식으로 똑같은 가치를 추구한다면 기업이 진정 고객만족을 지향한다고 하더라도 그 진실성을 전달하기가 힘들다. 그렇다면 고객만족의 메시지를 전달하면서 더 깊은 인상을 남기는 방법은 어떻게 될까? 궁극적으로 슬로건의 목표는 소비자가 기업을 기억하게 만드는 것이니까 말이다.

빈폴로 유명한 제일모직은 고객 중심의 가치경영이 기업의 핵심이라는 점을 슬로건 '우리 옷의 첫 단추는 고객입니다'로 나타낸다. 남들처럼 고객과 함께한다는 말 대신 '옷'과 '단추'를 사용해 의류업종인 것을 나타냈다. 뿐만 아니라 "첫 단추를 잘 꿰다"라는 관용구를 사용해 고객이 제일모직의 기본이며 시작이라는 메시지를 전하고, 첫 단추를 잘 꿰어야 일이 잘 풀리는 것처럼 고객을 우선순위에 두고 일을 하겠다는 다짐을 보여준다.

Chapter 3

언어유희 이용 슬로건

08
감각적 단어로
정서를 자극하다

이전 슬로건이 논리적인 정보 전달을 주목표로 삼았다면, 오감을 자극해 감각적으로 고객의 무의식에 접근하는 슬로건도 있다. 미각을 부각시키는 광고는 당연히 식음료 기업이 있는데 베일리스의 슬로건과 영상 광고가 그중 하나다. 감각과 선정성을 조합해 본능적, 관능적으로 고객에게 다가간다. 여성의 입술만 클로즈업해 찍은 베일리스의 광고 Let your senses guide you(당신의 감각을 따르세요)와 Listen to Your lips(당신의 입술에 귀를 기울이세요)는 촉각, 미각, 청각을 자극하며 제품을 감각적으로 어필한다.

청각 역시 다양하게 활용된다. 광고 전체가 노래로 구성되어 있는 시스코의 I Will Survive와 영국석유회사(BP)의 Make the day a little better, 켈로그의 Sunshine Breakfast 광고는 음악을 통해 친근하게 접근해 고객의 기억에 남는 예다. 광고 전체에 노래가 들어가지 않더라도 말미에 슬로건에 음을 넣어 시청자가 그 멜로디를 기억하게 하는 경우도 음절의 수와 두음의 반복되는 소리만으로 슬로건을 음악적으로 만든 홍콩의 Live it. Love it(누리세요, 즐기세요), 두바이의 Definitely Dubai(확실히 두바이)가 있다.

캐드버리의 세상에서 가장 바삭한 초콜릿처럼 촉감을 강조하거나, 켈로그의 snap! crackle! pop!(스냅! 크래클! 팝!)같이 의성어를 사용해 타깃 고객인 아이들에 맞추어 경쾌한 소리로 청각과 촉각, 미각을 모두 충족시켜준다.

| 베일리스 Baileys

세계에서 가장 많이 팔리는 주류 사업체인 베일리스는 회장 프란츠 휴머Franz Humer와 CEO 폴 월시Paul Walsh가 이끄는 세계적 주류 기업 디아지오Diageo에 속해 있다. 디아지오의 다른 브랜드로는 기네스Guinness, 조니워커Johnnie Walker와 스미노프Smirnoff가 있다.

베일리스를 만드는 과정은 다소 복잡하다. 우유를 치즈로 가공하는 과정에서 치즈 건더기를 걷어내면 남는 훼이whey라는 부산물을 사용해서 만드는데 발효식품이다. 훼이를 특정한 이스트와 섞고 며칠간 불리고 숙성시킨다. 72시간 후 알코올 농도는 0도에서 10도 이상으로 올라간다. 베일리스의 경우 17도다. 그 후 유화제를 사용해 크림과 섞는다. 이후에 꿀, 커피, 코코아 등이 추가되지만 베일리스 술의 대부분은 원재료인 우유의 비중이 더 높다. 병은 멋진 모양이다. 베일리스 라벨 아래에는 The original Irish Cream(아이리시 크림의 원조)이라고 적혀 있다.

2008년까지 베일리스의 주요 슬로건은 Let your senses guide you(당신의 감각을 따르세요; BBH 런던)였다. 최근 영상에 한 남자와 여자가 바에서 베일리스로 건배를 한다. 여자가 실수로 술을 흘리고(sense of loss; 상실감) 남자는 테이블에서 닦아낸다(sense of duty; 사명감). 그리고 바로 직후 여자 드레스 가슴 쪽에 묻은 한 방울도 닦는다(sense of adventure; 모험심). 그 후 베일리스 슬로건이 영상 마지막을 장식한다.

2008년 11월 슬로건은 런던의 JWT가 제작한 Listen to your lips(당신의 입술에 귀를 기울이세요)다. 떨어지는 베일리스 방울을 받으려는 여성의 입술 여러 개가 나오고 마지막 방울은 칵테일 글라스로 떨어진다. 포스터에는 한 여인이 입술을 살짝 깨물고 있는 모습이 다양하게 나오며 베일리스의 슬로건이 조그맣게 나온다. 전체 상황을 이해하지 않은 경우에 이 여성이 무엇에 목말라하는지 확실하게 알 수 없다.

두바이 Dubai

두바이는 아랍에미리트 연방(대통령: 칼리파 빈 자에드 알 나흐얀Khalifa bin
Zayed Al Nahyan)의 7개의 에미리트 중 하나다. 페르시아만 연안에 위치해 있
으며 인구는 약 200만 명이다. 두바이의 국왕은 셰이크 모하메드 빈 라
시드 알 막툼Sheikh Mohammed bin Rashid Al Maktoum이며 공식 국교는 이슬람교다.
두바이는 유럽과 아시아를 여행하는 사람들의 관문이다.

세계에서 가장 높은 빌딩인 828m 높이의 부르즈 할리파Burj Khalifa(할
리파 타워Khalifa Tower)를 자랑한다. 가장 높은 층은 621m 높이에 있다. 타
워는 시카고에 자리한 스키드모어Skidmore, 오윙스Owings, 메릴Merrill이 설계
했으며 삼성물산이 시공했다.

삼각형 모양의 토대는 거미 백합, 또는 사막 백합의 모습을 본떠서
만들었다. 하지만 이 꽃은 이 지역 사막에만 자라는 꽃은 아니다. 할리
파 타워라는 이름은 2010년 1월 4일 개장 얼마 전 재정적인 지원을 통
해 시공을 마무리할 수 있도록 도운 아랍에미리트 연방의 대통령을 기
리기 위해 그의 이름을 따 정해졌다.

2010년 10월 두바이 관광 및 통상처Dubai Tourism and Commerce Marketing
Department, DTCM은 강렬하고 새로운 슬로건 Definitely Dubai(확실
히 두바이)를 내놓았다. 각각 두바이 관광 명소를 소개한 4개의 30초 분
량(전체 2분 38초) TV 광고에 그 의도가 잘 표현되어 있으며, 네 가지 문
화, 특히 두바이의 전통, 환대[warm welcome(따뜻한 환영)], 레저[Pamper
yourself(맘껏 즐겨라)], 쇼핑[Shopper's Paradise(쇼핑 파라다이스), World
Brands(세계적 브랜드)]로 나뉘어져 있다. 각각의 슬로건은 해당 광고 마지

막에 두 줄로 나온다. Definitely(확실히)는 평범한 알파벳 소문자로 윗줄에 나오고 Dubai(두바이)는 아래에 아라빅 툴르스 서체로 나온다. 여기서도 역시 두 문명이 만나는 지점을 묘사한다.

13분 13초의 TV 광고에 두바이의 기존 슬로건 Freedom to do Business(비즈니스의 자유)는 다양한 자유, 즉 성장, 표현, 창조, 투자, 그리고 비즈니스를 할 수 있는 자유를 강조한다.

참고한 광고 영상 주소

http://www.youtube.com/watch?v=S74V3TAxcpQ
비즈니스의 자유
http://www.youtube.com/watch?v=zReVl0o4sDc

홍콩 Hong Kong

홍콩은 1100제곱킬로미터로 규모는 작지만 세계적인 꿈의 도시 중 하나다. 인구는 700만 명이며, 행정장관은 2005년 선출된 도널드 창 Sir Donald Tsang이다. 1842년 8월 29일 시작된 영국 통치는 1997년 7월 1일 중국으로 주권 양도가 되며 막을 내렸으며, 이는 20세기의 가장 평화적 주권 변화로 손꼽힌다. 중화인민공화국령이지만 홍콩은 특별행정구역이며, 대외 관계와 군사 문제를 제외한 모든 면에서 자주권을 행사한다. 이른바 일국양제 체제인 것이다. 홍콩의 깃발은 모국을 상징하는 붉은색 바탕에 꽃잎이 다섯 개 있는 하얀색의 지역 꽃 바우히니아이며 도시의 특수성을 상징한다.

홍콩의 슬로건 Live it, Love it(누리세요, 즐기세요)는 2003년 가을 클리포드 엔지 Clifford Ng가 풋콘앤벨딩 Foote, Cone and Belding에서 크리에이티브 디렉터였을 때 고안했다. 당시 홍콩 당국은 치명적인 사스 전염병 사건에서 회복하는데 총력을 기울였다(2002년 11월~2003년 7월).

2006년 8월에 나온 2분 1초 분량의 TV 광고는 슬로건과 함께 홍콩의 명소와 행사를 홍보하며 'Feel it, See it, Wear it, Taste it, Win it, Rock it, Swing it(느끼세요, 보세요, 입으세요, 맛보세요, 이기세요, 즐기세요)' 등 유행 문구를 함께 선전한다. 특히 'Win it(이기세요)'은 경마가 끝나며 한 서양 여자가 홍콩 사람으로 보이는 남자를 끌어안으며 자신의 말이 이긴 것을 축하하는 영상과 함께 나온다. 마지막으로 불교 성지와 놀이동산, 항구의 항해사가 나오며 광고 문구가 다시 나타나는데, 여기에는 Find it(찾으세요)이 추가되었다. 마지막으로 슬로건이 나온다.

이후에 나온 다른 광고(2009년 5월, 2분 1초)는 'Live it, Love it(누리세요, 즐기세요)'을 보다 더 강조한다. 'Live the serenity(평온을 누리세요)', 'Live the wonder(감동을 누리세요)', 'Love the city(도시를 즐기세요)', 'Love the rush(활력을 즐기세요)', 'Love the tradition(전통을 즐기세요)', 'Love the Moments(순간을 즐기세요).' 이 슬로건은 세계적으로 알려졌으며 홍콩 관광청의 효과적인 구호로 사용된다.

참고한 광고 영상 주소

http://www.youtube.com/watch?v=42zQwPcnAmA&feature=g-hist

재규어 Jaguar

자동차 제작사로 유명한 재규어는 몇몇 유명한 기업들처럼 처음 시작은 현재 주력 제품과 아주 조금밖에 연관되지 않은 곳에서부터 시작했다. 윌리엄 라이온스 경 Sir William Lyons은 오토바이 사이드카를 제작하기 위해 1922년 스왈로우 사이드카 컴퍼니 Swallow Sidecar Company를 설립했다. 1945년 4월 9일 회사명을 재규어로 바꾸었다. 기업의 슬로건이 고안되기 이전에 만들어진 이 이름은 재규어의 속도와 내구력을 연상시키기에 이 기업에 어울리는 탁월한 이름이다.

1989년 11월에서 2008년 6월까지 포드사 계열이었고, 이후 인도 뭄바이에 본사를 두고 있는 타타모터스 Tata Motors에 인수됐다. 재규어는 코벤트리 Coventry에 본사가 있으며, 명품 브랜드인 다임러 Daimler, 로버 Rover 및 란체스터 Lanchester를 소유한다.

재규어는 많은 광고 에이전시와 작업했다. 2001년 가을 영 & 루비캠 Young & Rubicam이 J. 월터 톰슨 J. Walter Thompson의 뒤를 이었고, 2005년 유로 RSCG 월드와이드 Euro RSCG Worldwide가 영 & 루비캠의 뒤를 이었다. 유로 RSCG는 Gorgeous(아름다움)라는 카피를 내걸었지만 2007년 말 철회되었다.

가장 최근인 2011년 2월부터는 로스앤젤레스 근처에 위치하고 재규어가 공동 소유하는 스파크 44(이 기업의 주역은 한스 리들 Hans Riedel, 앨리스테어 던칸 Alastair Duncan, 스티브 울포드 Steve Woolford, 브루스 던도어 Bruce Dundore와 워너 크레인즈 Werner Krainz)가 광고를 담당한다.

유명한 슬로건 중 가장 오래된 것은 Don't dream it. Drive it(꿈

만 꾸지 마라. 직접 운전하라)이며, The art of performance(성능의 미학; J. 월터 톰슨 제작, 2003년 초까지 사용), Born to perform(타고난 성능; 2004년 영 & 루비캠 소개)이 있다.

2008년 2월에 방영되었던 Gorgeous(아름다움) 슬로건의 1분 32초 TV 광고에서 내레이션이 "주목하지 않을 수 없는 아름다움, 자연스러운 아름다움, 평범하지 않은 아름다움, 남들을 개의치 않는 아름다움, 모든 것을 능가하는 아름다움, 가치 있는 아름다움"이라고 말한다. 서로 포옹하는 연인과 한 남자를 수영장에 빠트리는 여자의 모습 등 다양한 짧은 장면들과 함께 나온다.

—
참고한 광고 영상 주소
아름다움
gorgeous http://www.youtube.com/watch?v=4UBRm23qPhI
타고난 성능
http://www.youtube.com/watch?v=8ET17zar5q8

켈로그 Kellogg Company

미국 아이들 중 켈로그 콘플레이크를 맛보지 않은 아이가 있을까? 아니면 라이스 크리스피는? 미국에서 나고 자란 필자는 제2차 세계대전 기간 중 이 시리얼들에 익숙해졌다. 그 당시(정확히 1942년 8월 31일부터 1949년 2월 4일까지) 켈로그는 라디오와 만화책에서 이미 슈퍼맨을 후원하고 있었다.

1898년 존 하비 켈로그 John Harvey Kellogg와 윌 키스 켈로그 Will Keith Kellogg 형제가 사니타스 식품 회사 Sanitas Food Company를 설립했고, 이후 1906년 배틀 크릭 토스티드 콘플레이크 회사 Battle Creek Toasted Corn Flake Company로 회사명을 바꾼 후 1922년 켈로그사로 변경했다. 2011년 이후 현재 CEO는 존 A. 브라이언트 John A. Bryant고, 이사회 회장은 제임스 제네스 James Jenness다. 본사는 시리얼 도시로 불리는 미시간 주 배틀 크릭 Battle Creek에 위치해 있다.

켈로그는 콘플레이크에 "들판에서 120일간 햇살을 받고 자란 유기농 옥수수"를 사용한다고 주장한다. 그 외에도 다량의 비타민을 첨가한다.

광고 카피이자 Snap! Crackle! Pop!(스냅! 크래클! 팝!) 소리로 유명한 라이스 크리스피의 명성이 켈로그를 영국에서 두 번째 규모의 쌀 수입사로 만들었다.

켈로그사의 다른 유명한 시리얼로는 변비 개선 목적 때문에 아이들에게 인기가 많지는 않은 올 브랜 All-Bran을 포함해 코코팝스 Coco Pops와 스페셜 K Special K가 있다. 치리오스 Cheerios, 퀘이커 오트 Quaker Oats, 슈레디드 위트 Shredded Wheat, 위타빅스 Weetabix 등은 타사 시리얼 제품이다.

유명한 광고 카피 Sunshine Breakfast(햇살가득 아침식사)는 적어도 1958년까지 거슬러 올라가며 J. 월터 톰슨 광고 대행사가 제작했다.

켈로그 콘플레이크 노래 "굿모닝, 굿모닝. 매일 아침 최고를 드려요. 햇살가득 아침 식사, 켈로그 콘프레이크, 바삭하고 즐거워요"는 1967년의 존 레논과 비틀즈의 노래 'Good morning, good morning(굿모닝, 굿모닝; Sgt Pepper 앨범)'에서 영감을 받았다(여기서 마지막 구절은 여러 버전이 있다. 멜로디는 데이브 리Dave Lee가 작곡했다).

최근 2009년에 켈로그는 더 짤막한 슬로건을 선보였다. 라이스 크리스피 광고 카피 wonderfully simple(놀랄만큼 간편한; 레오 버넷 광고 에이전시Leo Burnett Ltd)이 그 예다.

피죤-빨래엔 피죤

피죤은 1970년대부터 섬유 유연제를 유통하며 한국의 독보적인 세탁세제 기업으로 성장하였는데, 남녀노소 피죤의 제품을 모르는 사람이 없을 정도라 말할 수 있는 업계의 일인자다. 피죤을 업계 최고로 부상시킨 가장 큰 공신은 강력하고 중독성 있는 피죤의 슬로건이라 할 수 있다.

모든 광고 말미에 특유의 멜로디와 함께 나오는 문구 "빨래엔 피죤～"은 짧고 따라 부르기 쉬운 음이 들어가 있어 무의식 중에 "빨래할 땐 피죤을 꼭 넣어야 한다"는 생각이 들게 만든다. 논리적으로 피죤이 정말 최고 세제인지 아닌지 따져보기도 전에 세제 코너에 들어서면 속으로 음악을 따라 부르며 손으로는 이미 피죤을 집고 있는 것이다.

물론 근래에 있었던 피죤 회장의 스캔들로 기업의 인지도가 나빠지기는 했지만, 짧고 입에 붙는 피죤 슬로건의 멜로디는 여전히 고객의 잠재의식에 남아 있다.

제품의 성능을 따져보지 않고 당연히, 자연스럽게 구매를 유도하는 슬로건의 능력, 대단하지 않은가? 이것은 바로 이성을 거치지 않고 감각에 직접적으로 노출해 기업의 아이덴티티를 정의한 결과다.

09
단어의 힘:
키워드로
기억에 남기다

언어유희형 슬로건은 슬로건의 언어적 특성을 활용해 세련되고 예술적으로 슬로건의 기본 기능을 수행한다. 단도직입적으로 기업과 제품 정보를 설명하는 것보다 더 흥미를 유발하기 때문에 모두가 같은 가치를 비슷한 언어로 표현하는 시장에서 타기업과 차별화시킬 수 있는 똑똑한 방법이다.

캐드버리의 아리송한 슬로건 A glass and a half full of joy(한 잔 반의 기쁨)는 0.5파운드의 초콜릿에 한 잔 반의 우유가 담겨 있다는 뜻이다. 초콜릿이 건강하지 않다고 여겨지는 반면 몸에 좋은 우유가 한 잔 반이나 담겨 있기 때문에 0.5파운드만큼의 기쁨(초콜릿)을 누리면서도 한 잔 반의 건강한 우유를 마시는 만큼 영양소를 섭취할 수 있다는 메시지를 전달한다.

물론 이런 정보는 직접 찾아보지 않는 이상 알 수 있는 내용은 아니다. 하지만 대중이 슬로건의 진정한 뜻은 이해하지 못하더라도 기쁨을 부피로, 게다가 한 잔이나 두 잔도 아닌 한 잔 반으로 표현한 이 독특한 발상은 캐드버리만의 키워드가 되고 캐드버리 초콜릿의 정체성이 되었다.

캐드버리 Cadbury

캐드버리의 2005년 출시된 슬로건 Your happiness loves Cadbury(캐드버리로 행복하세요)가 실패한 이후 광고회사 퍼블리시스 Publicis는 새 슬로건 A glass and a half full of joy(한 잔 반의 기쁨)를 출시했다. 이 슬로건의 가장 성공적인 광고는 고릴라 드러머 광고인데, 2007년 8월 31일 첫 선을 보였다. 광고 에이전시는 팔론 런던Fallon London 이며, 아르헨티나 태생 후안 카브랄Juan Cabral이 감독, 매튜 포어Matthew Fore 와 니키 반스Nicky Barnes가 제작했고, 고릴라 옷을 입은 배우는 이미 영화에서 유인원 역할을 해본 경험이 있는 가론 마이클Garon Michael이다.

이 광고는 1분 41초 분량이다. 광고 첫 50초 동안 무슨 일이 일어나는지 보이지 않고 고릴라 얼굴만 보인다. 1분이 지난 후 이 고릴라가 열정적으로 드럼을 치고 있는 모습이 보이고, 마지막 5초 동안에는 캐드버리의 슬로건 A glass and a half full of joy(한 잔 반의 기쁨)가 나타난다. 이 광고는 드러머 필 콜린스Phil Collins의 'In the Air Tonight(인디에어 투나잇)'과 함께 나온다. 몇몇 사람들이 이 고릴라와 초콜릿이 아무런 상관관계가 없다고 하지만 이 광고는 매우 성공적이었다.

참고 광고 영상 주소

고릴라 드러머 광고
http://www.youtube.com/watch?v=cAK5d9VO1VU&feature=g-hist
http://www.youtube.com/watch?v=TnzFRV1Lwlo&feature=g-hist

코카콜라 Coca-Cola

코카콜라 기업은 1892년 설립되었으며 본사는 미국 조지아 주 애틀랜타에 있다. 2008년 7월 1일부터 현재까지 터키계 무타르 켄트Muhtar Kent(1952년생)가 회장을 맡고 있다. 기업의 주된 제품 코카콜라는 업계에서 전설적이며 카페인(100ml당 12.9mg), 설탕, 인산, 탄산수, 그리고 임원단 두 사람밖에 성분을 모른다는 극비의 혼합물로 만들어졌다. 코카콜라 음료수는 1886년 존 팸버튼John Pemberton이 만들었다. 기존에는 코카인과 카페인 혼합으로 만들어졌지만, 1904년 이후부터는 코카인을 첨가하지 않는다.

최근 들어 많이 알려진 코카콜라는 1983년 소개된 카페인 없는 프리 코카콜라Free Coca-Cola와 2005년 출시된 코카콜라 제로Coca-Cola Zero다. 코카콜라 제로는 인공 감미료를 사용해 기존의 병당 140칼로리를 0.75칼로리로 줄였다.

코카콜라 로고는 19세기 중세 스펜서 서체로 정교하고 품위 있게 쓰여진 글씨에서 태어났다. Refresh yourself(상쾌함을 찾으세요; 1924년), The pause that refreshes(상쾌한 이 순간; 1929년), Have a Coke(마셔요, 코카콜라; 1979년), Always(언제나 코카콜라; 1993~2000년)

부터 최근 사용하는 Coke side of life(코카콜라의 세계로 오신 것을 환영합니다; 2006년, 위든앤케네디^{Wieden & Kennedy}, 암스테르담)와 2009년 1월 9일 출시한 Open happiness(행복을 열어요; 맥캔 에릭슨^{McCann Erickson}, 더블린), 그리고 더 최근에 소개된 Life begins here(인생은 여기서 시작합니다; 2011년)가 있다.

이 중에서 한 광고만을 고르기에는 무리가 있지만, 그중 2011년에 나온 국경선 광고를 소개하고자 한다. 1분 3초 분량의 이 광고에는 2명의 군인이 사막 한가운데 있는 국경선에 마주하여 서있다. 그중 한 군인이 코카콜라를 마시자 다른 군인은 마시고 싶으면서도 국경을 마주한 나라의 군인이기에 적극적으로 나서지 못한다. 하지만 콜라를 가지고 있는 군인이 여러 번 권하자 마지못해 음료를 마신다.

물론 이 광고가 전하고자 하는 의미는 코카콜라를 애호하는 마음은 국경을 넘는다는 것이다. 배경으로 나오는 매우 웅장한 장례식 음악은 헨델의 '사라방드 D단조', HWV 437이다.

참고한 광고 영상 주소

국경선 광고
http://www.youtube.com/watch?v=k-STkFCCrus&feature=g-hist

디젤 Diesel SpA

기업의 다채로운 역사에 자부심을 갖고 있는 나이키[Nike]와 A & F에 비해 짧은 역사를 가지고 있는 디젤은 1978년 렌초 로소[Renzo Rosso]와 아드리아노 골드슈미드[Adriano Goldschmied]가 이탈리아의 몰베나[Molvena]에 설립했다. 후발자인 디젤은 더 역사가 깊은 경쟁자들을 따라잡아야 했다. 그렇게 하기 위해 로소는 경쟁자들과 거리를 두었다.

우선 빈티지 스타일인 청바지에 초점을 맞추기로 결정했다. 디젤의 제조 공정은 원단을 탈색(Golden Shade brand)하고, 손으로 직접 비벼 구멍이 나게 한 후 덧대어 손질(Golden Frost brand)을 하거나 무작위로 표백제를 사용해 탈색한 방식(Golden Bullit brand) 등을 채택하여 만든 Dirty New Age(더티 뉴 에이지) 청바지를 표방한다.

1991년에 들어 기업 내부의 광고기획자 마우리치오 마치오리[Maurizio Marchiori]와 스웨덴 기업인 파라디셋[Paradiset](DDB의 피합병 에이전시)과 협

력해 광고 문구 For successful living(성공적인 삶을 위하여)을 고안했다. 비교적 단조로운 느낌의 슬로건이다.

페라리 Ferrari

페라리는 엔초 페라리Enzo Ferrari가 1929년 창립했으며, 1940년대 초기부터 모데나Modena에서 18km 떨어져 있는 마라넬로Maranello에 본사를 두고 있다. 마라넬로에는 페라리 본사 및 페라리 박물관이 자리한다. 페라리의 차종 몇 대는 마라넬로 이름을 땄다. 페라리는 무엇보다 레이스 카로 유명한데(스쿠데리아 페라리Scuderia Ferrari는 페라리 마구간이라는 뜻이다) 자가용으로 쓰이는 차 페라리 S.p.A Ferrari S.p.A보다 먼저 나왔다.

페라리의 로고는 노란색 배경 앞에 앞다리를 들고 있는 검은색 말이 있고, 그 위로 세 가지의 이탈리아 색이 가로지르는 모양이다. 배경의 노란색은 엔초 페라리가 태어난 도시 모데나의 색이다.

페라리도 슬로건이 있는가? 우선 몇몇 광고에 나오는 Approved(인정된)는 슬로건이 아니라 페라리의 중고차 라벨이다. 그렇다면 유명한 표어 Beyond perfection(완벽 이상)은 어떠한가? 이 구문은 페라리와 짝을 이루는 세계 제3위 노트북 제작사인 에이서ACER가 쓴다. 어떤 에이서 컴퓨터에는 페라리의 노란색 말 로고가 붙어 있기도 하다.

다음은 에이서의 광고다. "맞춤형 빨간색 커버로 장식된 올뉴페라리 원 노트북은 포뮬러원 자동차 경주대회를 맨 첫 회부터 석권했던 스쿠데토 페라리의 자랑스러운 상징입니다." 이 슬로건은 분명히 에이서의 슬로건이며 카피라이터 마이클 월시Michael Walsh가 서클라인 커뮤니케이션즈Circleline Communications를 위해 2009년 8월에 고안한 광고다. 페라리는 슬로건이 없다. 자부심이 강해 따로 광고 카피가 필요하지 않기 때문이다. 하지만 광고에서는 Passion(열정)이라는 단어를 자주 사용한다.

하인즈 Heinz

비록 최근에 TV 광고로 나오고 있진 않지만 가장 역사가 깊으며 가장 유명한 하인즈의 슬로건은 57 Varieties(57 버라이어티즈)다. 보아하니 5와 7은 창립자 헨리 존 하인즈^{Henry John Heinz}의 행운의 수인 것 같다.

하인즈의 제품이 세계적으로 57가지가 훨씬 넘지만, 오늘날에도 57은 하인즈가 애용하는 숫자로 남아 있다. CEO는 윌리엄 R. 존슨^{William R. Johnson}이며, 본사는 창립 당시 자리해 있던 피츠버그^{Pittsburgh}에 여전히 위치한다.

서구에서 하인즈의 가장 유명한 제품은 하인즈 토마토케첩이다. 현재 눌러서 짤 수 있는 병에 '57 버라이어티즈'라고 쓰여 있으며, 토마토 그림과 함께 Grown, not made(제조가 아닌 재배)라는 슬로건이 있다. 하인즈가 세계 토마토케첩 시장을 거의 독식하고 있다고 볼 수 있다. 분명히 미국 시장의 일인자이며 세계적으로 연간 6억5000만 병을 판매한다.

다른 슬로건 No one grows ketchup like Heinz(누구도 하인즈처럼 케첩을 잘 기를 수 없다), 역시 'grow(기르다)'를 강조하고 있다. 이 광고 카피는 맥캔 에릭슨^{McCann Erikson}(런던; 2007년 12월)이 고안했다.

최근에 나온 슬로건 It has to be Heinz(하인즈여야만 합니다; 애봇 미드 비커스 BBDO, 2009년 10월; 아트 디렉터 짐 시스^{Jim Seath})는 하인즈 빈즈, 하인즈 토마토케첩, 하인즈 샐러드 크림, 파스타와 수프에 초점을 맞추었으며, 하인즈 매출 향상에 상당한 영향을 미쳤다. 최근에 나온 39초 광고 속 바비큐, 크리스마스 저녁 식사, 또는 토마토 수프를 만드는 중 엄마의 전화를 받는 여자 등 여러 사람이 모인다. 이 광고의 끝은 It has to be Heinz(하인즈여야만 합니다)로 마무리된다.

참고한 광고 영상 주소

제조가 아닌 재배, 누구도 하인즈처럼 케첩을 잘 기를 수 없다.
http://www.youtube.com/watch?v=TUbNs7hCUGg
하인즈여야만 합니다.
http://www.youtube.com/watch?v=N0qLc8Cyhlw

대한항공-모닝캄

키워드를 활용해 기업의 이미지를 강화하고 풍요롭게 한 한국기업의 예로 대한항공의 Morning Calm(모닝캄)이 있다. 모닝캄은 천문학자 퍼시벌 로웰이 1886년 쓴 책《The Land of Morning Calm, 조선: 고요한 아침의 나라》에서 처음 소개된 표현이다. 고요한 아침, 또는 아침 고요로 표현되는 모닝캄은 근대화 이전 조선의 청초한 모습을 떠올리며, 영어권 국가에서는 이국적이며 이상화된 사회를 연상시키는 동시에 매우 한국적인 국가적 아이덴티티도 가지고 있다.

물론 이런 배경지식 없이도 'Morning Calm'의 고요하고 우아한 이미지, 새벽녘의 고즈넉한 하늘, 그리고 대한항공의 하늘색을 떠올린다. 하지만 모닝캄이라는 표현이 어디에서 유래됐는지 알게 되는 순간 듣기 좋고 우아한 이미지의 표현에 지극히 한국적인 정체성까지 부여되는 것이다. 대한항공과 어울리면서도 기업 이미지의 격을 한 단계 높여주는 것이다.

한국을 나타내는 오래되고 순수한 말 모닝캄을 사용함으로써 기업 이미지를 수립하는 효과적이고 품격 있는 예시다.

10
재치 있는 구호 및
보편적 표현을 활용하다

널리 알려진 표현을 슬로건에 활용하는 유형은 기업의 이미지를 풍부하게 만들고 소비자의 기억에 남도록 만드는 최상의 방법이다. 많은 사람들이 익히 알고 있는 표현을 활용한 슬로건은 그렇지 않은 슬로건보다 쉽게 눈에 띈다. 그리고 부가 설명 없이도 그 문구가 가지고 있는 뉘앙스를 활용해 다양한 이미지와 연상시킬 수 있으며 인상 깊은 슬로건은 고객에게 보다 친근하게 다가갈 수 있다.

버진 아틀란틱의 Love at First Flight는 '첫눈에 사랑에 빠지다'라는 'Love at first sight'를 활용한 문구인데, 한 번만 탔음에도 반할 정도의 서비스를 제공한다는 의미를 전달하기에 비행업계에 확고히 자리매김한 선두 경쟁자를 견주기에 매우 적합하다. Flight와 sight의 발음이 비슷한 것도 역시 재치 있다.

사업의 활성화와 외국기업 유치를 목표로 하는 두바이의 슬로건

Freedom to do Business는 미국의 헌법의 'freedom of speech'와 'freedom of religion'를 연상시킨다. 이를 통해 단순한 비즈니스의 자유 외에 고객이 우려할 수 있는 중동지역의 보수적인 이미지와 종교적으로 억압적인 지역 분위기에서 탈피하고자 한다.

탐팩스는 대자연을 비유적으로 나타낸 표현 'mother nature'에서 아이디어를 얻어 문자 그대로 잔소리하며 때론 번거롭게 만드는 어머니 캐릭터를 고안했다. 은유적인 표현을 말 그대로 재치 있게 표현해 유머러스하고, 기업의 타깃 고객층인 10대 소녀들에게도 효과적으로 어필한다.

메르세데스 벤츠 Mercedes-Benz

1997년에 메르세데스 벤츠는 슬로건 Falling in love again(다시 사랑에 빠지다: 로우 & 파트너스/SMS Lowe & Partners/SMS, 뉴저지)을 선보였다. 그 유명한 슬로건 Unlike any other(그 무엇과도 다른)는 2002년 3월 뉴욕에 있는 하티 & 파트너스 Harty & Partners의 머클리 뉴먼 Merkley Newman이 소개했다.

2010년까지 활발하게 사용된 이 슬로건을 홍보하는 광고가 여럿 있다. 그중 하나는 2007년 11월에 나온 32초 충돌 테스트 영상이다.

이 광고에서는 메르세데스 벤츠의 G-클래스 SUV G-Class SUV가 마네킹을 싣고 충돌 테스트를 하는 모습이 나온다. 차가 벽에 부딪히는 순간 벽을 뚫고 옆방으로 건너가 건물의 외벽마저 뚫어버린다. 그 이후 누군가 소리친다.

"Hey! What are you guys doing there?(이봐! 당신들 지금 뭐하는 거요?)"

물론 마지막은 메르세데스 슬로건이 나온다.

참고한 광고 영상 주소

http://www.youtube.com/watch?v=igLkLRn-D1U

네스프레소 Nespresso

스위스 네슬레 기업의 자회사 네스프레소는 두 단계를 거쳐 성장했다. 첫 번째로 2000년 네슬레는 뜨거운 물과 알루미늄 캡슐만으로 커피를 만드는 신개념 커피머신을 소개했다(이것은 심각한 쓰레기 문제를 초래한다). 각 캡슐은 특정한 커피가 들어있는데 커피머신을 통해 즉각 추출되어 나온다. 16가지의 그랑크뤼Grands Crus라는 캡슐 종류가 있는데, 그랑크뤼는 와인 용어다. 각각 인도, 브라질, 콜롬비아산인 디카프 3종, 룽고 3종, 퓨어 오리진 3종, 그리고 에스프레소 7종이다.

두 번째로는 지금 유명한 조지 클루니가 나오는 광고다(2006년 10월). 그중 가장 처음에 나온(51초; 맥캔 패리스McCann Paris, 베넷 밀러Bennett Miller 감독) 광고에서 클루니가 네스프레소 매장에 들어와 커피 한 잔을 추출한다. 젊은 여성 두 명이 근처 테이블에 앉아 클루니에 대해 얘기하는 듯하다.

"Dark, Very intense, Unique, Mysterious, Strong character,

Very rich, Deep and sensual(구리 빛에, 강렬하고, 독특하고, 아리송하면서, 강한 인상을 남기고, 진한데다가 깊고 감각적이야)."

클루니는 그들 가까이로 가서, "You're talking about Nespresso, right? Yeah What else? Nespresso, what else?(지금 네스프레소 얘기하는 거 맞죠? 또 뭐가 있겠어요? 네스프레소)"

하지만 가장 유명한 광고는 2009년 11월에 나온 광고다(맥캔 에릭슨 패리스McCann Erickson Paris; 로버트 로드리게즈Robert Rodriguez, 문워크 필름즈Moonwalk Films). 이 광고에서 새로 산 네스프레소 머신을 가지고 매장을 나서던 클루니는 떨어지는 피아노에 맞고 천국으로 가는 계단에 오르게 된다. 클루니는 구름 계단을 건너 천국으로 가고 거기서 신(존 말코비치John Malkovich)을 만난다.

"Hello, George!(안녕, 조지!)"

"Where am I?(제가 지금 어디에 있는거죠?)"

"Make an educated guess(맞춰봐)."

"It must be a mistake!(실수하신 것 같은데요!)"

"We don't make mistakes, ever!(우린 실수하지 않아, 절대로!)"

"See, it's not my time(보세요! 제가 죽을 시간이 아니라니까요)."

"Maybe we could make an arrangement?(어쩌면 거래를 할 수 있을 것도 같은데?)"

클루니는 자기가 들고 있는 쇼핑 가방을 흘긋 보더니 "It has to be the coffee maker?(꼭 커피머신이어야 해요?)"라고 묻는다.

신과 다른 포르쉐, 코모호에 있는 별장 등 다른 물건과 거래를 시도하지만 끝내 포기하고 커피머신을 신에게 건네준다. 곧 클루니는 매장

앞에 서 있는 자신을 발견하고 피아노는 바로 뒤로 떨어진다. 네스프레소 슬로건이 광고 마지막을 장식한다.

| 탐팩스 Tampax

매사추세츠 주 파머^{Palmer}에 위치한 탐팩스는 오랜 기간 독자적인 기업이었으나, 1997년 프록터앤드갬블이 인수했다. 탐팩스는 미국 체내 생리대 탐폰 시장의 선두자다.

탐팩스의 새 슬로건 Outsmart Mother Nature(대자연 어머니를 한 수 앞서라)는 2008년 레오버넷 광고 에이전시(시카고 & 밀라노^{Chicago & Milano}) 가 출시했다. 29초 분량의 광고(레오버넷과 디지타스^{Leo Burnett with Digitas}, 런던; 미디어 에이전시 SMG 유나이티드^{SMG United}, 2009년 46초 분량으로 더 길어졌다) 는 아름다운 젊은 여성이 하얀색 옷을 입고 잘생긴 남자 모델과 함께 촬영을 하는 모습으로 시작된다.

난데없이 초록색 샤넬 드레스를 입고 있는 대자연 어머니가 빨간 상자를 가지고 나타난다.

"Having fun, anyone?(다들 재미있니?)" 그러자 젊은 여성이 대답한다.

"Mother Nature, not now!(대자연 어머니, 지금은 안 돼요!)"

"I brought your monthly gift, Sweetie. You know, your period! I think you better stop shooting right now(얘야, 이달의 선물을 가지고 왔는데, 네 월경 말이다! 지금 촬영을 멈추는 게 좋겠구나)." 젊은 여성이 대답한다.

"Actually we can stay. I've heard of Pearl(아니, 괜찮아요. 진주에 대해 들었어요)." 대자연 어머니가 대답한다.

"Pearls, I invented them Darling!(아, 진주 말이니? 그것도 내가 만들었단다, 아가야!)"

"Not this one(이건 아니죠)."

"Tampax invented Pearl, with the extraordinary Pearl Protect System(탐팩스가 우수한 흡수력을 가지고 있는 진주를 만들었습니다)"이라고 내레이션이 나온 후 슬로건이 나온다.

이 광고와 비슷한 다른 광고에서 대자연 어머니는 거의 악당처럼 나타난다. 이 광고는 대자연 어머니를 독립적인 여성에 대적하는 인물로 묘사한다. 레오 버넷의 경영진은 말한다.

"이 경쟁구도는 어린 여자아이들에게 반향을 불어 일으킵니다. 누군가 인생을 어떻게 살라고 말할 때에 한수 앞서 나가고 싶어하지요."

다른 1분 1초 광고에서 대자연 어머니는 테니스 선수 세레나 윌리엄스Serena Williams와 테니스 시합을 한다. 테니스 코트에서 대자연 어머니와 그녀가 준비한 이달의 선물이 윌리엄스가 친 테니스공에 맞는 모습으로 끝난다.

참고한 광고 영상 주소

진주 광고
http://www.youtube.com/watch?v=9kDT3xmj9bU&feature=g-hist
테니스 시합 광고
http://www.youtube.com/watch?v=R3QiBfB4TCl&feature=g-hist

테스코 Tesco

테스코는 세계적인 유통업체 중 하나며 영국의 식료품 업계의 선두자다. 영국 체스헌트 Cheshunt, 브록스본 Broxbourne, 하트퍼드셔 Hertfordshire에 위치한다. 현재 회장은 데이빗 레이드 David Reid며, CEO는 2010년에 테리 리히 Sir Terry Leahy의 뒤를 이은 필립 클라크 Philip Clarke다. 이 기업은 1919년 잭 코언 Jack Cohen과 그에게 차를 납품하던 T.E. 스톡웰 T.E. Stockwell이 설립했다. 기업명은 T.E. 스톡웰과 잭 코언의 이름을 합쳐 만든 것이다. 세계적으로 5000개 이상의 매장이 있다.

1992년 가을과 1993년 봄 이후 테스코의 슬로건은 Quest for Quality(품질을 위한 탐구) 뒤를 이은 Every little helps(소소한 모든 도움들)다. 이 새로운 슬로건은 로우 린타스Lowe Lintas 광고 에이전시가 제작했으며(프랭크 로우Frank Lowe 감독), 문법적인 오류가 있지만 매우 성공적이었다. 'little'은 명사가 아니라 형용사이기 때문에 'helps'의 주어가 될 수는 없다.

이 슬로건은 두 가지로 해석 가능하다. 첫 번째 의미는 구매자가 테스코에서 구매하면 할인을 받아 도움이 된다는 뜻이고, 두 번째는 DVD로 슬로건 교육을 받은 테스코 직원이 더 좋은 서비스를 제공한다는 뜻이다. 2006년 그 당시 코브라 맥주 마케팅 디렉터였던 시몬 에드워드Simon Edwards가 지적하듯, 이 슬로건은 "아무리 규모가 큰 기업이라도 매장으로 들어오는 고객 한 사람 한 사람의 필요를 잘 생각해서 도움을 줄 수 있어야 한다"는 사실을 암시한다.

새로운 슬로건은 질투심 많은 도티Dotty로 등장하는 프루넬라 스케일스Prunella Scales와 그녀의 딸 케이트Kate로 연기하는 제인 호록스Jane Horrocks가 나오는 광고로 유명해졌다. 42초 분량의 광고(2009년 1월 9일)에서 도티는 테스코 매장에서 두루마리 화장지를 고르면서 말한다.

"Let's stock up while the price is this low(가격이 쌀 때 많이 사두자)." 그러자 테스코 해설자가 답한다.

"At Tesco we try to make sure our low prices stay low, which means you can relax!(테스코는 계속 저가를 유지하려고 합니다. 그러니까 팬

찮아요!)" 슬로건이 영상 마지막을 장식한다.

—
참고한 광고 영상 주소

언급한 영상이 아니라 비슷한 영상
http://www.youtube.com/watch?v=S81HYooGdy4&feature=g-hist

| 토요타와 렉서스 Toyota and Lexus

토요타는 신뢰 가는 고급 브랜드 렉서스로 유명하다. 이후 렉서스는
보다 저가의 차종으로도 확장했다. 렉서스만의 로고는 이탤릭체 대문자
L이 타원 안에 들어 있는 모양이다. 이 로고는 몰리 디자인 앤 헌터 커
뮤니케이션즈Molly Designs and Hunter Communications가 제작했으며, 렉서스의 슬로
건은 the pursuit of perfection(완벽함의 추구; 톰 코드너Tom Cordner, 당
시 사치앤사치 소속, 1989년[13])이며, 가끔씩은 the relentless pursuit of

---

13 이 정보를 제공한 팀원(Team One)의 노폴 통넙(Noppol Thongnop)에게 감사를 표한다.

perfection(완벽을 향한 끈질긴 추구)으로도 나온다.

최근에 나온 1분 1초 렉서스 LS 460 광고는 달리는 말, 스피드보트, 등산가, 스카이다이버, 호숫가의 카누 다섯 장면을 순서대로 보여주며, 각각 pursuit of control(통제력의 추구), pursuit of performance(성능의 추구), pursuit of beauty(아름다움의 추구), pursuit of exhilaration(유쾌함의 추구), 마지막으로 pursuit of silence(고요함의 추구)를 자막으로 삽입한다.

광고는 전체 슬로건 the pursuit of perfection(완벽함의 추구)으로 끝난다. 피아노 배경 음악은 마크 조거스트 Mark Joggerst가 작곡했다. 렉서스 광고 에이전시는 사치앤사치 소속의 팀원 Team One이며, 캘리포니아 엘 세군도 El Segundo에 위치하고 사장은 잭 미클 Jack Mickle이다.

참고한 광고 영상 주소

완벽함의 추구 광고
http://www.youtube.com/watch?v=Mn-Tkz6zkMc&feature=g-hist
마크 조거스트 음악
http://www.youtube.com/watch?v=iN2fD8H9Sfk&feature=g-hist

버진 아틀란틱 Virgin Atlantic

1984년 6월 첫 비행을 한 비교적 젊은 항공사 버진 아틀란틱의 지분 51%는 리처드 브랜슨 Richard Branson의 버진 그룹 Virgin Group이, 나머지 49%는 싱가포르항공 Singapore Airlines이 소유하고 있다. 개트윅 Gatwick 공항과 히드로^{Heathrow} 공항에서 운영한다.

버진 아틀란틱은 매우 많은 슬로건을 가지고 있다. 몇몇의 슬로건은 경쟁기업을 직접적으로 겨냥하기도 하는데, 1990년대 말에 나온 No Way BA/AA(BA/AA는 절대 안돼)는 영국항공^{British Airway}과 아메리칸항공^{American Airlines}의 제휴 제안에 항의하는 것이다. 두 항공사의 제휴는 1999년 2월 체결되었다.

Love at First Flight(첫 비행에 반하다)라는 훌륭한 슬로건과 함께 나온 광고는 2009년 항공사의 25주년 기념으로 나왔으며, 빨간색 유니폼을 입은 매력적인 여승무원들이 첫 비행을 위해 공항에 도착하는 모습이 나온다. 공항에 있던 한 사람은 "I need to change my ticket(표 바꿔야겠는데)"라고 말한다. 이 장난스러운 한 영상은 트랙터^{Tractor}가 기획했으며 RKCR/Y&R의 팀 페이지^{Tim Page}가 제작했다.

최근의 흥미로운 슬로건으로는 fear of not flying(버진 항공으로 비행하지 않는 것에 대한 두려움)이 있다. 이 슬로건은 Y&R 뉴욕이 고안했으며, 비행기 타는 것에 대한 보편적인 공포에 반대되는 광고 카피다.

이 슬로건과 함께 나오는 광고에서 한 여성이 "세상에서 제가 무서워하는 게 네 가지 있어요. 바로 벌, 거미, 늑대, 그리고 버진 아틀란틱 항공사에 있는 것 같은 넓은 통로가 없는 비행기를 타는 거예요."

마지막으로 대담하고 도발적인 1분 30초 분량의 2010년 TV 광고 Your airline's got it or it hasn't(당신의 항공사가 가지고 있거나 않거나) 역시 RKCR/Y&R이 제작했다. 승무원이 아이스크림 쟁반을 들고 가다가 승객이 받으려하자 녹아버리는 등 기억에 남을만한 장면이 있다. 여체로 표현된 버진 아틀란틱 비행기가 위로 날아가는 모습을 보며 한 승무원이 묻는다.

"Is that Linda? No, she's in Miami(저거 린다야? 아니, 린다는 마이애미에 있어)."

나나 시몬의 'Feeling Good(필링 굿)'을 뮤즈가 재해석한 배경 음악은 이 광고에 딱 알맞다.

참고한 광고 영상 주소

도발적 광고/린다
http://www.youtube.com/watch?v=Hbib-A6NpW8&feature=g-hist

광동 헛개차–떡은 사람이 될 수 없지만 사람은 떡이 될 수 있다

슬로건에 기존에 있는 표현을 활용해 소비자의 눈과 마음을 사로잡은 제품으로 광동 헛개차가 있다. 헛개라는 생소한 약재로 만든 한방 음료라 제품명만으로는 자칫 젊은층보다 노년층에 어울리는 음료로 분류될 수 있었지만, 유머러스한 슬로건으로 위기를 극복하고 정체성을 확립했다. 시루떡이 축 처져 있는 모습과 함께 나오는 엉뚱하고 사랑스러운 이 광고의 카피는 '떡은 사람이 될 수 없지만 사람은 떡이 될 수 있다'로 한국인이면 잘 알고 있는 표현 '떡이 되다'를 활용했다.

TV는 물론 지하철역 및 버스 정류장에 설치되어 출퇴근 시간 대중교통을 이용하는 직장인에게 노출되며 많은 이의 공감을 불러일으킬만한 흥미로운 광고다. 시루떡의 거칠한 표면, 힘없이 축 처진 모습, 그리고 헛개차 병의 검고 강렬한 색상과 굵은 필체로 쓰여진 '男'이란 글자는 직장인 중 특히 남성을 집중공략하며, 남성 직장인이 술과 피로에 지친 자신의 모습을 떡과 동일시시켜 제품에 친근감을 느낄 수 있도록 한다.

또한 이 슬로건은 기존 여성 소비자를 타깃으로 17차 등의 음료와 차별화하는 동시에 또 다른 방식의 건강음료로서의 정체성을 유머러스하고 사랑스럽게 표현한다.

길지만 퍼즐 같이 아리송한 광동 헛개차의 슬로건은 소비자가 한 번 보고 그냥 지나칠 수 없도록 눈을 사로잡으며, 소비자의 마음속에 잠시라도 더 오래 자리하여 소비자와 제품이 하나가 될 수 있는 여지를 남겨두었다.

11
외국어를 활용해
색다른 이미지를 심다

영어권 국가에서도 기업 광고에 외국어를 다양하게 활용하는 것을 볼 수 있다. 이 책에서 소개하는 광고에는 외국어(주로 프랑스어와 독일어)를 모국어(영어)에 조합하거나 아예 슬로건을 외국어로 만드는데, 이렇게 함으로써 사용한 언어의 국가 이미지를 기업에 차용하는 효과가 있다. 또한 다재다능하고 유연하며 문화적으로 열린 다국적 기업이라는 느낌을 준다.

시트로엥의 Créative Technologie(크리에이티브 테크놀로지)는 프랑스어 단어를 영어 문법으로 나열한 것인데, 프랑스 기업으로서의 정체성을 지키면서도 전 세계 공용 언어인 영어의 문법을 사용함으로써, 세계적인 트렌드에 융통성 있고 유연하게 대처하는 기업이라는 이미지를 전달한다. 또한, 슬로건이 전부 프랑스어로 되어 있었다면 너무나 당연해서 느끼지 못했을 섬세하고 우아한 프랑스 국가 이미지를 강조하는 효과도 있다.

BMW의 광고 역시 영어와 독일어를 동시에 기업과 자동차의 이미지를 굳건히 시킨 한 예다. 'Innovation(혁신)… Technology(기술)… Design(디자인)… Verantwortung(책임감)… Kompetenz(능숙함)… Mobilität(기동성)…'으로 나열되는 광고 카피는 익숙해서 식상할 수도 있는 단어 '혁신, 기술, 디자인'으로 시작하지만, 갑자기 독일어로 바뀌면서 메시지를 신선하게 전달한다. 여기에서는 외국어를 활용함으로써 타 기업과 차별화하며 'Verantwortung(책임감)… Kompetenz(능숙함)… Mobilität(기동성)'에서 느껴지는 묵직함과 강인함을 자동차 이미지로 승화시켜 브랜드를 고급화한다.

크리스찬디올 Christian Dior

많은 사람들에게 디올이라는 이름은 오뜨 꾸뛰르haute couture와 명품 옷을 의미한다. 크리스찬 디올은 1946년 12월 16일 당시 41세이던 디자이너 크리스티앙 디올Christian Dior과 섬유 거물 마르셀 부삭Marcel Boussac이 창립했다. 1947년 2월 12일 디올의 첫 패션쇼가 선을 보였으며, 곧바로 디올의 이름이 알려졌다. 부삭과 디올은 바로 향수 회사를 시작했다.

장 찰스Jean Carles와 폴 바셔Paul Vacher가 제작한 향수 미스 디올Miss Dior은 여전히 베스트셀러다. 1969년 LVMH의 회장 베르나르 아르노Bernard Arnault는 디올의 지분을 매수하며 향수와 의류 분야를 하나로 합병했다.

현재 전 세계적으로 160여 개의 부티크를 가지고 있다.

디올의 역사에 있어 두 번의 중요한 시기가 있었는데, 첫 번째는 1957~1960년 이브 생 로랑Yves Saint Laurent이 경영하던 시기며, 두 번째는 1997~2011년 존 갈리아노John Galliano 경영기다. 21세에 디올 수석 디자이너를 역임한 이브 생 로랑은 1960년 디올에서 파면당하기 전까지 총 여섯 번의 패션쇼를 개최했다.

이후 그는 자신의 패션회사를 내며 그 유명한 Y, S, L이 모여 만들어진 로고를 냈다. 스페인에 있는 도시 지브롤터 생인 존 갈리아노는 1997년 디올의 수석 디자이너가 되었으며, 2011년 3월 1일 디올에서 해고될 때까지 성공적이며 패션계의 상징적인 인물이었다.

1999년 조향사 칼리스 베커Calice Becker가 만든 향수 쟈도르J'adore 광고와 주로 나오는 J'adore Dior(쟈도르 디올)은 향수 슬로건이라기보다 디올의 역사에 연결된 구호로 치부된다.

2007년 4월 30초 분량의 매혹적인 TV 광고가 방송되었는데, 샤를리즈 테론이 방을 하나씩 지나면서 옷을 벗는 모습이 나온다. 향수 광고에 아주 적합하고 섹시한 광고이며 오랫동안 사용된 광고다.

참고한 광고 영상 주소
샤를리즈 테론 쟈도르
http://www.youtube.com/watch?v=ezWJ_B7LxbY&feature=g-hist

시트로엥 Citroën

현재 푸조 시트로엥 Peugeot-Citroën 그룹에 속해 있는 시트로엥은 1919
년 앙드레 시트로엥 André Citroën이 창립했다. 앙드레 시트로엥은 1948년
2CV(Deux Chevaux, 2마력)와 1955년 DS19(Déesse, 여신)를 소개한 것
으로 유명하다. 2CV는 1990년까지 제작되었으며 오늘날까지 파리 거
리에 2CV가 주차된 것을 볼 수 있다.

시트로엥의 가장 알려진 슬로건은 Vous n'imagines pas tout
ce que Citroën peut faire pour vous(시트로엥이 당신을 위해 무엇
을 할 수 있는지 상상도 할 수 없을 것입니다)라는 프랑스어다.

더 짧은 슬로건은 C'est fou ce que Citroën…(시트로엥이 무엇을
할 수 있는지 말도…)이다. 이 슬로건은 1993년 잔디아 Xanthia 모델과 함께
첫 선을 보였다. 이 슬로건은 유로 RSCG Euro RSCG가 제작했다. RSCG는
1979년부터 시트로엥 광고 에이전시로 활동했으며, 설립자들 베르나르
루 Bernard Roux, 자크 시겔라 Jacques Séguéla, 알랑 카이작 Alain Cayzac, 장-미셸
구다르 Jean-Michel Goudard의 이름 머리글자를 따서 만들었다.

최근에 나온 슬로건 중 하나는 Nothing moves you like a
Citroën(시트로엥만한 운송 수단은 없습니다)이다. (2003년 C3 모델, 유로
RSCG)와 영어 어순으로 적은 프랑스어 표현 Créative Technologie(크
리에이티브 테크놀로지)다.[14] 에이전스 H 파리스 Agence H Paris(유로 RSCG 그룹과
같은 계열)가 2009년 자동차 기업의 90년 창업을 축하하며 만들었다.

---

14 이 정보를 제공한 시트로엥 프랑스 소속 마리 피톨린(Marie Pitolin)에게 감사를 표한다.

이 슬로건과 함께 선보인 TV 광고는 기업의 역사와 창의성을 강조한다. 30초짜리 짧은 광고(2009년 2월)는 이렇게 말한다.

"요즘에는 온실가스, 이산화탄소 배출량을 줄이라고 합니다. 소비를 줄이고, 위험을 줄이고, 스트레스를 줄이고, 소음을 줄이고, 가격을 줄이고, 또 줄이고 줄이라고 합니다. 하지만 우리가 절대로 줄이지 않을 것이 하나 있습니다. 그것은 바로 창의성입니다."

이 광고는 줄여야 하는 다양한 것들을 나열하지만, 맨 마지막에는 시트로엥의 로고를 보여준다. 로고에 있는 거꾸로 된 V모양은 맞물린 나선형의 기어를 나타낸다. 앙드레 시트로엥이 1900년대 초 산업적인 개념을 도입하면서 만들어졌다. 요즘 사람들은 시트로엥 로고를 잘 알아보지만 그 로고가 어디서 기원했는지 아는 사람은 많이 없다.

—
참고 영상

http://www.youtube.com/watch?v=0yTDuM_Tuiw
http://www.youtube.com/watch?v=pmZYTzUDBQA
http://www.youtube.com/watch?v=1R7CwlhWYmc

| 버진 아틀란틱 Virgin Atlantic

버진 아틀란틱에서는 최근에 외국어를 이용해 흥미로운 슬로건을 내놓았다. 버진 아틀란틱 항공사의 일등석을 홍보하는 je ne sais quoi.

defined(말로 형용될 수 없는 것. 정의되다)가 그것이다.

이 슬로건은 여러 광고와 함께 사용하기 위해 RKCR/Y&R이 고안했고, 타 항공사와 차별화시키는 매력적인 요소를 부각시키며, '정의하기 쉽지 않다'는 뜻의 프랑스어인 'je ne sais quois'를 사용해 과감하게 표현했다. 슬로건에 있는 'defined(정의)'가 약간 모순적이다.

한국투자증권-True 友riend

영어권 국가에서는 프랑스어, 스페인어, 독일어, 이탈리아어 등 서양 언어가 익숙한 외국어라면, 우리에게는 영어와 한자, 일어 등이 대중이 흔히 접해 본 언어이며, 슬로건으로 활용하기에 적합한 외국어일 것이다.

한국투자증권의 기업 슬로건 'True 友riend'는 고객의 진정한 친구이자, 믿음직한 투자 파트너가 되겠다는 기업 철학이 담겨져 있다. '友'는 F모양을 살려 friend로 접목시켜 친구라는 이미지를 재차 강조했으며, true를 추가해 친밀감과 진정성을 전달한다.

아울러, 동양과 서양을 한 슬로건 안에 담으며 글로벌한 기업이라는 메시지도 전달한다. 고객의 신뢰를 기본으로 하는 금융기업에게 친근감과 국제적인 전문성은 필수 덕목이라 할 수 있겠다.

이처럼 외국어를 적절히 사용하면 세련되고 효과적인 슬로건이 될 수 있지만, 잘못 사용한다면 자칫 웃음거리가 되거나 오히려 전달하고자 하는 메시지가 변질될 수 있다.

12

다의적 표현으로
여러 의미를 담다

　한 단어의 다양한 뜻을 활용한 슬로건은 영어로든 한국어로든 많이 찾아 볼 수 있다. 이 역시 기존에 있는 문구를 활용해 제품과 기업의 이미지를 풍부하게 만드는 방식과 비슷한 역할을 하지만 그 활용법이 한 단어에 국한되어 있다는 특징이 있다.

　〈선데이타임즈〉의 Be part of the time(시대/타임의 일부가 되십시오)에서 time의 다양한 의미를 하나로 융합시켜 〈선데이타임즈〉를 시대의 신문으로 만들어낸다. Be part of the time은 '이 시대 속에 살라'는 이야기다. 하지만 be part of the times라고 읽어 투박하게 '타임즈를 구독하라'라고 이해할 수도 있다. 두 가지 의미로 읽힐 수 있는 time을 사용해 단어 다섯 개만으로 〈선데이타임즈〉를 구독해 최신 정보를 얻어 이 시대 속에 살라'라는 정보를 전달한다.

　〈월스트리트저널〉의 슬로건 Every journey needs a journal(모

든 여행에는 신문이 필요하다)과 The daily diary of the American dream(아메리칸 드림 일기) 모두 journal의 두 가지 의미인 '일기'와 '신문'을 활용한 것이다. 우선 every journey needs a journal은 '모든 여행에는 신문이 필요하다', 또는 '모든 여행에는 그 여행의 경험을 기록할 일기(여행기록문)가 필요하다'라고 두 가지 방식으로 읽을 수 있다. 같은 단어이기 때문에 그 경계가 애매모호해져 독자의 머릿속에는 이미 〈월스트리트저널〉과 여행에서 얻는 값진 경험의 기록이 동일시되어 버린다.

이보다 약간 복잡한 슬로건은 The daily diary of the American dream이며, '아메리칸 드림 일기'라 해석할 수 있다. diary와 journal은 둘 다 일기이기 때문에 슬로건이 직접적으로 언급하지 않더라도 독자들이 직접 The daily journal of the American dream(아메리칸 드림의 일간 신문)으로 슬로건을 완성해서 이해할 수 있도록 여지를 남겨 두었다.

Journal 대신에 diary를 차용한 이유는 다양하다. 우선 daily, diary … dream에서 보이듯이 d의 반복이 듣기 좋을 뿐만 아니라, daily, diary는 원대한 아메리칸 드림을 품고 있는 개개인들의 매일의 노력, 그 매일의 역사를 기록해 온 신문이라는 인상을 남긴다.

해석이 따로 필요 없는 간단한 슬로건을 보여주는 것보다 독자가 직접 diary(일기)에서 journal(일기/신문)로, journal(일기/신문)에서 〈월스트리트저널〉로 연결하도록 유도하는 것이 이 슬로건을 더 곱씹고 〈월스트리트저널〉을 더 오래 기억하게 할 수 있는 전략이라 할 수 있다.

선데이타임즈 Sunday Times

〈선데이타임즈〉는 1821년 〈뉴옵저버 The New Observer〉로 창간한 이듬해 〈선데이타임즈〉로 사명을 바꾼 후 현재에 이르고 있다. 1981년 뉴스 인터내셔널 News International이 인수하여 현재는 루퍼드 머독 Rupert Murdoch의 언론 제국에 속해 있다. 1995년 이래 존 위더로 John Witherow가 편집국장을 맡고 있다.

이 주간지는 뉴스부터 스포츠, 비즈니스, 뉴스 리뷰, 문화, 스타일, 여행, 잡지 등 방대한 주제를 다룬다. 2010년 6월부터 인터넷 신문을 유료화했다. 그로부터 1년이 더 지난 지금 그 결정이 종이 신문과 인터넷 신문의 독자층에 어떤 영향을 미쳤는지 살펴보는 것도 흥미로울 것이다. 최근 〈선데이타임즈〉가 전 영국 총리 고든 브라운 가족의 사생활을 침해했을 수도 있다는 의혹을 받고 있다.

Sunday isn't Sunday without The Sunday Times(〈선데이타임즈〉 없는 일요일은 일요일이 아닙니다)와 The Sunday Times is the Sunday papers(〈선데이타임즈〉는 일요일 주간지입니다)라는 슬로건 이후 시몬 클레모 Simon Clemmow, 조니 혼비 Johnny Hornby, 찰스 잉게 Charles Inge가 함께 창립한 광고 에이전시 CHI & 파트너스 CHI & Partners가 2008년 7월 For all you are(당신이 누구이든, 당신에게 맞는)라는 새로운 카피를 소개했다. 이 카피와 함께 1분 1초의 TV 광고가 방영되었다.

배우 피터 오툴 Peter O'Toole이 〈타임즈〉를 팔에 끼고 말한다.

"제 인생에서 저는 영웅도 되어 보고 악당도 한두 번 해봤습니다. 어쩔 땐 바보스런 모습도 즐겼습니다. 제 인생에서 다양한 사람의 삶을 살아봤습니다. 그리고 때때로는 연기도 해 보았습니다."

그 후 다른 목소리가 The Sunday Times. For all you are(《선데이타임즈》. 당신이 누구이든, 당신에게 맞습니다)라고 말한다. 배경 음악으로 나오는 피아노는 피트 드로지Pete Droge의 작품이다.

〈타임즈〉의 최근 슬로건인 Be part of the time(시대/타임의 일부가 되십시오) 역시 CHI 에이전시가 고안했다.

—
참고한 광고 영상 주소
http://www.youtube.com/watch?v=gcOqPOvBDOg

월스트리트저널 The Wall Street Journal(WSJ)

경제 부문으로 저명한 〈월스트리트저널(WSJ)〉은 1889년 7월 8일 찰스 다우Charles Dow, 에드워드 존스Edward Jones, 찰스 버그스트레서Charles Bergstresser 세 명이 설립했으며, 다우존스사Dow Jones & Company가 발행한다.

기업 강령에 따르면 〈월스트리트저널〉은 "오르내리는 주가, 채권 및 물품의 가격 소식을 매일 공정하고 자세하게 제공하기 위해 견해(여론)가 아닌 뉴스를 전달하는 신문이 되기를 목표한다."

다우와 존스는 1896년 5월 26일 그 유명한 다우존스 산업평균지수Dow Jones Average를 발표했다. 초창기에는 단 12개사의 주가만 산출했다. 회사의 소유권이 1902년 클래런스 배런Clarence Barron과 그의 가족에게 넘어갔으며, 2007년 미디어 황제 루퍼트 머독이 매입했다.

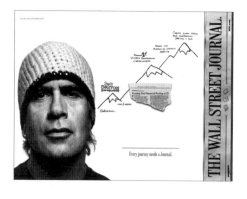

〈월스트리스저널〉은 어떤 범법 행위로든 기소된 적이 없지만, 다우존스의 CEO 레스 힌튼Les Hinton은 도청 파문으로 인해 2011년 7월 15일 사임했다. 기업은 당분간 레스 힌튼 대체 인력을 구하지는 않을 것이라고 발표했다. 전 세계적으로 〈월스트리트저널〉 구독은 200만 부가 넘으며 온라인 유료 구독자 역시 약 40만 명이 된다.

1985년 젊은 광고 에이전시 팔론 맥엘리엇Fallon McElliott(미니애폴리스; 현재 퍼블리시스Publicis 소속)이 슬로건 The daily diary of the American dream(아메리칸 드림 일기)을 출시했다. 두운을 맞춰 d가 세 번 반복하는 소리는 좋지만 〈월스트리트저널〉이 이제는 유럽과 아시아판도 만들기 때문에 이 슬로건이 틀린 감이 없잖아 있다.

2010년 1월 Every journey needs a journal(모든 여행에는 신문이 필요하다)은 트럼펫 연주자 윈튼 마살리스Wynton Marsalis가 나오는 광고 이후 보다 폭넓고 보편적인 슬로건으로 Live in the know(세상에서 무슨 일이 일어나는지 아세요)가 출시되었으며, 현재는 덴쓰Dentsu 광고 기획사에 소속된 맥게리 보웬 뉴욕McGarryBowen New York 광고 에이전시(수석 크리에이티브 임원 고든 보웬Gordon Bowen)가 고안했다. 이 슬로건은 〈월스트리트저널〉을 구독하면 폭넓은 지식을 갖게 되며, 그로 인해 더 좋은 삶을 살 수 있다는 점을 시사한다.

참고한 광고 영상 주소

본문에 나온 광고는 아니지만 비슷한 광고
http://www.youtube.com/watch?v=loevpBUYgFQ&feature=g-hist

도도화장품—도도한 여자가 아름답다

도도한 여자가 아름답다. 표면적으로는 까칠하기 때문에 더 가치가 있는 여성에 대해 이야기하는 이 슬로건은 도도화장품의 슬로건이다. 화장품 슬로건이라는 사실을 알고 다시 읽어보면 첫 번째로 도도화장품의 회사명을 반복했다는 것을 알 수 있고, 두 번째로 도도화장품을 사용하면 아름다워진다는 내용을 읽을 수 있다.

거기에다가 조금만 더 생각해보면 도도한 여자의 가치와 도도화장품의 상품가치까지 결합시켜 '도도화장품은 아름답고 도도한 여자가 쓰는 고품격 화장품'이라는 생각마저 든다.

다의적 슬로건은 소비자 스스로 슬로건 안에 숨겨진 퍼즐을 풀면서 광고 메시지를 찾아내도록 유도한다. 우선적으로 소비자의 이목을 끌었으니 성공적이며, 퍼즐 완성의 보상으로는 광고 메시지를 전달하니 단순히 기업 광고를 주장하는 것보다 기억에 남는 유쾌한 슬로건이 아닌가 싶다.

13

반전/역발상으로
눈길을 사로잡다

자동차와 전자가전 업체는 첨단을 외친다. 금융과 보험 업계는 신뢰성을 강조하고, 백화점과 아파트는 브랜드의 고급화에 치중하며 서로 명품임을 자부한다. 많은 광고는 그 업계에 적합한 특정한 색을 띠고 있기 마련이다. 어쩌면 업계 내에서 슬로건이 비슷한 것이 당연할지도 모른다. 하지만 모두가 명품인 곳에서 명품의 위치는 퇴색하기 마련이다.

최고로 치장된 시장에서 고정 관념과 편견을 깨어버리는 역발상 슬로건은 흔치 않기 때문에 소비자를 약간 당황스럽게 하면서도 그 기발함으로 기업의 이미지를 신선하게 정립, 또는 재정립한다. 모두가 같은 가치를 주장하고, 최고의 서비스를 약속하는 시장에서 차별화를 이루며 경쟁력을 뽐내는 것. 바로 이것이 역발상 슬로건이 노리는 가장 큰 이점이다.

약사의 Redefining standards(표준의 재정의)는 슬로건 자체보다 함께 나오는 영상 광고로 역발상을 활용한 감동적인 광고다. 위에서 아래로 읽으면 보험사들은 고객과의 약속을 지키지 않아 고객은 보험사들을 신뢰하지 않는다는 내용을 인정하지만, 글을 반대로 읽어보면 그럼에도 불구하고 악사는 약속을 지키며, 고객의 이익을 위해 최선을 다하고, 고객은 악사를 믿어야 한다는 메시지를 전달한다. 악사의 슬로건 Redefining standards를 기준으로 보험 업계의 불신을 뒤집어 신뢰로 바꾸는 것이다.

볼보의 How to make a sexy car ad(섹시한 자동차 광고 만드는 방법) 역시 역발상을 이용한 슬로건이다. How to make a sexy car ad 영상 광고에서는 자동차 광고를 보여주는 것이 아니라, 자동차 광고를 만드는 과정을 보여주어 모두가 따르는 '섹시한 자동차 광고' 불문율을 희화한다. 모든 자동차 기업이 보여주는 천편일률적인 섹시한 자동차 광고보다 볼보의 솔직한 광고 제작 모습이 예상치 못했던 만큼 인상 깊다.

악사 AXA

AXA S.A.는 세계에서 아홉 번째로 큰 기업으로 2010년에는 매출 910억 유로를 이뤄낸 기업이다. 기존의 보험 기업은 1816년 마르세이유에서 설립되었다. 악사AXA라는 회사명은 1985년 당시 회장인 클라드 비베아Claude Bébéar가 지었다. 현재 회장 겸 CEO는 앙리 드 카스트리Henri de Castries다. AXA는 자동차, 여행, 가정보험 등 기본 분야 및 의료보험, 생명보험, 소규모 보험회사 등의 보험을 책임지는 재보험과 자산관리 분야를 운용한다. 본사는 파리에 있다.

AXA사의 슬로건 be life confident(삶에 대해 확신하세요)는 TBWA 에이전시(1970년 미국인 윌리엄 G. 트라고스[William G. Tragos], 프랑스인 클라드 보낭지[Claude Bonnange], 스위스인 울리 비젠당거[Uli Wiesendanger], 이탈리아인 파올로 아즈롤디[Paolo Ajroldi]가 설립)가 고안했다.

이 슬로건은 AXA사에 대한 신뢰가 더 좋은 삶으로 이끌어준다는 내용을 암시하고 있다. 하지만 존 모리쉬[John Morrish] (〈매니지먼트 투데이〉[Management Today], 2005년 4월 8일자 기사)를 포함한 몇몇 사람은 슬로건의 'life'라는 말을 비난하기도 했다.

최근 나온 32초 분량의 짧은 영상에서 AXA 여직원이 AXA 보험의 장점을 소개하며, "이건 아주 개인적인 일입니다. 고객을 이해하고 고객과의 개인적 관계를 발전시켜나가야 하기 때문이죠." "AXA와 고객, 완벽한 파트너"라고 홍보한다.

그보다 더 최근에 나온 슬로건 Redefining standards(표준의 재정의)는 브랜드 스피릿[Brand Spirit]이라는 사내 브랜드 팀이 제작했다. 1분 44초의 매우 신선한 광고에는 영상이 나오지 않고 연속으로 나열되어 있는 문장을 위에서 아래로 읽고 다시 아래에서 위로 읽는다. 위에서 아래로 읽는 내용은 "사람들은 AXA를 신용하지 않는다"로 요약할 수 있지만, 반대로 읽으면 첫 내용과는 반대로 "AXA를 신뢰해도 된다"라고 말할 수 있다.

이는 구절이 어떻게 나뉘어 있고 순서가 어떻게 되느냐에 따라 다른데 아래로 읽는다면, "우리가 일하는 분야에서는 약속이 잘 지켜지지 않습니다. 그래서 고객들은 절대로 믿지 않습니다. 우리가 고객의 이익

을 지키기 위해 전심을 다하는 것을 말이죠… 우리의 고객은 이렇게 생
각해 주셔야 합니다"인 내용이 "우리의 고객은 이렇게 생각해 주셔야
합니다. 우리가 고객의 이익을 지키기 위해 전심을 다하는 것을 말이
죠… 그래서 고객들은 절대로 믿지 않습니다. 우리가 일하는 분야에서
는 약속이 잘 지켜지지 않습니다"로 바뀐다.

참고한 광고 영상 주소

http://www.youtube.com/watch?v=ooijMw8jzoc&feature=g-hist

디젤 Diesel SpA

최근 디젤은 매우 자극적인 광고로 눈길을 끌려고 한다. 2009년
뉴욕의 통합 광고 에이전시 아노몰리Anomaly(시몬스 Simons, 파머 Palmer, 클
레모 Clemmow, 칼 존슨Carl Johnson)는 Be Stupid(엉뚱하라)라는 광고 캠페인
을 내놓았다. 대립성을 보여주는 이 광고 카피는 Smart may have
brains. But stupid has the balls. Be stupid-Diesel(똑똑한 자
들은 두뇌는 있을지 모른다. 하지만 엉뚱한 자들은 배짱이 있다-디젤)이다.

광고 역시 아주 대담하다. 그중 가장 눈에 띄는 스틸 이미지에는 젊
은 여성이 자기가 입고 있는 비키니를 들춰 사진을 찍고 있으며, 그녀
뒤로는 사자가 으르렁거리고 있는 모습이다.

아노몰리는 "rallying call to do things differently from the
accepted wisdom and to live a life less ordinary(일반적으로 받아

들여진 삶의 지혜로부터 다르게 생각하고 덜 평범하게 살자는 구호다)"라며 항의를 했지만, 끝내 영국광고심의가 디젤의 광고를 금지했다(《마케팅 위크 Marketing Week》, 2010년 6월 30일자).

안 될게 뭐가 있는가? 필자도 아노몰리와 의견을 함께 한다. 하지만 디젤은 단 9개월 이후 아노몰리를 떠나 2010년 6월 아르헨티나의 산토 Santo를 새 광고 에이전시로 정했다.

| 볼보 Volvo

재규어가 현재 인도 기업인 것처럼 볼보는 1999년부터 2010년까지 포드의 소유였지만, 항저우에 본사가 있는 중국 기업 지리자동차Zhejiang Geely Holding Group가 인수했다. 지리자동차는 중국의 네 가지 주요 브랜드 Emgrand(엠그란드), Englon(엔글론), Gleagle(글리글), Geely(지리)를 소유하고 있다.

볼보의 본사는 여전히 스웨덴의 예테보리Göteborg에 위치한다. 아사 가브리엘슨Assar Gabrielsson과 구스타프 라르손Gustav Larson이 설립했으며, 볼보의 역사는 1927년 4월 14일 첫 차 Volvo ÖV 4가 나오면서 시작되었다.

볼보의 명성과 광고는 오랜 시간에 걸쳐진 신뢰성과 스칸디나비아의 추운 날씨를 견딜 수 있는 내구력에 기인한다. 그러나 볼보의 견고함이 보다 가볍고 화려한 차를 선호하는 유럽시장의 구미를 맞추기가 점점 어려워졌다.

볼보의 광고 에이전시 팀 볼보team Volvo는 하바스Havas와 유로 RSCG

직원들로 이루어져 있다. 암스테르담에 위치하고 있으며, 2010년부터 조리안 머레이^{Jorian Murray}가 이끌고 있다.

유명한 슬로건 For life(인생을 위하여)는 1999년에 출시되었으며, 1990년부터 볼보 광고를 맡아온 스웨덴 광고 에이전시 포르스만 앤 보덴포르스^{Forsman and Bodenfors}(예테보리에 위치; 스테판 포르스만^{Staffan Forsman}, 스벤 올로프 보덴포르스^{Sven-Olof Bodenfors}; 아트 디렉터 미코 티모넨^{Mikko Timonen}; 카피라이터 조나스 인게이지^{Jones Enghage})와 미국 에이전시 메스너 베테레^{Messner Vetere}(뉴욕에 위치; 토마스 메스너^{Thomas Messner}와 배리 베테레^{Barry Vetere})가 참여했다.

볼보의 최신 TV 광고는 자동차의 속도와 제동장치의 성능을 강조한다. S60 광고 배경 음악으로는 아스토르 피아졸라의 '리베르 탱고'가 삽입되었다. 고속으로 달리는 볼보가 도로 한복판에 있는 의자에 부딪히지 않으려 방향을 바꾸며 의자 위에 있는 물컵을 살짝 건드려 의자 위에서 물을 쏟는다.

2011년 1월에 출시된 30초 분량의 광고 제목은 "How to make a sexy car ad(섹시한 자동차 광고 만드는 방법)"이며 네 부분으로 나뉘어져 있다.

1. "Show a sexy car(섹시한 차를 보여준다; 볼보 V60을 보여준다)."
2. "Include a visual metaphor(시각적 메타포를 덧붙인다; 검은 표범을 보여준다. 재규어가 나왔다면 실수였을 것이다)."
3. "Make it wet and steamy(축축하고 김이 나게/에로틱하게 표현한다; 비에 젖은 볼보 모습이 나타난다. 처음엔 놀랍지만 나중에는 적응된다)."

4. "Finish with an obscure product demo(애매한 제품 설명으로 끝 낸다; 표범이 볼보의 트렁크로 들어간다)."

이 광고에 딱 알맞은 배경 음악은 마리우스 립달^{Marius Rypdal}이 작곡했 다. 세 번째 영상은 타로 카드를 이용해 S60 R-디자인^{S60 R-Design}을 홍보 한다.

볼보는 최근에 새로운 슬로건 There's more to life than sexy cars(인생에는 섹시한 차 말고도 더 많은 것이 있다)를 소개했다. 한눈에 보면 기존 슬로건을 폄훼하는 것처럼 보이지만, 아래 조금 작은 글씨로 No, wait a second-there isn't(아 잠깐, 그렇지 않다)라고 나온다.

참고한 광고 영상 주소
물컵 광고
http://www.youtube.com/watch?v=p6CI6avLN6M&feature=g-hist
섹시한 광고
http://www.youtube.com/watch?v=xKNsF7Cg2U4&feature=g-hist

매일유업-바나나는 원래 하얗다

역발상을 통해 신선하고 고급화된 이미지로 시장에 자리 잡은 브랜드는 '바나나는 원래 하얗다'가 있다. 2006년 출시 당시 바나나 우유는 선두자인 빙그레의 바나나맛 우유가 기준이 되어, 딸기 우유가 분홍색, 초콜릿 우유가 갈색인 것처럼 바나나 우유는 노란색이라는 생각이 당연시 되었다. 당시 시장의 고정관념을 깨고 시장에서 정체성을 확립한 것이 바로 매일유업의 '바나나는 원래 하얗다'다.

소비자가 노란색이 바나나 우유의 고유색이라 받아들일 당시 '바나나는 원래 하얗다'의 등장은 가히 센세이셔널하다고 말할 수 있겠다. 노란색은 바나나 껍질 색일 뿐 우리가 먹는 속은 하얗다는 사실을 각인시켜준다. 직접적으로 선두주자의 제품성을 공격하지는 않지만 '원래'라는 표현을 사용해 기존의 노란색은 인공색소라는 점을 상기시킨다.

그와 반대로 자사 제품이 무색소, 천연과즙, 저지방가공유라는 점을 강조해 색소가 첨가되지 않은 고급 웰빙 음료인 점을 강조한다. 길지만 특이한 이름도 인상 깊어 잊혀지지 않는다. 슬로건이자 제품명에 있는 '바나나'는 노란색으로 남겨두어 기존의 하얀색 무향 우유와 차별화시키며 바나나 우유의 정체성을 지킨다. 최근에는 바나나 송이를 형상화한 노란색 용기로 리뉴얼되었다.

당연하지만 기존 제품에 너무 익숙해져 잊고 있었던 '바나나는 원래 하얗다'는 사실을 상기시키며 성공적으로 차별화와 고급화를 하며 시장 입지를 굳혔다. '국내 최초 무색소 바나나 우유'라고 최고를 지향하거나, 또는 '천연과즙우유'라고 제품 특성을 설명하는 것보다 훨씬 효과적인 브랜드 이미징이다.

Chapter 4

캠페인성 슬로건

브랜드의 직접적 홍보보다는 이미지 개선을 노리다 –

14
브랜드의 직접적
홍보보다는
이미지 개선을 노리다

    캠페인 유형의 슬로건은 보편적인 대중을 겨냥한 슬로건이며 의식 개혁을 목표로 한다. 캠페인 유형의 슬로건 중 첫 번째로 사회 문제에 초점을 맞춘 공익광고가 있다. 공익광고는 공동체의 발전을 위해 쓰이며 설득력 있게 공감과 참여를 이끌어낸다.

    두 번째 유형은 이윤을 창출하기 위한 기업광고이며, 이때에는 기업 이름이나 특정 제품을 노출하기보다는 특정한 정신과 사상을 지지한다. 공익광고는 공동체의 발전을, 기업 슬로건은 기업의 이익을 추구한다는 점에서 다르지만 둘 다 의식 개혁과 라이프스타일의 변화를 꾀한다는 점에서 유사하다.

    세이브더칠드런의 No child born to die(어떤 아이도 죽기 위해 태어나지 않았습니다)는 공익광고에 속한다. 공감과 참여를 유도하며 이 책에서 소개된 슬로건 중 가장 감정적으로 영향력 있는 슬로건이 바로 세이브더칠드런의 No children born to die가 아닌가 싶다. 이성이나 재치보다는 윤리와 감정적인 면으로 호소하여 어떤 면에서는 죄책감까지 느끼게 만든다. 일상생활에서 생각해보지 못한 개발도상국의 사회적 문제를 표면화시키는데 매우 효과적이다.

아디다스의 Impossible is nothing(불가능, 그것은 아무것도 아니다)과 나이키의 Just do it(도전하라)은 도전정신을, 리바이스의 Pioneers! O Pioneers!(개척자여! 오, 개척자여!)는 개척정신을 모티브로 한 기업형 캠페인 슬로건이다. 기업명을 직접 노출하지는 않지만 슬로건 안에 담긴 정신이 기업에 투영되며, 진취적이고 도전적인 기업 이미지를 설립한다. 한국인도 익히 알고 있는 아디다스의 Impossible is nothing과 나이키의 Just do it은 거의 기업과 동일시된다고 말할 수 있다. 짧고 강렬하며 특정한 제품을 홍보하기보다는 기업의 장기적 분위기와 이미지를 만드는 슬로건이다.

아디다스 Adidas

독일 스포츠 의류 기업인 아디다스는 테니스화와 미식 축구화를 중심으로 운동화를 취급한다. 1924년 아디 다슬러Adi Dassler와 루돌프 다슬러Rudolf Dassler가 설립한 다슬러 형제 신발 공장Dassler Brothers Shoe Factory으로 부터 시작한다. 제2차 세계대전 이후 형제가 이 기업을 나누는데, 1949년 8월 18일 아디 다슬러는 자신의 이름 앞 여섯 글자를 따서 자신의 브랜드 아디다스를 등록했다.

이후 프랑스계 사업가 베르나르 타피Bernard Tapie가 아디다스의 지분을 매입하고, 아디다스가 프랑스 스키복 살로몬 그룹Salomon Group과 영국 경쟁사 리복Reebok을 인수하는 등 우여곡절을 겪으며 아디다스는 다시 독립적인 기업으로 성장한다. 본사는 독일 바이에른Bavaria 주 헤르초게나우라흐Herzogenaurach에 위치한다. CEO는 헤르베르트 하이너Herbert Hainer이며 이사회 회장은 이고어 란도Igor Landau다.

아디다스의 슬로건은 Impossible is nothing(불가능, 그것은 아무것도 아니다)이다(광고기업 180/TBWA 암스테르담; 전무이사 알렉스 조셉Alex Joseph). 이 슬로건의 유래는 아디다스가 2006년 월드컵을 공식 지원하던 2006년 5~6월로 거슬러 간다(2010년 다시 공식 지원을 시작했다).

1분 1초의 인상 깊은 광고(제작 스팅크Stink Ltd, 런던)는 빈민촌 시멘트 바닥의 운동장에서 10살가량의 남자아이 두 명이 말하는 것으로 시작한다.

"José, vamos?(호세, 한번 해볼까?)"

한 아이가 묻자 다른 아이가 대답한다.

"si(그래)"

그 후 아이들이 차례차례 함께 축구하는 친구들의 이름을 부르자 기적 같은 일이 일어난다.

아이들이 유명한 축구선수 시세, 카카, 지단, 베컴, 저메인, 데포, 올리버 칸, 메시 등 축구 선수들의 이름을 부르자 선수들이 실제로 운동장에 나타나는 것이다! 한 아이가 베켄바우어를 부르자 다른 아이는 말도 안 된다는 듯 웃는다. 하지만 베켄바우어 역시 등장하고 올리버 칸 조차 자신의 눈을 의심한다. 다른 아이가 부럽다는 듯 쳐다보자 지단이 귓속말을 한다. 플라티니! 그러자 그 아이가 플라티니를 부른다. 짜잔! 플라티니 역시 나타난다. 마지막에 등장한 두 선수는 전성기 시절 모습으로 나타난다. 시합이 시작되고 슬로건 Impossible is nothing(불가능, 그것은 아무것도 아니다)으로 마무리된다.

참고한 광고 영상 주소

http://www.youtube.com/watch?v=E9E5afuUEt0http://www.youtube.com/watch?v=E9E5afuUEt0
위 광고 관련 영상
http://www.youtube.com/watch?v=_K-S5nV-BaU

리바이스 Levi's

많은 사람들은 리바이스와 청바지는 같은 것이라 생각한다. 물론 그럴 만도 하다. 바이에르계 태생 리바이 스트라우스 Levi Strauss와 야곱 데이비스 Jacob Davis는 1853년 골드러시 때 샌프란시스코에 거주했으며, 1873년 5월 20일 청바지로 처음 미국 특허를 획득했다(미국 특허 139,121).

초창기에 샌프란시스코에서 팔린 이 바지는 단순한 멜빵바지였다. 현재까지도 샌프란시스코에는 리바이스의 주매장이 있다. 이 바지의 가장 큰 특징은 푸른색으로 염색된 재질인데, 프랑스 도시 님에서 왔다는 뜻 (de Nîmes)에서 데님이라 불리게 되었다. 세계 최초 데님 바지는 16세기 이탈리아의 도시 키에리 Chieri에서 처음 생산되었는데, 제노아 항에서 수출되었다고 해서 jeans(진)이라 불리게 되었다.

첫 리바이스 501 R 진 Levi 501 R jeans은 1890년에 만들어졌으며, 뉴햄프셔 맨체스터에 있는 아모스케그 방직공장 Amoskeag Mill에서 만들어진 데님을 사용했다. 리바이스 기업 내에는 흥미로운 소책자가 있는데, 1890년부터 현재까지 120년에 걸친 청바지 변천사를 보여준다.

런던 리전트 가 Regent Street에 위치한 널찍하고 차분한 분위기의 리바이스 매장에서 자랑하듯이, 모든 501 R 진은 총 42번의 재봉과정을 거쳐 꼼꼼하고 완벽하게 만들어진다. 리바이 스트라우스는 증권시장에 상장되지 않았지만, 〈타임지〉는 리바이스 501 R 진이 20세기의 패션 아이템이라 칭했다.

리바이스의 로고는 1886년대 만들어졌으며 말, 두 마리가 힘겹게 청바지를 양쪽으로 찢으려고 하는 모습이다. 리바이스 한정판 2008 진에 는 붉은 가죽에 말 두 마리가 있는 로고를 사용했다. 리바이스의 최신 슬로건 Go forth(전진하라)는 2009년 여름 리바이스의 새 광고 에이전 시 와이덴 & 케네디Wieden & Kennedy(오리건 주 포틀랜드)가 고안했다.

캐리 후쿠나가Cary Fukunaga가 감독하고, 2009년 6월에 출시된 1분 2초 분량의 흑백 광고는 미국 시인 월트 휘트먼Walt Whitman이 직접 녹음한 것 으로 보이는 내레이션은 미국을 찬미하는 내용을 담고 있으며, 마지막 에 리바이스의 Go forth(전진하라) 배너와 브랜드 이름이 나오기에 과도 하게 애국적이라는 평을 들었다. 2009년 7월에 나온 광고 Pioneers! O Pioneers!(개척자여! 오, 개척자여!) 역시 지나치게 애국적이다.

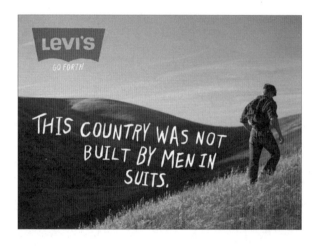

참고한 광고 영상 주소

전진하라.
http://www.youtube.com/watch?v=_uBsV8wAEhw
개척자여! 오, 개척자여!
http://www.youtube.com/watch?v=HG8tqEUTIvs

나이키 Nike

나이키는 그리스 승리의 여신 니케의 이름을 따 회사명을 지었다(이 여신의 유명한 동상으로는 루브르 박물관에 있는 사모스트라스의 니케 여신이 있다). 나이키는 현재까지 이사회 회장으로 역임하고 있는 필 나이트[Phil Knight]와 오리건 주립대학의 운동 코치 빌 보워먼[Bill Bowerman]이 1964년 1월 25일 블루 리본 스포츠[Blue Ribbon Sports]를 시작했다.

회사명은 1978년에 나이키로 변경되었지만, 이미 1971년 여름부터 나이키 운동화를 판매하고 있었다. 현 CEO는 마크 파커[Mark Parker]고, 본사는 오리건 주 비버턴[Beaverton]에 자리한다. 2003년부터는 컨버스를 인수했다.

스우시[swoosh]라고도 불리는 나이키의 로고는 체크 표시 같은 모양이며, 빨간색이나 검정색, 또는 흰색이다. 이 로고는 1971년 당시 포트랜드 주립대학[Portland State University] 디자인 전공 학생인 캐롤린 데이비슨[Carolyn Davidson]이 디자인했으며, 후에 나이트가 직접 캐롤린에게 정중하게 감사를 표했다. 이 일화는 단순한 로고 하나가 이 기업의 명성과 성공을 불러온 예다.

마이클 조던과 같은 많은 유명 운동선수들이 나이키 광고를 도왔다. 하지만 무엇보다 광고 카피 Just do it(도전하라)이 큰 공을 세웠다. 1988년 댄 와이덴[Dan Wieden](1982년부터 나이키 광고 에이전시로 활동한 와이덴 & 케네디[Wieden & Kennedy])이 브레인스토밍 시간에 고안한 것이다(www.cfar.com/Documents/nikecmp.pdf 참조).

30초 분량의 기이한 TV 광고(2005년 4월 와이덴 & 케네디, 오리건 주 포트랜드; 크리에이티브 디렉터 할 커티스Hal Curtis와 마이크 번Mike Byrne)에 운동선수들이 맨발로 모래사장을 달리는 모습이 나온다. 모두 하얀색 옷을 입고 있다. 갑자기 모래사장에 도시에서나 보일 물건들이 나타난다. 우편함에서 소화전 등이 나타나고, 마지막에는 회색 셔츠를 입고 빨간색 나이키 운동화를 신고 도심 속에서 달리는 사람이 나온다.

광고 카피는 Run Barefoot(맨발로 달려라)이고, Nike Free(나이키 프리) 시리즈를 홍보하고자 제작되었다. 아디다스와는 다르게 나이키는 월드컵 축구의 공식 후원자가 아니지만, 다른 종목의 국가대표팀을 후원한다.

2010년 5월에 나온 3분 분량의 광고 카피에서 Write the Future(미래를 쓰다)를 활용해 축구와 관련된 인상 깊은 순간들을 기념하는 영상을 선보였다.

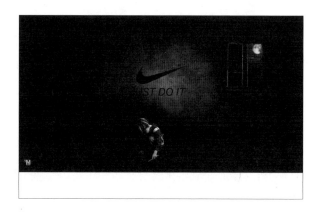

—
참고한 광고 영상 주소

맨발로 달려라.
http://www.youtube.com/watch?v=CGyd4hsJMW0&feature=g-hist
미래를 쓰다.
http://www.youtube.com/watch?v=ISggaxXUS8k&feature=g-hist
http://www.youtube.com/watch?v=dBZtHAVvslQ&feature=g-hist

파텍 필립 Patek Philippe

파텍 필립은 10년 이상 회중시계를 만들어오던 폴 앙투안 노르베 드 파텍Pole Antoine Norbert de Patek과 프랑스 시계공이자 버튼을 돌려 시계를 감을 수 있는 기술을 발명한 아드리안 필립Adrien Philippe이 1851년 설립했다. 그들은 1844년 파리 국제 박람회에서 만났다. 현재 회장은 티에리 스턴Thierry Stern이며, 2009년 8월 아버지의 뒤를 이어 회장직을 역임하고 있다. CEO는 클로드 페니Claude Peny다. 본사는 제네바에, 공장은 3마일가량 떨어진 플랑-레-주아뜨Plan-les-Ouates에 위치한다.

이 기업은 스턴Stern가가 사유하고 있다. 경매에서 가장 비싸게 팔린 두 개의 시계 모두 파텍 필립에서 1932년 제작한 회중시계 수퍼컴플리케이션Supercomplication(1100만 달러, 소더비즈 미술품 경매회사, 뉴욕 1999년)과 1943년 제작한 퍼페츄얼 크로노그래프Perpetual Chronograph(626만 스위스 프랑, 크리스티스, 제네바, 2010년 5월, 당시 1달러=1.1스위스 프랑)다.

파텍 필립의 슬로건 Begin your own tradition(당신의 전통을 시작하세요)은 1996년으로 거슬러 올라가며, 레가스 델라니Leagas Delaney 광고 에이전시의 팀 델라니Tim Delaney가 고안했다.[15] 시간이 지나도 변하지 않는 유산과 가치를 역설한다.

10분 6초 분량의 흥미로운 광고(2008년 1월, 감독 레미 페이Remi Faillant, 제작 엠마누엘 리즈Emmanuel Ryz, 사진촬영 클로드 에셀렌Claude Esselen, 음악 에릭 모

---

15 이 정보를 제공한 레가스 델라니(Legas Delaney) 런던 지사의 마가렛 존슨(Margaret Johnson)에게 감사를 표한다.

케Eric Mouquet)는 'A mon fils(나의 아들에게)'라고 새겨진 파텍 필립의 칼라트라바Calatrava 시계와 관련된 하나의 가족 드라마를 보여준다.

파리의 드루오-몽테뉴 경매소Drouot-Montaigne auction house에서 시계의 경매가 진행된다. 경매 낙찰자는 이 시계의 역사에 대해 이야기한다. 그 시계는 주인공이 20세였을 때 아버지로부터 선물 받은 것이었다. 이후에 시계를 팔았던 그는 50세에 이 시계를 경매장에서 되사며 말한다.

"오늘날 나는 50살이 넘었고 나의 젊은 시절의 과오를 바로잡고자 한다."

경매에서 시계를 낙찰받은 그는 이제 자신의 아들에게 그 시계를 물려주고자 한다. 마지막으로 이런 내레이션 나온다.

"파텍 필립의 이야기는 계속됩니다. 매일 제네바에서 새로운 이야기가 펼쳐집니다."

처음 이 광고를 접했을 때에는 이야기가 설득력이 없다고 생각했다. 하지만 이후 아버지가 물려주신 파텍 필립 손목시계를 필자가 친한 친구에게 팔았던 적이 있고, 또 50년 전에 형에게 생일날 선물한 파텍 필립 시계를 형이 필자의 큰아들에게 다시 물려주었다는 사실을 기억하기 전까지는 말이다!(다른 분야와 마찬가지로 '최상의 시계'라는 개념 역시 불변의 가치가 아니다. www.verybestwatch.com. 참고)

—
참고한 광고 영상 주소

http://www.youtube.com/watch?v=6HOFlei9V9k&feature=g-hist

세이브더칠드런 Save the Children(STC)

세이브더칠드런(STC)은 개발도상국이나 전쟁, 또는 재난지역의 아이들을 돕는 국제적 비정부기구이며, 영국에 있는 저소득층 아이들도 돕는다. 세이브더칠드런은 1919년 4월 15일 출범했으며, 두 명의 영국 여성 에글린타인 젭Eglantyne Jebb과 도로시 벅스톤Dorothy Buxton이 전쟁 후 독일과 오스트리아 및 헝가리 아이들을 돕기 위해 함께 설립했다.

세이브더칠드런은 UN 총회가 아동권리협약Convention on the Rights of the Child을 채택하는데 크게 기여했다. 29개국에 지부를 두고 있는 국제 세이브더칠드런 연맹의 CEO는 자닌 위트브래드Janine Whitbread다. 세이브더칠드런 영국지부의 CEO은 저스틴 포사이스Justin Forsyth고, 영국 이사회 회장은 알란 파커Alan Parker다. 현 미국지부 CEO는 캐롤린 마일스Carolyn Miles며, 전 CEO 찰스 F. 맥코맥Charles F. MacCormack의 뒤를 이어 2011년 6월 취임했다.

아담 & 이브 런던Adam & Eve London 광고 에이전시가 2010년 4월 세이브더칠드런을 관리하도록 지정되었으며, 존 아일링 & 어소시에이츠John Ayling & Associates가 미디어 플래닝을 담당했다.

2011년 1월 매우 인상 깊은 슬로건 No child born to die(어떤 아이도 죽기 위해 태어나지 않았습니다)를 광고 캠페인과 함께 출시했다.

1분 분량의 TV 광고는 고저스 프로덕션Gorgeous Production Co의 크리스 파머Chris Palmer가 감독, 탄자니안 빌리지에서 촬영했으며, 아인슈타인, 만델라와 운동선수 등 유명인 영상이 나오고, 내레이션으로는 여배우 헬레나 본햄 카터Helena Bonham Carter가 참여했다.

"We are all born to be the fastest, the greatest or simply

the bestest. But while some are born to grow old and wise, many more will never grow up at all(우리는 모두 가장 빠르고, 훌륭하고 최고가 되기 위해 태어났습니다. 어떤 이들은 나이를 먹고 지혜가 생기는 동안 어떤 이들은 자랄 기회조차 없습니다)."

이 광고는 판자촌 옆 기찻길에 있는 어머니와 아이로 시작해 아이가 혼자 집 앞 계단에 남겨져 있는 모습으로 끝난다.

"Over 8million children under 5 die needlessly every year(매년 800만 명 이상의 다섯 살도 안 되는 아이들이 죽어갑니다)."

다른 3분 28초 분량의 광고는 시청자에게 질문하면서 시작한다.

"WHAT… WERE YOU… BORN TO DO?(당신은… 무엇을 하기 위해… 태어났나요?)"

이후 "No child should be born without a chance… Every child has the potential to shine… They just need a chance(그 어떤 아이도 살아가기 위한 기회를 박탈당하면 안 됩니다… 모든 아이들은 빛을 낼 가능성이 있습니다… 단지 기회가 필요할 뿐입니다)."

국제지부 CEO 자닌 위트브래드Janine Whitbread와 허브 컬처Hub Culture의 수석편집자 에디 러쉬Edie Lush가 2011년 1월 27일자 인터뷰에서 말했다.

"This is a marathon, not a sprint(이것은 단거리 달리기가 아니라, 마라톤입니다)."

참고한 광고 영상 주소

http://www.youtube.com/watch?v=Jn9oMA1GQ5Q&feature=g-hist
http://www.youtube.com/watch?v=plxWdlPdM_A&feature=g-hist

스와치 Swatch

오늘날의 스와치 그룹은 1983년 레바논계 니콜라스 조지 하이에크 Nicolas George Hayek의 제안에 따라 파산 직전의 두 개의 스위스 시계 회사 ASUAG(Allgemeine Schweizerische Uhrenindustrie AG)와 Swiss SSIH (Société Suisse pour l'Industrie Horlogère)가 합병되며 생겨났다. 하이에 크는 쿼츠 무브먼트 방식을 채택한 플라스틱 손목시계로 저가 시장을 공략하는 전략을 구사한다.

두 번째 시계라는 뜻의 영어 'second watch'를 줄여서 만든 스와치는 1983년 3월 1일 처음 제작되었다. 1985년 하이에크는 기업의 대주주가 되었으며, 1986년 회사명을 SMH(Société Suisse de Microélectronique et d'Horlogerie)로 변경했다. 스와치라는 기업명은 1998년에 생겼다.

스위스 시계산업의 구세주라 불리는 하이에크는 죽어가는 기업을 현재 세계 손목시계 시장의 25%를 점유하며, 10%의 매출을 올리는 기업으로 성장시켰다. 하이에크는 이후 자동차 산업으로도 다각화하며 메르세데와 함께 스마트카를 공동 제작한 것으로 알려져 있다. 스와치 그룹은 브레게 Bréguet, 블랑팡 Blancpain, 오메가 Omega, 론진 Longines 및 티쏘 Tissot 등의 명품 시계 브랜드를 소유하고 있다. 2003년부터 창업자의 아들 닉 하이에크 Nick Hayek가 CEO를 역임하고 있다.

스와치의 슬로건은 즉흥성에 중점을 둔 Shake the world(세상을 흔들어라)다. 런던에 있는 조슈아 G2 Joshua G2 에이전시의 매튜 하우스 Matthew House가 제작하고, 2005년 가을에 소개했다.

초창기에 나온 TV 광고(1분 10초, 2007년 3월, 배경 음악 캐시 데니스 Kathy

Dennis와 벤 컬럼Ben Cullem)의 'Cash the Thrill(캐시더스릴)'에서 유럽인들이 벤치와 책상, 차 위, 나무 등에 올라가 차렷 자세로 기다리고 있는 모습이 나온다.

"Hold your breath… This could be the perfect time… Is it now?(숨 쉬지 마세요… 딱 지금일지도 몰라요… 지금인가요?)"라는 내레이션이 나온다.

갑자기 정해진 시간에 맞춰 시계바늘이 움직이자 스와치 슬로건이 잠깐 나타나고, 모든 사람이 동시에 뛰어내린다. 다음 장면으로 동양의 모습이 나온다. 자전거 타는 사람들이 비틀거리고 벚꽃 나무에서 꽃잎이 떨어진다. 모든 사람들이 동시에 뛰어내리며 지구 반대편까지 영향을 미친 것을 보여주는 것이다.

이탈리아계 프란체스코 넨치니Francesco Nencini가 감독한 31초 분량의 TV 광고(2007년 6월) 'Breathe(브리드)'에서 한 남자가 함께 소파에 앉아 포옹하고 있는 여인의 블라우스 지퍼를 내리려한다. 30초 후에도 여전히 지퍼를 내리지 못한 그를 여성이 밀쳐버린다. 마지막으로 "Time is what you make of it(시간은 당신이 활용하기 나름이에요)"이라고 나온다.

스와치라는 이름을 처음 고안한 사람이 누군지는 알려지지 않았다.

참고한 광고 영상 주소

지구 반대편 영향주기
http://www.youtube.com/watch?v=A23-NHaKKrg&feature=g-hist
시간은 활용하기 나름
http://www.youtube.com/watch?v=17zb_H2ENfU&feature=g-hist

엑스박스 XBox(Microsoft)

Xbox 360은 마이크로소프트사의 선봉대이며, 2011년 봄 일자로 5300만 대가 팔리는 등 매우 성공적이다. 소니의 PS3 등 다른 게임기와 경쟁하지만 필자 아들의 표현에 따르면 '짱 좋은 게임'이다. 마이크로소프트 의장은 빌 게이츠Bill Gates이며, CEO는 스티브 발머Steve Ballmer다. 마이크로소프트사는 미국 워싱턴 주 레드먼드Redmond에 위치한다.

Xbox 360은 2005년 10월에서 11월에 여러 가지 버전으로 출시되었다. 낮은 버전은 코어Core, 또는 아카디아Arcadia, 중급은 프로Pro, 또는 프리미엄Premium, 고급은 조금 이후에 나온 엘리트Elite다. Xbox 360 로고는 초록 형광색이 나는 x자 모양이 은색구를 나누는 모양이다. TV 광고에는 소용돌이가 추가되어 있다.

2005년 11월 마이크로소프트사는 새 Xbox 360 광고와 함께 슬로건 Jump in(점프 인; 맥캔 에릭슨McCann Erickson 샌프란시스코, 크리에이티브 디렉터 스콧 두찬Scott Duchon과 제프 에드워드Geoff Edwards)[16]을 함께 선보였다.

30초 분량의 TV 광고 Live your Moment(이 순간을 즐기세요; 2008년 9월)에는 남자친구와 함께 있는 젊은 여인이 의미심장한 미소를 짓고 있다. 카메라가 돌아가며 그녀의 뒷모습이 나오는데, 여자의 뒤통수에 남자와 여자가 함께 영화를 보고 있는 모습이 나온다.

광고 카피는 Download movies on Xbox 360!(Xbox 360로 영화를 다운받으세요!)이다. 2006년 11월부터 가능해진 일이다.

---

16 이 정보를 제공한 메리 베스트 바니(Mary Best Barney)에게 감사를 표한다.

키넥트 센서 덕분에 2010년 6월 출시된 Xbox 360 S시리즈 이후부터는 멀리서도 움직임으로 Xbox를 구동할 수 있게 되었다. 2010년 가을에 나온 1분 2초 분량의 광고에는 남자가 소파에 앉아 있고 여자친구가 Xbox Play!(엑스박스 하자!)라고 외친다. 이 커플과 다른 사람들이 마치 헬스장에 있는 것처럼 Xbox 앞에서 춤추고 움직인다.

내레이션은 "이미 알고 있는 것 외에 더 배울 필요 없습니다. 그냥 자연스럽게 행동하세요. 당신이 컨트롤러입니다. Xbox 360 키네틱을 소개합니다"이다.

—
참고한 광고 영상 주소

이 순간을 즐기세요.
http://www.youtube.com/watch?v=WF_gkEsXqYc&feature=g-hist
키네틱 광고는 못 찾음. 비슷한 광고
http://www.youtube.com/watch?v=7B0Z6FQPE1Y&feature=g-hist

공익광고협회-윗글이 맑아야 아랫글이 맑다

환경보호, 에너지 및 자원절약, 성차별 방지, 다문화사회, 올바른 온라인 문화정착 등 공익광고는 우리 삶의 다양한 방면에서의 변화를 꾀한다. 공익광고협회의 '윗글이 맑아야 아랫글이 맑다'는 '윗물이 맑아야 아랫물이 맑다'라는 속담을 활용한 캠페인으로 올바른 온라인 댓글 문화의 정착을 유도한다.

인터넷에서 댓글을 다는 모든 개개인의 책임감을 일깨워주며 성숙함을 요구한다. 슬로건 자체만으로는 건전한 인터넷 문화정착에 대한 내용인지 알아보기 어렵지만, 인터넷에서 자주 사용되는 파란색을 배경색으로, 글자 하나하나 줄이 바뀌는 모습과 화살표 모양이 인터넷 댓글에 대한 광고라는 점을 알려준다.

공익광고에서 주장하는 메시지는 전혀 새로운 내용은 아니다. 누구나 환경을 보호해야 하며 성차별은 하지 말아야 한다는 것을 잘 알고 있으며, 온라인상에서도 예의를 지켜야 한다는 것을 알고 있다.

강제적일 수는 없지만 지속적으로 사회적 문제를 노출시킴으로써 보다 많은 이들이 의식적으로 건전한 생활, 올바른 생각을 할 수 있도록 부드럽게 참여를 이끌어내는 것이 공익광고의 역할이다.

THE
HANDBOOKS
OF SLOGANS

Part 2

산업별 영문 슬로건 모음

항공우주부터 웨딩업계까지 다양한 영역에서 활약하는 글로벌 기업들의 슬로건들을 한데 모았다. 상위 1% 안에 드는 슬로건은 ✱✱으로, 이하 6%에 해당하는 문장은 ✱로 표시했다. 평가 기준은 슬로건을 종합 분석한 필자의 주관적인 의견이다. 정확한 이해를 위한 옮긴이의 부연 설명은 고딕체의 형태로 실었다.

01 항공우주

에어버스 인더스트리 Airbus Industrie
① Travel in peace(평온한 여행)
뛰어난 표현이다. 비행의 두려움을 해소해준다.
② Setting the standards(기준을 세우다)

보잉 Boeing
① Forever new frontiers(늘 새로운 도전)
② Can we give you a lift?(태워드릴까요?)
③ Together we fly higher(함께 더 높이 날아요)
④ It's more than a dream(꿈 이상입니다)
더할 나위 없이 좋은 문구이기는 하나 사람들의 마음에 꽂히는 결정적인 전달이 부족하다.

세스나 Cessna(Textron)
① With you for 70 years. Making history(당신과 함께 한 70년. 역사를 만들어 왔습니다)
② Building futures(미래를 만들다)

씨엠에프 CMF
The power of flight(비행의 힘)

코던트 테크놀로지스 Cordant Technologies
When it better work, we make it work better(작동이 잘되어야 할 때 잘 작동되게 만든다)

다쏘 시스템 Dassault Systèmes
Engineering with passion*(엔지니어링에 대한 열정)

이에이디에스 EADS

The step beyond(한 단계 더)

록히드 마틴 Lockheed Martin

Mission Success begins with partnerships(성공은 파트너십에서 시작합니다)

노스롭 그루먼 Northrop Grumman

Defining the future(미래를 정의합니다)

유나이티드 테크놀로지스 United Technologies

Be there first*(최초를 추구합니다)

이 고급 슬로건에 대해서 지적할 것이 많지는 않지만, 아주 구체적이지는 않다.

02 항공사, 공항

에어링구스 Aer Lingus

Great Care. Great Fare(최고의 환대, 합리적인 요금)

아주 간결하게 잘 표현했다.

에어캐나다 Air Canada

A breath of fresh air(신선한 공기 한 숨결)

– Air란 단어로 '공기'와 '항공사'란 뜻의 중의적인 효과를 노렸다.

에어프랑스 Air France

Making the sky the best place on earth(하늘을 세상에서 최고의 공간으로 만들다)

인도항공 Air India

Come fly with me(저와 함께 날아요)

관련 광고가 너무 성차별적이어서 나중에 철회했다.

에어나미비아 Air Namibia
Carrying the spirit of Namibia(나미비아의 정신을 실천합니다)
다소 뻔한 이야기인 듯하다.

에어뉴질랜드 Air New Zealand
We'll go to the ends of the earth for you(당신을 위해 지구 끝까지 가겠습니다)
이 슬로건보다 함께 사용되었던(반달 모양의) 지구 모습이 더 멋졌다.

아메리칸항공 American Airlines
① Something special in the air(하늘에서의 특별함)
② We know why you fly(당신의 여행을 이해합니다)

아시아나항공 Asiana Airlines
The Jewel of Asia(아시아의 보석)

오스트리아항공 Austrian Airlines
① The most friendly airline(가장 친절한 항공사)
② Fly with a smile(웃음과 함께하는 비행)

방글라데시항공 Biman(Bangladesh Airlines)
Your home in the air(하늘에 있는 당신의 집)

브릿에어 Brit Air
The pioneering spirit(선구자 정신)

영국항공 British Airways
① The world's favourite airline(세계에서 가장 사랑받는 항공사)
② The way to fly(비행하는 최상의 방법)
③ To fly. To serve(비행, 그리고 서비스)

브리티시미들랜드인터내셔널 British Midland International
① A small token of our love(자그마한 사랑의 징표)

② Love that winter sun(겨울 태양빛의 사랑)

캐세이퍼시픽 Cathay Pacific

① The heart of Asia(아시아의 심장)

② Now you're really flying*(이제야 진정한 비행을 경험하십니다)

이 슬로건은 여러 의미를 내포하고 있다.

③ Great service. Great people. Great fares(좋은 서비스. 좋은 사람들. 좋은 요금)

슬로건 안에 두 단어가 쌍을 지어 세 번 반복되는 형태다. 이 책에서 그러한 슬로건을 많이 접할 수 있을 것이다.

케이맨항공 Cayman Airways

Those who know us love us(우리를 아는 사람들은 우리를 애용합니다)

콘티넨털항공 Continental Airlines

Work hard. Fly right(열심히 일하시고, 제대로 여행하세요)

델타항공 Delta Airlines

On top of the world*(전 세계의 최고)

두 가지 의미를 담고 있다. 세상 위에 있다는 뜻, 그리고 표현 그대로 세계 최고의 기분이라는 뜻을 담고 있다.

델타스카이마일즈 Delta Skymiles

Your next vacation is closer than you think(다음 휴가는 당신이 생각하는 것보다 빨리 옵니다)

이지젯 EasyJet

① Come on. Let's fly(이리 오세요. 함께 비행합시다)

친근한 슬로건이지만, 항공사에 관해서는 아무 설명이 없다.

② Brilliant fare. Brilliantly fair(멋진 요금. 멋진 서비스)

슬로건이 더 발전하였으나 약간 무거워졌다.

― 동음이의어 fare와 fair를 이용하여 재미있고 기억에 남게 표현했다.

에미레이트항공 Emirates
① The finest in the sky(하늘에서 가장 좋은)
② Keep discovering(계속 발견해 나가다)
꽤 인상적인 슬로건으로, 별점을 거의 받을 만했다.
③ A friend of Europe(유럽의 친구)
에미레이트항공 광고의 새로운 방향이다!

에티하드항공 Etihad Airways
The world's leading airline(세계 일류 항공사)

핀란드항공 Finnair
① Here for the evening(저녁시간에 맞춰)
② The fast airline between Europe and Asia(유럽과 아시아 사이의 가장 빠른 항공사)
속도를 너무 강조했다.
③ Escape the ordinary*(일상/평범함을 탈출하세요)
이번엔 딱 들어맞았다!
– Ordinary란 표현으로 일상을 탈출한다는 의미와 함께 평범하지 않은 선택을 하라는 중의적인 표현을 노렸다.

플라이트센터 Flight Centre
Unbeatable*(무적)
구체적이지 않지만 다른 회사에서 사용되어진 적도 없고, 꽤 흥미로운 단어를 사용했다.

걸프항공 Gulf Air
① Redefining business travel(비즈니스 여행을 재정의합니다)
② Come smile with us(우리와 함께 미소 지으세요)
처음 슬로건보다 훨씬 낫다.

히드로 Heathrow
Making every journey better(더 나은 여행을 만들어드립니다)

홍콩항공 Hong Kong Airlines
Not business as usual(형식적이며 일상적이지 않은)
– Business as usual(일상적인, 태연한 태도를 취함)이란 표현을 이용했다.

이베리아항공 Iberia
① Committed to move your world(당신의 생활권을 옮기기 위해 헌신합니다)
② We've outdistanced the competition(우리는 경쟁자들보다 훨씬 앞서 있습니다)
너무 뽐내는 표현이다.

일본항공 Japan Airlines
A better approach to business(더 나은 비즈니스 방식)

케이엘엠항공 KLM
Journeys of inspiration(감동의 여행)

대한항공 Korean Air
Excellence in flight(우수한 비행)

폴란드항공 Lot(Polish Airlines)
Perfection above all(모든 것 이상의 완벽함)

루프트한자항공 Lufthansa
① More than just flying(단순한 비행 이상)
② There's no better way to fly(비행에 더 나은 방법은 없다)

말레이시아항공 Malaysia Airlines
Going beyond expectations(기대를 뛰어넘다)

미드웨스트익스프레스항공 Midwest Express Airlines
The best care in the air*(상공에서의 최고의 보살핌)
Care와 air의 운율을 멋지게 살렸다.

모나크항공 Monarch Airlines
How low-cost airlines ought to be(저가 항공사들이 지향해야 하는 방식)

넷제츠 NetJets
The only airline you'll want to buy shares in(당신이 주식을 사야 할 유일한 항공사)

콴타스항공 Qantas
Enjoy the journey(여행을 즐기세요)

카타르항공 Qatar Airways
① Taking you more personally(한분한분 보다 세심하게 모십니다)
② World's five-star airline(5성급 항공사)
더 낮게 핵심에 접근했다.

사베나 Sabena
Enjoy our company(우리 회사의 서비스를 누리세요)

싱가포르항공 Singapore Airlines
A great way to fly(비행하기 위한 훌륭한 방법)

스카이 팀 Sky Team
Caring more about you(당신을 더 보살펴 드립니다)

스타얼라이언스 Star Alliance
① The airline network for Earth(전 세계를 잇는 항공 네트워크)
② The way the Earth connects(전 세계를 연결하는 방식)

스위스항공 Swiss[fusion of Swissair with Crossair]
① The refreshing airline(참신한 항공사)
기존 슬로건은 The world's most refreshing airline(세계에서 가장 참신한 항공사)이었지만, 더 낮게 바뀌었다.

② Our sign is a promise(우리의 로고는 약속을 의미합니다)

탑 TAP
Fly higher(더 높이 날아오르다)

타이항공 Thai Airways
Smooth as silk(실크처럼 부드럽게)

터키항공 Turkish Airlines
Globally yours(세계적으로 당신의 것)
처음에는 따분해보이는 슬로건이지만, 사실 많은 정보를 담고 있다. Globally(세계적으로)란 표현은 전 세계를 커버한다는 뜻을 담고 있으며, yours(당신의)란 표현은 고객 친화적이라는 의미를 담고 있다.

유나이티드항공 United Airlines
① Rising(떠오르는)
② We are United(우리는 유나이티드입니다)
멋진 말장난이다.
- United(연대된, 단결된, 연결된)란 표현으로 여러 의미를 전달하고 있다.
③ It's time to fly(날아오를 시간입니다)

버진 아틀란틱 Virgin Atlantic
① Love at First Flight*(첫 비행에 반하다)
Love at First Sight(첫눈에 반하다)란 표현에서 sight를 flight로 바꾸어서, 고객과 회사가 서로에게 끌린다는 느낌을 전하고 있다.
② Je ne sais quoi. Defined(프랑스어: 말로 형용할 수 없는 것. 정의되다)
똑똑하게도 슬로건의 첫 부분은 친근한 프랑스어 표현을 이용하여 지적으로 표현했다.
③ Fear of not flying(버진항공으로 비행하지 않는 것의 두려움)
매우 좋지 않다. 왜냐하면 비행과 종종 관련되는 두려움이라는 부정적 단어를 사용했기 때문이다.
④ Your airline's either got it or it hasn't(당신의 항공사가 가지고 있거나 않거나)

03 골동품, 예술

알도프 Althorp
Living history(살아있는 역사)
골동품의 훌륭한 정의다.

앤소니 우드번 Anthony Woodburn
Fine antique clocks(고급 골동품 시계)

첼시 트레이딩 컴퍼니 Chelsea Trading Company
Serious art for the budding collector(신예 수집가들을 위한 진정한 예술)

마이클 심 Michael Sim
Fine English furniture(고급 영국 가구)

솔로몬 블리 Solomon Bly
Continuing a tradition est. 1831(1831년부터 전통이 계승되다)

04 자동차, 자전거, 오토바이

에이에이(자동차협회) AA(Automobile Association)
For the road ahead(앞으로의 길을 위하여)

아바스(피아트) Abarth(Fiat)
A world of empowerment(권한의 세계)

아큐라(혼다) Acura(Honda)
① The true definition of luxury. Yours(최고급 가치의 진정한 정의, 당신의
것입니다)

② Style to command the road. Performance to own it(길을 지휘하는 스타일, 길을 장악하는 성능)

알라모 Alamo
Travel smart(똑똑하게 여행하세요)

알파 로메오 Alfa Romeo
① Cuore sportivo(이탈리아어: 스포츠 심장)
② Beauty is not enough(아름다움만으로는 충분하지 않다)
③ Without heart we would be mere machines(심장이 없었다면 우리는 단순한 기계였을 뿐일 것이다)
좋은 구호지만 역설적 표현이 약간 무겁다. 다른 사람들은 보다 덜 매력적인 '심장을 가진 기계'라는 표현을 썼을 것이다.

에이에스엑스 ASX
Intelligent motion(지능적 움직임)

아우디 Audi
① The world is our market(전 세계가 우리의 시장이다)
② Open up your world(당신의 세상을 여십시오)

오로라(지엠) Aurora(GM)
Defy convention(관행을 거부하다)

아비스 Avis
We try harder(더 열심히 노력합니다)
매우 오래된 슬로건으로 아비스가 We're no. 2… but we try harder(우리는 2인자입니다. 하지만 우리는 더 노력합니다)를 사용할 때 나온 구호다.

비엠더블유 BMW
The ultimate driving machine**(궁극적 드라이빙 머신)
Ultimate(미래)와 driving machine(과거)을 결합한 최고의 조합이다.

브릿지스톤 Bridgestone
① Passion for Excellence(우수성을 위한 열정)
② Your journey, our passion(당신의 여행, 우리의 열정)
이 슬로건에 나온 journey(여행)는 단어는 자동차 분야와 연관되는 적절한 단어다.

브룩랜즈 뮤지엄 Brooklands Museum
The vintage sports-car club(빈티지 스포츠카 클럽)

브룩스 Brooks
Enjoy every mile(운전하는 모든 순간을 즐기세요)

브라더우드 Brotherwood
The leading car scheme for disabled people(장애인을 위한 앞서가는 차)
약간 장황하기는 하지만 회사의 목표를 상세하게 설명했다.

뷰익 Buick
Luxury. Pure and simple(순수하고 간단한 최고의 럭셔리)

캐딜락 쿠페 Cadillac Coupé
The new standard of the world(세상의 새로운 기준)

캐딜락 씨티에스 Cadillac CTS
Break Through(고난을 돌파하다)

캐딜락 엘도라도 Cadillac Eldorado
Live without limits(한계를 넘어서다)

카크래프트 Carcraft
Drive happy(행복하게 운전하십시오)

카즈 Cars(Classic Automotive Relocation Services)
Traditional values. Modern thinking(전통적인 가치관. 현대적인 생각)

쉐보레 Chevrolet
① Get real(현실이 되다/진정한 차를 사라)
② It's a big plus(커다란 도움)

쉐보레 카발리에 Chevrolet Cavalier
We'll be there(우리가 있겠습니다)

쉐보레 타호, 트레일블레이저 Chevrolet Tahoe, TrailBlazer
Like a rock(반석같이)

크라이슬러 Chrysler
① Cars from the heart(마음으로 만든 자동차)
② Drive=love(운전=사랑)
이 슬로건은 너무 평이하다.
③ Luxury liberated(사치, 자유로워지다)

시트로엥 Citroën
① Nothing moves you like a Citroën(시트로엥만한 운송수단은 없습니다/시트로엥만큼 승차감 좋은 차는 없습니다/시트로엥만큼 감동을 주는 차는 없습니다)
Moves의 다의적 활용이 멋지기는 하지만, 기존에 부정문이 없는 프랑스어 버전 C'est fou tout ce que Citroën peut faire pour vous(시트로엥이 당신을 위해 무엇을 할 수 있는지 믿기 힘듭니다)가 더 낫다.
② Crétive technologié(크리에이티브 테크놀로지)
이 슬로건은 프랑스어로 되어 있지만 영어 문법을 따랐다. 두 언어권의 장점을 모두 취한다.

시트로엥 CS4 Citroën CS4
Why conform?(왜 관습에 따라야 하는가?)

컨티넨탈 타이어 Continental Tyres
When braking counts(제동이 중요할 때)

다임러-크라이슬러 Daimler-Chrysler
Answers for questions to come(앞으로 있을 질문에 대한 답)

델파이 Delphi
Driving tomorrow's technology(내일의 기술을 운전하다)

디엠에스 오토모티브 DMS Automotive
Unleashing Performance(폭발적인 성능)

닷지 Dodge
Grab life by the horns(인생의 뿔을 잡다)
닷지의 로고에 있는 숫양의 뿔을 의미한다.

던롭 Dunlop
Drivers know(운전자들은 안다)

엔터프라이즈 Enterprise
We'll pick you up(우리가 태워드리겠습니다)

파레클라 Farécla[흠집제거제]
World Class Surface Finishing(세계 최상급 제품 마무리)

페라리 Ferrari
① Passion(열정)
정식 슬로건이 없다.
② Approved(입증된)
이 표현은 페라리 중고차 고객들을 위한 것이다.

피아트 푼토 Fiat Punto
Open your eyes(눈을 뜨세요)

포드 모터 Ford Motor

① Travel first class(일등석으로 여행하십시오)

이 슬로건은 비행기나 기차의 일등석과 혼동을 일으키기 때문에 별로 좋지 않다.

② No boundaries(한계가 없는)

③ Feel the difference*(차이를 느껴보세요)

들으면 들을수록 익숙하다. 거의 별 2개를 받을 만하다.

④ Drive one*(유일한/탁월한 드라이브)

예상 밖으로 좋은 슬로건이다!

가민 Garmin

Garmin, your guiding angel(가민, 당신의 수호천사)

참신한 슬로건이다.

지엠씨 GMC

① You're due. Definitely due(당신은 이제 이 차를 타실 자격이 있습니다)

② We are professional grade(전문적인 등급)

골프 카브리올레 Golf Cabriolet

The Golf amongst the cabriolets(접이식 지붕차 가운데 골프)

요점을 파악하면 재치 있는 슬로건임을 알 수 있다.

굿리치 Goodrich

Fun is not a straight line(즐거움은 직선이 아니다)

흥미로운 슬로건이다. 보는 이로 하여금 생각하게 만든다.

할포즈 Halfords

That's helpful. That's Halfords(할포즈입니다. 유익합니다)

– 문장 두 개가 3음절로 구성된 데다 that's와 h의 반복이 인상깊다.

허츠 Hertz

Love the road(도로에서 운전하는 것을 즐겨라)

힐튼 & 모스 Hilton & Moss
Achieving perfection(완벽함의 달성)

혼다 Honda
① First man, then machine(사람 먼저, 그 다음이 차)
② The new pilot (새로운 파일럿)
③ The power of dreams*(꿈의 힘)
최근에 나온 가장 뛰어난 슬로건이다.

허머 Hummer
Like nothing else(그 어떤 것과도 같지 않은)

현대 Hyundai
① Serving is believing(서비스가 곧 신뢰다)
– 'Seeing is believing(보는 것이 믿는 것이다. 백문이 불여일견)'이 연상되는 표현이다.
② Win(이겨라)
③ Drive your way(당신의 길을 개척하십시오)
④ New thinking/New possibilities(새로운 생각/새로운 가능성)
⑤ ENGINEUS*(엔지니어스)
얼마나 아름다운가! engine(엔진)과 ingenious(인지니어스)를 환상적으로 자동차 분야
의 의미에 맞게 조합했다.

인피니티(닛산) Infiniti(Nissan)
① Own one and you'll understand(직접 몰아보세요. 이해하게 될 것입니다)
② Accelerating the future(미래를 가속화하다)
③ Inspired performance(영감받은 성능)

이스즈 Isuzu
Go farther(더 멀리 가라)

재규어 Jaguar
① Don't dream it. Drive it*(꿈만 꾸지 마라. 직접 운전하라)

첫 부분이 부정문임에도 불구하고 매우 강력한 구호다. 세 번 반복되는 D가 완벽하게 핵심을 전달하며 꿈과 현실을 결합시킨다.

② The art of performance(성능의 미학)

③ Born to perform(타고난 성능)

지프 Jeep

① There's only one*(단 하나)

유일성을 지칭하는 좋은 방법이다.

② Only in a Jeep(오직 지프에만 있습니다)

③ The things we make, make us(우리가 만드는 것이 우리를 있게 합니다)

기아 Kia

① The car that cares*(배려하는 차)

두운이 잘 맞으며 cares(케어스)는 Kia(기아)와 발음과 유사하다.

② Make every mile count(운전하는 매순간을 고려하다)

③ The power to surprise(당신을 놀라게 할 힘)

랜드로버 Land Rover

Drive a hard bargain(강하게 밀어붙이다)

Hard는 차의 강한 이미지를 자연스럽게 암시하기 때문에 여기에서는 최상의 단어다.

렉서스 Lexus

① The relentless pursuit of perfection(완벽을 향한 끈질긴 추구)

Relentless(끈질긴)는 의미상으로 별로 중요하지 않은 반면에 슬로건 길이를 불필요하게 늘린다.

② It's the feeling inside(내면의 감각입니다)

– 운전자가 마음으로 느끼는 감정과 더불어 승차감을 어필하는 중의적 표현을 노린 듯하다.

링컨 Lincoln

① American luxury(미국 명차)

② Reach higher(더 높이 뻗어가라)

마세라티 Maserati

① The only car in its class(해당 등급에서 단 하나의 자동차)

매끄러운 구호지만 별을 받기에는 부족하다.

② Excellence through passion(열정을 통한 우수함)

보다 품격 있는 슬로건이지만 어떤 분야에도 적용될 수 있는 평이한 구호다.

마이바흐 Maybach

Leadership is about seeking perfection(리더십은 완벽함의 추구다)

마쓰다 Mazda

① Defy convention(관행을 거부하라)

② Have it all(다 가지고 있다)

메르세데스-벤츠 Mercedes-Benz

① Unlike any other(그 무엇과도 다른)

② Engineered like no other car in the world(세상에 있는 그 어떤 차와도 같지 않은 기술)

이전 슬로건과 마찬가지로 브랜드의 특이성을 강조한다.

③ Once you drive one, there's no turning back(한번 운전해보면 돌이킬 수 없다)

④ The future of automobiles*(자동차의 미래)

자동차 분야 전체가 이 브랜드 하나에 달려있다는 뜻을 전달하기에, 벤츠의 슬로건 중 가장 좋다.

⑤ The best or nothing(최고가 아니면 만들지 않습니다)

설득력이 있지만 자동차 분야로부터 거리가 있다.

⑥ Welcome(환영합니다)

슬로건을 짧게 만드는 트렌드를 따랐다.

머큐리 Mercury

Imagine yourself in a Mercury(머큐리를 타고 있는 당신의 모습을 상상하라)

엠지 MG

It's time to fall in love again(다시 사랑에 빠질 시간입니다)

미쉐린 Michelin

A better way forward(전진하는 더 좋은 방법)

미니 쿠퍼 Mini Cooper

Is it love?(사랑인가요?)

미니 쿠퍼 컨트리맨 Mini Cooper Countryman

Expect big things(최고를 기대하십시오)

미쓰비시 Mitsubishi

① Built for living(생활을 위해 만들어졌다)
② Wake up and drive(일어나라, 그리고 운전하라)

닛산 Nissan

① Driven(드리븐)
② SHIFT_(시프트_)
③ SHIFT expectations(시프트 기대)
두 번째 슬로건보다 낫다.

닛산 마이크라 Nissan Micra

In sync with the city(도시와 일치하다)

올즈모빌 Oldsmobile

Start something(시작하라)

오펠 Opel

A sense of knowing(알고 있다는 느낌)

푸조 Peugeot
① There are some things in life you never want to let go(인생에는 절대 놓치지 말아야 할 것들이 있다)
너무 장황한 슬로건이다.
② Motion & emotion*(움직임 & 감성)
단 두 가지 단어로 모든 의미를 전달하는 아주 좋은 슬로건이다. &만 없었다면 별 2개짜리 슬로건이 될 수도 있었을 것이다.

푸조 207 Peugeot 207
The drive of your life(당신 인생의 드라이브)

피렐리 Pirelli
Power is nothing without control(컨트롤 없는 힘은 아무것도 아니다)
충고하는 톤의 슬로건으로 일반적이지 않다.

피렐리 포뮬러 1 Pirelli Formula 1
Let's dance!(함께 춤춰요!)

플리머스 Plymouth
Now that's imagination, that's Plymouth(상상, 그것은 플리머스)

폰티악(지엠) Pontiac(GM)
① Fuel for the soul(영혼을 위한 연료)
② Driving excitement(황홀한 운전)

왕립자동차클럽 RAC(Royal Automobile Club)
The driving people(운전하는 사람들)

레인지로버 Range Rover
① Designed for the extraordinary(특별함을 위한 디자인)
② It's more than a new Range Rover. It's a new era(레인지로버 그 이상. 새로운 시대)

③ Luxury, redefined(명품, 재정의되다)

레인지로버 이보크 Range Rover Evoque
You don't have to shout to be heard(자신을 드러내기 위해 외칠 필요는 없다)

레인지로버 스포츠 Range Rover Sport
Powered by intelligence(지능적 파워)

르노 Renault
① Créateur d'automobiles(자동차의 창의성)
BMW처럼 과거지향적인 automobiles(자동차)와 미래지향적인 créateur(창의성)란 단어가 결합되었다.
② Drive the change(변화를 운전하다)

알엠 옥션즈 RM Auctions
Offering the world's finest motor cars(세계 최상급 모터카를 권해드립니다)

로버 Rover
A class of its own(고유의 클래스)

사브 Saab
Move your mind*(당신의 마음을 움직이다)
반복되는 m 소리 덕분에 매우 좋은 슬로건이 탄생했다.

새턴(지엠) Saturn(GM)
① A different kind of company. A different kind of car(다른 종류의 회사. 다른 종류의 자동차)
② It's different in a Saturn(새턴은 다릅니다)

세아트 알함브라 Seat Alhambra
Technology to enjoy(누리는 기술)

세아트 레온 Seat Leon

Who owns who?*(누가 누구를 소유하나요?)

운전자가 차에 얼마나 마음을 빼앗길 수 있는지 보여주는 매력적인 슬로건이다.

스코다 Skoda

Simply clever(단순히 똑똑한)

스마트 Smart

Open your mind*(열린 마음을 가지세요)

훌륭하지만 차를 믿지 않는 이들에게는 약간 도전적일 수 있다.

스바루 Subaru

① The beauty of All-Wheel drive(4륜 자동차의 미학)

② Uncommon sense(비범한 감각)

- Common sense(상식)를 활용한 슬로건으로 눈에 띈다.

스즈키 Suzuki

① Ride the winds of change(변화의 바람을 타라)

② Way of life!(인생의 길!)

싱크 Sync

Say the word(말만 하세요)

타타 모터스 Tata Motors

Wherever. Whenever*(어디에서나, 언제든지)

유럽에서는 잘 사용하지 않는 슬로건으로 차가 언제, 어디든지 갈 수 있다는 점을 시사한다.

토요타 Toyota

① Everyday(날마다)

한 단어로 이루어져 깔끔하기는 하지만 전달력이 떨어진다.

② One aim(하나의 목표)

간략하기는 하지만 전 슬로건보다 많이 나아지지는 않았다.
③ Today. Tomorrow. Toyota*(오늘. 내일. 토요타)
라임이 완벽하지는 않지만 설득력 있다.
④ Get the feeling(느껴보세요)
⑤ Your Toyota is my Toyota(당신의 토요타는 나의 토요타다)
이 슬로건은 보장(신뢰)을 더 높였다.
⑥ Moving forward(앞으로 움직임)

토요타 코롤라 Toyota Corolla
A car to be proud of(자랑스러울만한 자동차)

토요타 야리스 Toyota Yaris
The smart money's on Yaris(야리스에 현명한 소비)

트리플왁스 Triplewax
Wash & go(광내고 가세요)

복스홀 Vauxhall
A warranty that could last a lifetime(평생의 품질 보증서)

복스홀 메리바 Vauxhall Meriva
Embrace life(삶을 포용하세요)

비스턴(포드) Visteon(Ford)
See the possibilities(가능성을 보다)

폭스바겐 Volkswagen
① Drivers wanted(운전자들이 원하는 차)
설득력이 없는 슬로건이다.
② Das auto(독일어: 자동차)*
약간 뽐내는 느낌이지만 꽤 괜찮다. 강력한 자동차란 의미를 함축하고 있다.

볼보 Volvo

For life*(인생을 위하여)

신뢰성과 영구성을 연상시키는 좋은 슬로건이다.

05 자선단체

에이지 유케이 Age UK

Improving later life(노후 인생 개선)

미국심장협회 American Heart Association

It's the gift of a lifetime(일생의 선물입니다)

Lifetime(일생)이라는 단어는 슬로건에 쓰이기에 약간 무겁다.

유방암연구재단 Breast Cancer Research Foundation

A cure in our lifetime(우리들의 일생동안 치유를)

앞의 슬로건을 참조하라.

영국암연구소 Cancer Research UK

Where there's a will, there's a way(뜻이 있는 곳에 길이 있다)

케어 CARE

① Where there's CARE, there's hope(케어가 있는 곳에 희망이 있다)

② How many lives have you changed today?*(오늘 몇 명의 삶을 바꾸셨나요?)

슬로건에 사용되는 의문문은 대체로 성공적이지 않지만, 여기에서는 보는 이로 하여금 효과적으로 되돌아보게 한다.

엔햄 Enham[장애우 기관]

Releasing potential(잠재능력 발휘하기)

글로벌 펀드 Global Fund
Born HIV Free(HIV를 보유하는 새 생명이 없도록)

해비타트 포 휴머니티 Habitat for Humanity
We're changing the world(우리는 세상을 변화시키고 있습니다)

인터내셔널 SOS International SOS
Worldwide reach/human touch(전 세계를 아우르는 인간미)

쿠웨이트 펀드 Kuwait Fund
Helping people help themselves*(스스로 돕는 자를 돕습니다)
Help(헬프) 단어의 반복이 좋다.

메드신 드 몽드 Médecins du Monde
Nous soignons les blessures qui se voient et aussi celles qui ne se voient pas(프랑스어: 우리는 보이는 상처와 보이지 않는 상처 모두 치료합니다)

국경없는 의사회 Médecins sans Frontières
Our doctors go to places photographers don't*(우리의 의사들은 사진작가들이 가지 않는 곳까지 갑니다)
이 기관의 공식 슬로건인지 확실하지는 않으나, 매우 인상 깊었다.

멀티플 스클레로시스 소사이어티 Multiple Sclerosis Society
Give with confidence(확신을 갖고 기부하세요)

더 내셔널 로터리 The National Lottery[UK]
Put Some Play in Your Day(당신의 하루에 로터리를 가미하세요)

내셔널 트러스트 National Trust[영국, 북아일랜드, 웨일스]
Time well spent(보람 있게 보낸 시간)
– 내셔널 트러스트는 영국, 북아일랜드, 웨일스에서 역사적, 자연적 가치가 있는 곳을 관리하는 민간단체다.

국립아동학대예방협회 NSPCC

Cruelty to children must stop FULL STOP(아동학대의 마침표)

원 One

Do one good thing(한 가지 좋은 일을 실행하다)
One 위에는 하트 모양의 나비가 그려져 있다.

옥스팜 Oxfam

Be Humankind(인간이 되세요)

세인트 존 앰뷸런스 St John Ambulance

The difference(차이)

구세군 Salvation Army

Need knows no season*(자선에는 시즌이 따로 없습니다)
요점을 멋지게 표현했다.

세이브 더 칠드런 Save the Children

No child born to die(어떤 아이도 죽기 위해 태어나지 않았습니다)

과학박물관 Science Museum[런던]

Escape to reality*(현실로 탈출하다)
대부분 사람들은 박물관이 고리타분하다고 생각하는데 이를 이용한 멋진 역발상이다.

피부암협회 Skin Cancer Foundation

Go with your own glow(빛나는 피부와 함께 하세요)

스마일 트레인 Smile Train

Changing The World One Smile at a Time(미소가 차츰 세상 바꿉니다)

뇌졸중협회 Stroke Association

Please remember us in your will(당신의 유언장에 우리를 기억해주세요)

– 기부를 독려하는 캠페인에 사용되는 표현으로 보인다.

트랜스퍼런시 인터내셔널 Transparency International
Fight corruption. It's your world(부정부패와 싸우세요. 이 세상은 당신의 세상입니다)

워터에이드 WaterAid
Thank you for being the change(변화에 동참해 주셔서 감사드립니다)

월드 푸드 프로그램 World Food Programme(United Nations)
We feed the world(우리는 세상을 먹입니다)

월드 와일드라이프 펀드 World Wildlife Fund
50 years of conservation(보존의 50년)

06 화학

알드리치 케미컬 Aldrich Chemical Co
Chemists helping chemists in research and industry(연구와 산업에서 화학자를 돕는 화학자)

미국플라스틱협회 American Plastics Council
Make it possible(가능하게 만들다)

바스프 BASF
Helping make products better(더 나은 제품을 만들 수 있도록 돕습니다)

바이엘 Bayer
Expertise with responsibility(책임감 있는 전문가)

치바 Ciba

Value beyond chemistry(화학을 넘어 가치로)

이 슬로건은 화학의 부정적 의미를 탈피하고자 한다.

다우 Dow

Discovering chemistry on human terms(인류의 언어로 화학을 발견하기)

듀폰 DuPont

① Better things for better living[**](더 나은 삶을 위한 더 좋은 것)

애매 모호한 단어 things(것)를 썼지만, 너무나 유명하기에 톱 25위에 포함시키지 않을 수 없다.

② The miracles of science[*](과학의 기적)

이 슬로건에서 of의 o는 듀폰 로고의 타원을 연상시키도록 타원 모양으로 표현되었다. 거의 이전의 슬로건만큼 좋다.

훽스트 Hoechst

① Finding new ways(새로운 방법 개발)

② The future in life sciences(생명과학의 미래)

훌즈 Huls

Discover the link to life(생명의 연결고리를 발견하다)

사빅 Sabic[사우디 아라비아 국영석유화학 기업]

The power to provide(공급의 힘)

07 아이들

비판텐 Bepanthen

① As soft as… a baby's bottom(아기의 엉덩이…처럼 부드러운)

② Breathable nappy care ointment(통기성 있는 기저귀 케어 연고)

그레이트바인 Greatvine
Expert advice for life(인생에 대한 전문 조언)

존슨즈 베이비 오일 Johnson's Baby Oil
A touch of magic(마법의 손길)

팸퍼스 Pampers
① Inspired by babies. Created by Pampers(아이들로부터 영감을 받아 팸퍼스가 만든다)
짧지만 많은 의미를 전달한다. 아이들을 중심으로 생각한다.
② Peaceful nights. Playful days*(평화로운 밤. 활동적인 낮)
사랑스러운 슬로건이다. P의 반복적인 사용이 눈에 띄며 단 네 단어로 모든 것을 표현했다.

스토케 Stokke[prams]
① Be together. Grow together(함께 하세요. 함께 성장하세요)
② The only stroller you'll ever need(일생에 필요한 단 하나의 유모차)
③ Always close to you(언제나 당신 가까이)

08 의류[소매업 참조]

7 클로싱 7 Clothing
For all mankind(인류 모두를 위해)

아베크롬비앤드피치 Abercrombie & Fitch
Casual luxury(캐주얼 럭셔리)

아스레타 Athleta
Get your run on(성공적으로 달리세요)
– Get your game on(스포츠 게임을 성공적으로 하다)이라는 뜻의 문구를 활용했다.

오스틴 리드 Austin Reed
For a change(변화를 주다)

발리 Bali
① Silver lining(실버 라이닝)
- 'Every cloud has a silver lining(아무리 안 좋은 상황에서도 한 가지 긍정적인 측면은 있다)'란 속담의 느낌을 활용한 것으로 보인다.
② Live beautifully(아름답게 살라)

바나나 리퍼블릭 Banana Republic
① Love the present(현재를 사랑하라)
② Life at work(만들어가는 삶)
왜 슬로건을 이렇게 바꾸었을까?

벨스타프 Belstaff
Since 1924(1924년 이래)

브리오니 Brioni
To be one of a kind(유일무이)

버버리 Burberry
Touch(만져보라)
괜찮은 슬로건이다. 확실히 옷을 사기 전에 우선 만져보지 않는가!

씨&에이 C&A
Fashion and more(패션과 그 이상)

씨티 Citi
Live richly(풍부하게 사세요)

코튼 트레이더스 Cotton Traders
Have you cottoned on yet?(코튼을 입으셨나요?)

코튼 유에스에이 Cotton USA
Naturally!(자연그대로!)

데벤함스 Debenhams
Life made fabulous*(멋진 인생!)
2001년 8월 31일에 런칭되었다. 구체적이지는 않지만 훌륭하다.

디에이치비 DHB
Stay warm this winter(올 겨울 따뜻하게 보내세요)

디젤 Diesel
① For successful living(성공적인 삶을 위하여)
② Be stupid(엉뚱하라)
상반되는 성향을 대비하는 슬로건의 한 예로, 지적인 면을 희생하여 섹시함을 증대시켰다.

딤 Dim
Beautiful people*(아름다운 사람들)
짧고 강렬한 슬로건이다.

딕시즈 Dixies
Think summer-think Dixies(여름을 생각하세요, 딕시즈를 생각하세요)

도나 카란 Donna Karan
Introducing the scent of luxury(명품의 향기를 소개하다)

드레스반닷컴 Dressbarn.com
Live within your means. Dress beyond them(수입에 맞춰 생활하세요. 그리고 그 이상으로 입으세요)

뒤바리 Dubarry
Where will you go in yours?(그 옷입고 어디 가세요?)

에릭 힐 Eric Hill
Quality styles for discerning ladies(감각적인 여성들을 위한 고품격 스타일)

에르메네질도 제냐 Ermenegildo Zegna
Passion for life(삶의 열정)

팔케 Falke
Falke or nothing(팔케가 아니면 아무것도 아니다)

피프티 플러스 Fifty Plus
Fashion that fits your lifestyle(당신의 라이프스타일에 맞는 패션)

피그리브즈닷컴 Figleaves.com
Everyday luxury for every body(모든 체형을 위한 일상적인 럭셔리)
Every(에브리)와 body(바디) 두 단어라는 점을 놓치지 말라. 여성들의 다양한 체형이
광고의 주제다.

프레디 Freddy
The art of movement(움직임의 미학)

프레야 스윔 Freya Swim
Own the beach(나만의 해변)

갭 GAP
For every generation(모든 세대를 위하여)

조지 George[clothing at ASDA]
Excellent quality. Unbelievable low prices(훌륭한 품질. 믿기 힘든 저렴한
가격)

고어-텍스 Gore-Tex
Never stop exploring(탐험을 절대 멈추지 말라)

하베이 니콜스 Harvey Nichols
① The world at your feet(당신 발밑의 세계)
② Timeless clothes from you know Who(말하지 않아도 아는, 유행을 타지 않는 옷)
슈웹스^{Schweppes}의 슬로건과 비슷하다.

존스 뉴욕 Jones New York
Empowering your confidence(자신감을 심어 줍니다)

조지프 아부드 Joseph Abboud
Find your own element(당신만의 특색을 찾으세요)

케즈 Keds
The original sneaker(원조 운동화)

라코스테 Lacoste
① Un peu d'air sur terre(프랑스어: 지상의 숨 쉴 작은 공간)
다소 생태학적인 분위기를 풍긴다.
② Unconventional chic(색다른 세련미)
두 단어가 약간 중복되는 느낌을 준다.

랜즈 엔드 Land's End
Guaranteed. Period(보장)
아메리트레이드^{Ameritrade}의 슬로건과 유사하다
- Period란 표현에는 더 이상의 언급이 필요 없을 정도로 충분하다는 의미와 단호한 느낌을 주는 효과를 낸다.

리바이스 Levi's
① Have you ever had a bad time in Levi's?(리바이스에서 안 좋은 경험이 한 번이라도 있었나요?)
비판의 여지를 남겨두기 때문에 좋지 않은 슬로건이다.
② Go forth(전진하라)

이전 슬로건보다 훨씬 좋다.

엘.케이. 베넷 L.K. Bennett
Life is the occasion(인생 자체가 이벤트입니다)
- 때로는 어떤 영어 표현의 느낌을 설명하기 위해, 한국인이 자주 활용하는 다른 영어 단어를 사용하는 것이 도움이 될 때가 있다.

로드 & 테일러 Lord & Taylor
Oh My Lord & Taylor**(오 나의 로드 & 테일러)
앞부분에 Oh my(오 나의)를 넣은 아이디어가 환상적이다. 이 슬로건은 입에 착 감길 것이다!

루 Lou
Emportez-vous, exaltez LOU(프랑스어: 열정에 사로잡혀라, LOU를 찬양하라)

럭키브랜드닷컴 Luckybrand.com
Live in your jeans(청바지를 입고 생활하세요)

마리소타 Marisota
Designed with you in mind(당신을 마음에 두고 디자인했습니다)

막스앤스펜서 Marks and Spencer(M&S)
① Quality worth every journey(모든 여행에 어울리는 품질)
② Still turning heads(예전부터 지금까지 계속 사람들이 돌아보게 만듭니다)
이 슬로건을 활용한 TV 광고가 매우 훌륭하다.
③ Guaranteed second date(미팅 애프터 보증)

메리노닷컴 Merino.com
No finer feeling(더 이상의 촉감은 없다)
참신한 슬로건이다.

먼싱웨어 Munsingwear
Munsingwear anywear(어디에서나 먼싱웨어)
Anywhere(어디에서나)와 wear(입다)의 같은 발음을 활용해 재미있게 만들었다.

엔와이디제이 NYDJ[청바지]
Grab the spotlight(시선을 사로 잡으세요)

빨 질레리 Pal Zileri
Quality without compromise(타협 없는 품질)

파이퍼라임닷컴 Piperlime.com
Let's get dressed(품격 있게 입읍시다)

플레이텍스 Playtex
Just my style*(딱 내 스타일)
현대적이고 활동적인 여성에게 알맞은 경쾌한 슬로건이다.

레가타 Regatta
Great outdoors(광활한 아웃도어)

에스&케이 S&K
America's men stores(미국의 남성 의류)

삭스 피프스 애비뉴 Saks Fifth Avenue
Make it your own(당신 것으로 만드세요)

시어스 Sears
Where else?*(시어스 말고 또 어디요?)
의문문임에도 불구하고 간단명료한 슬로건이다.

세라핀 Seraphine
Fashion for your pregnant curves(임신한 당신의 몸매를 위한 패션)

광고하기 어려운 분야임에도 불구하고 우아한 슬로건이다.

탈보츠 Talbots
① It's a classic(클래식합니다)
② Tradition transformed(전통의 변형)
변화라는 개념을 소개하면서 이전 슬로건보다 한걸음 나아갔다.

팀버랜드 Timberland
① Seek out(찾으세요)
② Go out and be you(밖에서 자신을 드러내세요)

우노 Unno
Or not(오어 낫)

반 호이젠 Van Heusen
Shirts for men(남자들을 위한 셔츠)

베라 브래들리 Vera Bradley
Be merry be bright be colourful*(즐겁게, 밝게, 다채롭게)
제품에 알맞은 슬로건이다.

빅토리아 시크릿 Victoria's Secret
What is sexy?(어떤게 섹시한거죠?)

원더브라 WonderBra
An everyday WonderBra designed to put mother nature in her place(자연의 손길이 일상 속에서 작용하도록 디자인된 원더브라)

울마크 Woolmark
Take comfort in wool(양모에서 편안함을 찾으세요)

랭글러 Wrangler

① Let Wrangler lead you from the straight and narrow(랭글러로 스트레이트하고 내로우 컷 외의 다양한 컷의 청바지를 입으라)

– 'Straight and narrow path'는 바르게 사는 법, 정도(正道)를 뜻한다. 기존에 있는 구문을 활용해 올바르지 않은 길을 따라 섹시한 랭글러의 유혹에 빠져보라는 뜻을 가지고 있다.

② There's a bit of the West in all of us(우리 모두의 내면에는 서부정신이 있다) 슬로건이 어떻게 변화했는지 보라. 이미 많은 사람들이 랭글러의 핏이 어떤지 알기 때문에 두 번째 슬로건에서는 랭글러 제품에 대해 설명할 필요가 없다.

질리 Zilli

The finest garments for men in the world(전 세계 남성들을 위한 최고의 의류)

09 통신[인터넷, 네트워크와 미디어 참조]

에이디씨 ADC

The broadband company(브로드밴드 기업)

애질런트 테크놀로지스 Agilent Technologies

Dreams made real(꿈이 현실로 되다)

알카텔 Alcatel

Broaden your life(당신의 삶을 넓히세요)

올텔 Alltel

Always more than you thought(항상 당신의 기대를 넘습니다)

에이엠피 AMP

Connecting at a higher level(더 높은 수준에 연결하기)

아스트라 Astra

Your satellite connection to the world(당신의 위성을 세계에 연결하기)

에이티&티 AT&T

① Your true choice(당신의 진정한 선택)
② It's all within your reach(당신의 연락이 닿을 수 있는 거리에 있습니다)
③ Networking(네트워킹)
④ Rethink possible(가능성을 다시 생각하다)

에이티&티 AT&T[무선통신]

Make your global life better(당신의 글로벌 라이프를 더 좋게 만듭니다)

벨사우스 BellSouth

Listening. Answering(듣기. 답하기)

블랙베리 BlackBerry

Love what you do(당신이 하는 일을 사랑하세요)
역시 제품에 대한 언급이 전혀 없다.

브이그 텔레콤 Bouygues Telecom

En faire plus pour vous(프랑스어: 당신을 위해 더 많은 일을 합니다)

브리티시 텔레콤 British Telecom

① Do business better(더 나은 비즈니스를 하세요)
② Bringing it all together(다 가져다 드립니다)

싱귤러 와이어리스 Cingular Wireless

What do you have to say?(무엇을 말하고 싶으세요?)

씨엘에스 커뮤니케이션즈 CLS Communications

Your message matters(당신의 메시지는 중요합니다)

코배드 CoVad
Connect smarter(스마트하게 연결하세요)

에릭슨 Ericsson
① Make yourself heard(다른 사람이 당신에게 귀 기울이게 하세요)
② Made for business. Good for life(비즈니스를 위해 만들어졌습니다. 생활에 좋습니다)
③ Taking you forward(당신을 앞서가게 해드립니다)
세 번째 슬로건이 훨씬 좋다.

프랑스-텔레콤 France-Telecom
Let's build a smarter world(더 스마트한 세상을 만들어요)

갤럭시 Galaxy(삼성)
Where the possible begins(가능성이 시작되는 곳)

지티이 GTE
① People moving ideas(아이디어를 움직이는 사람들)
② It's amazing what we can do together(함께라면 우린 놀라운 일을 할 수 있습니다)

하이컴 Hicom(지멘스)
Communication unlimited(무제한 커뮤니케이션)

에이치티씨 HTC
Quietly brilliant(조용하게 뛰어난)

이리디엄 Iridium
Calling planet Earth(지구별에 전화합니다)

킨코스 Kinko's
Tap into the network(네트워크에 접속하세요)

교세라 Kyocera

The new value frontier(새로운 가치의 개척)

루슨트 Lucent

We make the things that make communications work(소통을 가능하게 하는 것을 만듭니다)

라이카모바일 Lycamobile

Call the world for less(더 싸게 국제전화 하세요)

엠씨아이 월드 컴 MCI World Com

① Spoken here(여기에서 말했습니다)

② Easy to use worldwide(전 세계적으로 쓰기 쉽습니다)

마이크론 커뮤니케이션즈 Micron Communications

Putting our stamp on automation(자동화를 해나갑니다)

넥스텔 Nextel

Done(끝)

루코제이드 Lucozade 의 Yes 다음으로 짧은 슬로건이다.

노키아 Nokia

Connecting people** (사람을 연결합니다)

단 두 단어임에도 강력하다. 짧지만 기술과 고객 모두를 포함했다.

노던 텔레컴 Northern Telecom(Nortel)

① Communication networks for the world(세상을 위한 커뮤니케이션 네트워크)

② How the world shares ideas(세계가 아이디어를 공유하는 법)

③ Business made simple(비즈니스가 심플해졌습니다)

엔티티 도코모 NTT DoCoMo
Beyond the mobile frontier(모바일의 한계를 넘어)

오투 O2
We're better, connected(우리는 더 잘 연결되어 있습니다)
이 슬로건에서 쉼표가 얼마나 중요한 역할을 하는지 주목하라.
- Better 뒤에 있는 쉼표가 슬로건을 두 부분으로 나누어 주기 때문에 처음에는 'We're better(우리가 더 좋습니다)'로 보이지만, 뒤에 있는 connected를 더 읽으면 '더 잘 연결 되어 있다'는 뜻을 전달한다.

오렌지 Orange
① The future's bright, the future's Orange*(미래의 밝음, 미래의 오렌지)
소시에떼 제네랄Société Générale의 슬로건 Red, black and rising(적, 흑, 그리고 상승)처럼 색상을 활용하고 있다.
② The world is turning Orange(세상은 오렌지로 변하고 있습니다)

오라스컴 Orascom
① Feel the world(세상을 느끼세요)
② Giving the world a voice(세상에 목소리를 줍니다)

퀄컴 Qualcomm
The future of digital(디지털의 미래)

퀘스트 Qwest
Ride the light(빛을 타다)

라디오색 RadioShack
You've got questions, we've got answers(물어보세요, 답해드리겠습니다)

알엠 RM
Bringing learning to life(인생에 배움을 가져오다)

시들 스코프 Siedle Scope
The future is calling*(미래는 부르는 것이다)
멋있게 표현한 슬로건이다.
– Call의 두 가지 의미 '전화하다', '부르다'를 활용한 중의적인 표현이다.

스카이프 Skype
Take a deep breath(숨을 깊게 들이마시세요.)

스프린트 Sprint
① The point of contact(연결되는 지점)
② The clear alternative to cellular(휴대전화에 대한 명확한 대안)
③ One Sprint. Many solutions(스프린트 하나. 많은 대안)
④ The Now Network(현재의 네트워크)

스테이션 12 Station 12
The ultimate mobile connection(최고의 모바일 커넥션)

T-모바일 T-Mobile
① Get more from life(삶에서 더 받으세요)
② Life's for sharing(인생은 나누기 위한 것입니다)
좋은 슬로건을 왜 바꿨을까? 회사가 오렌지와 합병되었기 때문이다.

토크 토크 Talk Talk
A brighter home for everyone(모두를 위한 더 밝은 집)

텔코디아 Telcordia[formerly Bellcore]
Performance from experience(경험에 기반을 둔 성능)

버라이즌 와이어리스 Verizon Wireless
① We never stop working for you(당신을 위한 노력을 멈추지 않습니다)
② Get it now!(지금 사세요/가입하세요)
③ Rule the Air*(허공을 지배하다)

훌륭한 슬로건이다. 기업이 더 적합한 슬로건을 찾으려 노력한다면 얼마나 더 발전할 수 있는지 보여주는 예다.

버투 Vertu
Unparalleled communication(비할 데 없는 커뮤니케이션)

보다폰 Vodafone
① How are you?(어떻게 지내시나요?)
② Make the most of now(지금을 최대한 활용하세요)
③ Power to you(대중에게 힘을)
기업이 정확한 홍보 방향을 정하지 않은 것으로 보인다.

와나두 Wanadoo
Positive generation(긍정적 세대)

10 컴퓨터[인터넷, 네트워크와 소프트웨어 참조]

에이서 ACER
Beyond perfection**(완벽, 그 이상)
이 완벽한 슬로건은 BP(영국석유회사) 슬로건과 유사하다.

에이피씨 APC
Legendary reliability(전설적 신뢰성)

애플 Apple
Think different*(다르게 생각하라)
단어 두 개만 사용해 독창력을 강조한 탁월한 슬로건이다. 하지만 컴퓨터 기업을 연상시킬 만큼 구체적이지는 않다.

에이수스 Asus

Inspiring innovation. Persistent perfection(영감을 주는 혁신. 불굴의 완성)

컴팩 Compaq

Inspiration technology(창조적 기술)

컴프유에스에이 CompUSA

The computer superstore(대형 컴퓨터 매장)

커리스 피씨 월드 Curry's PC World

We can help(도와드리겠습니다)

델 Dell

① Be direct(직접하라)
② Easy as DELL(델처럼 쉬운)
Easy as Hell(지독하게 쉬운)을 활용했다.
③ The power to do more(더 많은 것을 하는 힘)
④ You can tell it's Dell*(델이라 말할 수 있습니다)
적절한 운율을 활용한 슬로건이다.

후지츠-지멘스 Fujitsu-Siemens

We make sure(확실하게 만듭니다)
겉으로 보기에만 좋아 보이지, 실제로는 너무 막연한 슬로건이다.

게이트웨이 Gateway

A better way*(더 나은 방법)
이전의 슬로건 Connect with us(우리와 통하세요)와 You've got a friend in the business(비즈니스 연줄이 있습니다)보다 훨씬 더 좋다. 기업명에 있는 way를 잘 활용했다.

휴렛-팩커드 Hewlett-Packard

① Invent(발명하라)

아주 간략한 명령형을 사용했다. 인텔 슬로건과 너무 비슷한 감이 있다.

② Everything is pssible(모든 것이 가능하다)

뱅앤올룹슨 슬로건과 같다(아디다스 슬로건 참조).

③ Everybody on(에브리바디 온)

최신 슬로건으로 나쁘지 않다.

‒ 전치사 on이 가진 여러 가지 뉘앙스를 중의적으로 전달하는 효과를 노리고 있다. Power on(전원을 켜다)을 떠올리며 모든 사람들이 사용한다는 느낌을 전달한다.

아이비엠 IBM

① Solutions for a small planet(작은 행성을 위한 솔루션)

② Deeper(더 깊게)

슬로건을 짧게 만드는 트렌드를 극대화한 예시다. IBM이 개발한 슈퍼컴퓨터 딥블루 Deep Blue를 연상시킨다.

③ Smarter data for a smarter planet(스마트한 행성을 위한 스마트한 데이터)

마이크론 일렉트로닉스 Micron Electronics

① Configured for your life(당신의 삶을 위해 설정되었습니다)

② Now you know(이제 아시겠죠)

넥 NEC

① Imagination. Solutions(이미지네이션. 솔루션)

두 단어와 그 단어에 해당하는 분야를 활용하려고 하지만, 연결이 잘 되어 있지 않기 때문에 의미 전달이 정확히 되지 않는다.

② Empowered by innovation(혁신에 의해 힘을 얻다)

많이 나아지지 않았다.

올리베티 Olivetti

Computers worldwide(전 세계의 컴퓨터)

팜 Palm

Business solutions(비즈니스 솔루션)

플레이스웨어 PlaceWhere

Log in. And meet(로그인하세요. 만나세요)

샌디스크 SanDisk

Move your world in ours(우리 안에서 당신의 세계를 옮기세요)

실 & 버투 Seal & Vertu

Life. Beutifully arranged(인생. 아름답게 배열되다)

Life(인생)와 비교한 것은 조금 억지스럽다. Alive(생기)가 더 적합했을 것이다.

지멘스 Siemens

Global network of communications(통신의 글로벌 네트워크)

썬 마이크로시스템 Sun Microsystems

We're the dot in.com(우리는 닷컴/.com의 닷입니다)

탠뎀 Tandem

Reliability, no limits(신뢰성, 제한 없음)

유니시스 Unisys

① When information is everything(정보가 전부일 때)

② Imagine it. Done(상상하세요. 끝입니다)

유피에스UPS 슬로건과 유사하다.

유에스 로보틱스 US Robotics

① The World's #1 Selling Modem(세계 넘버원 판매 모뎀)

회사의 판매량을 경쟁 포인트로 삼은 흔치 않은 슬로건 중 하나다.

② The intelligent choice in information access(정보에 접근하는 현명한 선택)

11 건설

시멕스 Cemex

Building a better world(더 나은 세상을 건설합니다)

콘포스 Cornforth

Considerate constructions(신중한 건설)

에코 Eco

Recycled surfaces(재활용된/지구 표면)

에프에스비 FSB

It's in your hands(당신의 손 안에 있습니다)

이탈세멘티 Italcementi

A world class local business(세계적 수준의 지역 비즈니스)

12 화장품[건강관리와 제약 참조]

오지 Aussie[샴푸]

There's more to life than hair but it's a good place to start(인생에는 머릿결 말고도 더 많은 것이 있지만 머릿결은 좋은 출발점이다)

아베다 Aveda

The art and science of pure flower and plant essences(꽃과 식물 에센스의 미학)

아비노 Aveeno

Discover Nature's secret(자연의 재발견)

액스 Axe

The cleaner you are, the dirtier you can get(깨끗하면 할수록 더 더러워질 수 있습니다)

Can이 핵심 단어다. 이 슬로건은 Axe가 깨끗하게 해줄 뿐만 아니라 이후에 더러워지는 것도 마음껏 즐길 수 있음을 암시한다.

베이클 옥시리전 Bakel Oxyregen

Pure genius(완전한 천재)

비욘세 Beyoncé[향수]

Catch the fever(열정을 사로잡다)

바비 브라운 Bobbi Brown

Lasting looks(지속되는 매력)

브리트니 스피어스 Britney Spears[향수]

Choose your own destiny(당신의 운명을 개척하세요)

범블 앤 범블 Bumble and Bumble

Dedicated to the craft of hairdressing(머리 손질 공예에 전념/헌신합니다)

캘빈 클라인 Calvin Klein

① For all for ever(모두를 위해 영원히)

② What begins here never ends(여기에서 시작하는 것은 절대 끝나지 않는다)

근본적인 의미가 뒤이은 슬로건으로 이어졌다.

캘빈 클라인 뷰티 Calvin Klein Beauty[향수]

It touches everything(모두를 감동시키다)

케어 뉴 잉글랜드 Care New England

We touch your life like no one else(우리는 누구보다도 당신의 인생을 터치한다/감동시킨다)

샤넬 샹스 Chanel Chance[향수]
It's your chance. Embrace it(기회예요. 받아들이세요)

샤넬 수블리마지 Chanel Sublimage[스킨케어]
The infinite power of regeneration(재생의 무한한 힘)
샤넬 넘버 5 향수는 슬로건이 없음을 주목하라.

클레롤 나이스앤이지 Clairol Nice'n Easy
Be a shade braver(색조를 보다 과감하게)

클레롤 퍼펙트10 Clairol Perfect10
Nice'n easy(멋지고 간편한)

클라란스 Clarins
① No one understands your skin better(그 누구도 우리보다 당신의 피부를
더 잘 알지 못합니다)
② Closer to women(여성에게 더 가까이)
③ Ultimate innovation(최고의 혁신)

클라란스 오 데 자르댕 Clarins Eau des Jardins
Great fragrance, great feeling(최고의 향기, 최고의 느낌)

클리어 익스프레스 Clear Express
The difference is clear(차이는 명확합니다)

클리니크 Clinique
Some things never change(변하지 않는 것도 있습니다)
변하지 않는 것이 무엇인지 다소 애매모호하다.

클라이브 크리스찬 Clive Christian
The world's most expensive perfume(세계에서 가장 비싼 향수)
이 슬로건이 모든 고객의 마음을 끌지는 확실하지 않다. 슬로건에서 주장하는 만큼

희귀한 성분을 사용했는지는 기업이 증명해야 할 것이다.

커버걸 Covergirl
Luxury touched by nature(자연의 손길이 닿은 명품)

디올 Dior
① The luxury of freedom*(자유의 사치)
훌륭하다. 'the art of luxury(사치의 미학)' 같은 표어와 달리 luxury로 시작해 디올의
이름에 걸맞으며, freedom은 여성에게 절실히 필요한 단어다.
② J'adore Dior**(프랑스어: 디올을 사랑한다)

돌체 & 가바나 Dolce & Gabbana
The one(그것)
− 단 두 개의 단어로 단 하나뿐이라는 의미를 전달하면서, 고객이 직접 수많은 수식어를 붙여
볼 수 있도록 미완성으로 남겨져 있다.

돌체 & 가바나 시실리 Dolce & Gabanna Sicily
Feel the passion(열정을 느껴라)

도나 카란 Donna Karan
Fragrances to seduce the senses(감각을 매료시키는 향기)

도브 Dove
① Difference clear to see(눈에 보이는 확연한 차이)
② Real women have curves(진짜 여성은 곡선을 가지고 있다)
이 광고 캠페인은 진짜 여성을 찬양한다. 마른 모델을 기용하지 않고(덩치가) 큰 모델
을 기용했다.
③ Discover the difference*(차이를 발견하세요)
다른 것보다 훨씬 더 낫다. 세 단어만을 사용해 멋진 두운이 맞는 슬로건을 만들었다.
소파소파Sofasofa's의 슬로건과 동일하다.
④ Effective protection. Beautiful results(확실한 보호. 아름다운 결과)

도브 맨 + 케어 Dove Men + Care

Tough on sweat, not on skin(피부에는 순하고, 땀에는 강합니다)

닥터 마이클 프라거 Dr Michael Prager

Look your best, naturally(당신의 최고 모습을 보라. 자연스러움이다)

닥터 세바 루미너스 글로우 Dr Sebagh Luminous Glow

Shining example(빛나는 예시)

엘리자베스 아덴 프리베이지 Elizabeth Arden Prevage

Proof… not promises(약속이 아니라 증명/입증입니다)

에스티로더 Estée Lauder

① Defining beauty(아름다움을 정의하다/아름다움의 정의)

② Every woman wears it her way(모든 여성들은 자신의 방식이 있습니다)

가르니에 Garnier

Take care*(당신의 건강/당신의 헤어 조심하세요)

훌륭한 슬로건이다. Take care는 종종 편지의 끝에 'be in good health(건강하세요)'
등의 의미를 담아 사용하는 인사말이다. 여기에서 그 의미를 사랑스럽게 발전시켰다.

질레트 비너스 스파 브리즈 Gillette Venus Spa Breeze[면도기]

Reveal the Goddess in you(당신 안의 여신을 드러내세요)

지방시 엘 인텐스 Givenchy L'Intense

The new fragrance(새로운 향기)

갓투비 Got2b

Attitude for hair(머릿결을 위한 태도)

구찌 길티 Gucci Guilty[남성용 향수]

The new fragrance for him(그를 위한 새로운 향기)

헤드 & 숄더 Head & Shoulders
Making heads happier*(머리를 더 행복하게 만들기)
이 슬로건은 제품에 관해 말하는 것을 쉽게 찾을 수 없기 때문에 겉보기에 순수해 보여서 좋다.

허벌 에센스 Herbal Essences
It does beautiful things to your head(당신 머리에 아름다운 일을 합니다)

에르메스 보야지 Hermès Voyage
Fragrance takes to the wing(향기에는 날개가 있다)

휴고 보스 Hugo Boss
Open minds. Free souls(열린 마음. 자유로운 영혼)

휴고 보스 Hugo Boss[안경]
Follow your vision(당신의 비전을 따르십시오)
– 비전과 시력을 의미하는 단어 vision을 써서 의미가 있고, 안경에 어울리는 슬로건을 완성했다.

인스타-드라이 Insta-Dri
Beauty that works(효과적인 아름다움)

저겐스 Jergens
The beautiful difference(아름다운 차이)
괜찮은 슬로건이다.

존 프리다 컬렉션 John Frieda Collection
① The beauty of invention(발명의 아름다움)
② It's a good day to dye(염색하기 좋은 날)
약간 대담한 슬로건이다.
– 동음이의어인 dye(염색하다)와 die(죽다)를 활용했다.

존슨즈 Johnson's

① Forever(영원히)

② For softness. For beauty. For life(부드러움을 위하여. 아름다움을 위하여. 인생을 위하여)

쥬비덤 Juvéderm

① Ultra Smile(울트라 스마일/초특급 웃음)

② Siren Song(사이렌의 노래)

겐조 Kenzo

The world is beautiful(세상은 아름답다)

킴 카다시안 Kim Kardashian[향수]

The voluptuous new fragrance(관능적인 새로운 향기)

랑콤 Lancôme

Believe in beauty(아름다움을 믿으세요)

구체적이지는 않지만 별 언급이 필요 없는 완벽한 슬로건이다.

랑콤 뗑 미라클 Lancôme Teint Miracle

See the light(빛을 보라)

랑콤 트레조 Lancôme Trésor

The fragrance for treasured moments(소중한 순간을 위한 향기)

프랑스어로 보물을 뜻하는 trésor와 영어 treasure에서 유래한 단어 'treasured(소중한)'의 반복을 주목하라.

리즈 얼 Liz Earle

Naturally active fragrance(자연스럽게 활동적인 향기)

로레알 L'Oréal

① L'Oréal because I'm worth it[*](로레알, 난 소중하니까요)

1인칭 주어를 사용하는 것을 주목하라. 개인적으로 이 슬로건이 거슬리기는 하지만 로레알이 지속적으로 홍보하다보니 시장에 잘 먹힌 듯하다. 이 슬로건을 모르는 여성은 없기 때문에 별 1개(새로운 버전에는 '나는' 대신 '우리는,' '당신은'을 활용하기도 했다)다.

② Professionnel(프랑스어: 전문적)

인간적인 느낌이 적지만 나쁘지 않은 슬로건이다.

③ Recherche avancée(프랑스어: 선진 연구)

그 유명한 로레알 연구진의 공로를 처음으로 드러내는 슬로건이다.

로레알 리바이탈리프트 L'Oréal Revitalift

It's not a facelift. It's Revitalift(주름살 제거술이 아닙니다. 피부 소생술입니다)

루브리덤 Lubriderm

The skin therapist(피부 치료사)

마크 제이콥스 Marc Jacobs

The fragrance for women(여성들을 위한 향기)

맥스 팩터 Max Factor

The make-up of make-up artists(메이크업 아티스트의 메이크업)

맥스 팩터 메이크오버 컬렉션 Max Factor Makeover Collection

Transform yourself. Yourself(당신을 변화시켜라. 당신이 직접)

위험하지만 괜찮은 반복의 슬로건이다.

메이블린 Maybelline

Maybe she's born with it. Maybe it's Maybelline(타고난 것인지 모릅니다. 메이블린인지 모릅니다)

너무 길기는 하지만 Maybe와 Maybelline에 나오는 may의 반복이 훌륭하다. 이 슬로건은 노래와 함께 사용되었다.

뮤라드 Murad

Transforming skincare(스킨케어를 바꿉니다)

뉴트로지나 Neutrogena
① Visibly firm(눈에 보이게 견고합니다)
② Beautiful. Beneficial(아름다운. 유익한)

니베아 Nivea
① Touch and be touched(만지고, 만져지세요)
② Beauty is a statement(아름다움은 하나의 표현방법입니다)
③ Feel closer(가까이서 느끼세요)
④ Pure and natural(순수하고 자연스러운)
이 슬로건으로 바꿀 때 주저했던 것으로 보인다. 하지만 순수에 초점을 맞춘 것은 핵심에 맞다.

니베아 포 맨 Nivea For Men
Preparation is everything(준비가 전부다)

누보 Nubo
Accelerated recovery(재생 촉진)

오존 Ojon
Nature's golden elixir(자연의 황금 불로장생약)

올레이 Olay
① Challenge what's possible(가능한 것에 도전하라)
② Complete care(완벽한 케어)

올레이 리제너리스트 Olay Regenerist
Love the skin you're in(당신의 피부를 사랑하세요)

올드 스파이스 Old Spice
Smell like a man, man(남자다운 냄새가 나네)

오리진스 Origins
Powered by Nature. Proven by Science(과학으로 검증된 자연에 의해 얻은 힘)

팔머스 코코아 버터 포뮬라 Palmer's Cocoa Butter Formula
Extraordinary results(놀라운 결과)

팬틴 Pantene
① Don't hate me because I'm beautiful(내가 아름답다고 나를 미워하지 마세요)
직접 광고를 보지는 않았지만 친구에 따르면 매우 오래된 슬로건으로 보인다.
② The science behind healthy-looking hair(건강한 머릿결 뒤의 과학)
③ Healthy makes it happen(건강이 가능하게 한다)
두운이 반복된 멋진 슬로건이다.

페리 엘리스 Perry Ellis
The new fragrance for women(여성들을 위한 새로운 향기)

피지션스 포뮬라 캐시미어 웨어 Physicians Formula Cashmere Wear
Your beauty. Our Passion. We Promise(당신의 아름다움. 우리의 열정. 약속합니다)
오가닉 웨어^{Organic Wear}와 같은 슬로건이다.

피지션 포뮬러 오가닉 웨어 Physicians Formula Organic Wear
Your beauty. Our Passion. We Promise(당신의 아름다움. 우리의 열정. 우리는 약속합니다)
캐시미어 웨어^{Cashmere Wear}와 같은 슬로건이다.

프로-엑스 Pro-X
Potent. Proven. Professional(강력한. 입증된. 전문적인)

퍼스 Purrs
Earn my affection(저의 애정을 얻으세요)

너무 적나라한 슬로건이다.

레디언스 Radiance
Choose your own destiny[*](자신의 운명을 선택하세요)
모든 영역에 해당되는 표현이지만 그래도 여전히 힘이 넘친다.

랄프 로렌 로맨스 Ralph Lauren Romance
Always yours(언제나 당신의 것)

리빌 Reveal
Reveal something… not everything(모든 것이 아니라 어떤 것에만 리빌하세요/전부 다 보여주지 말고 부분만 보여주세요)
- 기업 이름 Reveal과 '드러내다'라는 뜻의 reveal을 중의적으로 사용한 슬로건이다.

레브론 Revlon
Feel the love(사랑을 느끼세요)

림멜 Rimmel
Get the London look(런던룩을 가지세요)

로크 Roc
We keep our promises(우리는 약속을 지킵니다)

세인트 아이브스 St Ives
Visibly healthy. Naturally Swiss(눈에 보이게 건강합니다. 스위스의 자연으로부터)

샐리 한센 Sally Hansen
① The science behind the beauty(아름다움 뒤에 숨겨진 과학)
② Beauty that works(효과적인 아름다움)

사넥스 Sanex

Keeps skin healthy(피부를 건강하게 유지합니다)

슈바츠코프 Schwarzkopf

Professional Haircare for you(당신을 위한 전문가의 헤어케어)

시크릿 Secret[냄새 방지제]

Because you're hot(당신이 섹시해서/당신이 더워서/땀나서)
심지어 필자도 이 슬로건이 무척 대담하다는 생각이 든다!

실비크린 Silvikrin

The UK's most trusted hairspray(영국에서 가장 신뢰받는 헤어스프레이)

에스케이-II SK-II[facial treatmemt]

① Touch the miracle(기적의 손길/기적을 만지세요)
② Live clear(투명하게/맑게 사세요)

소니케어 Sonicare

A better kind of clean(더 나은 종류의 깨끗함)

슈어 Sure

It won't let you down(당신을 실망시키지 않습니다)

트레썸 TRESemmé

Professional. Affordable(전문적인. 알맞은 가격의)

비쉬 Vichy

Health is beautiful(건강이 아름답습니다)

브이오5 VO5

① Break the mould(일관된 형태를 탈피하다)
② You deserve to be treated as an individual(당신은 개인적으로 대우받

을 자격이 있다)
서투른 슬로건이다.

웰라 Wella
Passionately professional(열정적으로 전문적인)
주관적과 객관적인 조합이 좋다.

화이트 다이아몬즈 White Diamonds
The fragrance dreams are made of(꿈을 구성하는 향기)
엘리자베스 테일러를 연상시키는 향수이기는 하지만, 다이아몬드와 향수의 연관성은
도움이 된다고 생각되지 않는다.

위치 코스메틱스 Witch Cosmetics
Naturally clear(자연스럽게 투명한)

13 음식점 및 식료품 서비스[음식과 음료 참조]

브레이크스 Brakes
Fresh ideas(신선한 아이디어)
브레이크스의 신선한 음식을 떠오르게 한다.

피오나스 Ffiona's
The best brunch in London(런던 최고의 브런치)

행크스 시푸드 레스토랑 Hanks Seafood Restaurant[charleston, SC]
Bring your Appetites(식욕만 가지고 오세요)
이 책에서는 레스토랑 슬로건을 많이 소개하지 않지만, 괜찮은 슬로건이 몇 개 있다.

하베스터 Harvester
Salad & Grill(샐러드 & 그릴)

마이크로스 Micros

Helping your business to grow(귀하의 사업 확장을 돕습니다)

피자 헛 Pizza Hut

① Your favourites. Your Pizza Hut(당신의 취향. 당신의 피자헛)

② Pizza and so much more(피자와 그 이상)

리터 코리바우드 Ritter Courivaud Ltd

Importers and distributors of the finest foods(최고급 식품 수입업자와 유통업자)

스타벅스닷컴 Starbucks.com

Natural fusions(자연스러운 퓨전)

치보 Tchibo

Coffee Service(커피 서비스)

우즈 푸드 서비스 Woods Food Service

Delivering excellence(우수성을 배송합니다)

14 교육

에이티엠 ATM

The education union(교육 연합)

카스 경영 대학원 Cass Business School

Cass means business(카스는 경영의 대명사다)

- Meaning business의 진지하다라는 뜻을 활용해 '카스는 진지한 교육기관이다'라는 의미도 함께 가지고 있다.

호프스트라 대학교 Hofstra University

We put learning on a pedestal(우리는 배움을 최고로 여깁니다)

아이엠디 IMD

Real world. Real learning(생생한 세계. 생생한 배움/실전 세계. 실전 배움)

런던 비즈니스 스쿨 London Business School

Transforming futures(미래를 변화시킵니다)

'Your Future(당신의 미래)'가 더 나을 뻔했다. Futures는 주식투자에 나오는 선물(先物)이라는 의미도 있기 때문이다.

아웃워드 바운드 Outward Bound

The adventure lasts a lifetime(모험은 일생동안 계속됩니다)

펜실베이니아 Pennsylvania

Come invent the future(여기서 미래를 만드세요)

로제타 스톤 Rosetta Stone

Learn naturally. Speak confidently(자연스럽게 배우세요. 자신 있게 말하세요)

셰필드할람 대학교 Sheffield Hallam University

Sharpens your thinking*(당신의 생각을 선명하게 하다)

유명하지 않은 대학도 우수한 슬로건을 창조할 수 있다는 예다.

와튼 Wharton

Executive education(고급 경영진 교육)

예일 Yale

Maybe you should be here too(당신도 여기에 있어야 할지 모릅니다)

15 전자기기

알카텔-루슨트 Alcatel-Lucent
① The Hi-Speed company(하이 스피드 기업)
② At the speed of ideas(아이디어의 속도로)

베스트 바이 Best Buy
Turn on the fun(즐거움을 켜세요)

히타치 Hitachi
① What's next?(다음은 무엇인가요?/미래는 무엇인가요?)
의문문이 아니라 평서문이었다면 더 좋을 뻔 했다.
② Inspire the Next(본문에는 미래의 영감을 불어넣습니다)

인텔 Intel
① Intel Inside**(인텔 인사이드)
이보다 더 좋을 수 없다. 단 한마디로 인텔칩이 어떻게 사용되는지 설명한다. 각각 2
음절로 이루어진 단어 두 개가 있으며 두음이 반복된다. 별 3개가 가능하다면 받을
수도 있겠다.
② Sponsors of tomorrow(내일의 후원자)
광고주들은 최고의 슬로건에도 질리나보다. 게다가 후원자는 약한 단어다.

아이티티 인더스트리스 ITT Industries
Engineered for life(인생을 위해 설계된)

엘지 LG
① Digitally yours(디지털로 당신의 것/당신의 디지털)
② Life's Good**(인생은 좋습니다)
기업의 특정한 의미가 없는 이니셜을 활용해 훌륭한 슬로건으로 만든 좋은 예다. LG
로 줄여쓸 수 있다.
③ We put people first(사람을 우선으로 생각합니다)

넥/미쓰비시 NEC/Mitsubishi
See more(더 보세요)

필립스 Philips
① Let's make things better(더 좋게 만들어 봅시다)
② Sense and simplicity(감각과 간략함)

산요 Sanyo
Technology we can live with(우리가 함께 살 수 있는 기술)

에스지에스-톰슨 마이크로일렉트로닉스
SGS-Thomson Microelectronics
① Isn't it time we met?(우리가 만났던 때 아닌가요?)
② Bringing microelectronics to life(미전자공학을 생활로 가져옵니다)
너무 전문적인 단어를 사용했다.

스미스 코로나 Smith Corona
The way you want to work(당신이 작업하기 원하는 방식)

소니 Sony
① Go Create(창조하라)
② like.no.other(누구와도.같지.않다)
다소 흥미로운 슬로건이다. 인터넷 주소같이 생겼다.
③ make.believe(환상을 만들다)
필자 개인 의견으로는 가장 오래된 처음 슬로건이 가장 좋다.

텍사스 인스트루먼트 Texas Instruments
① Power to innovate the future(미래를 혁신하는 힘)
후버Hoover 슬로건을 참조하라.
② Start doing extraordinary things(평범하지 않은 일을 시작하라)

톰슨 씨에스에프 Thomson CSF
Securing your future(당신의 미래를 지킵니다)

도시바 Toshiba
① In touch with tomorrow(내일과 연결합니다)
두운 반복이 멋지다.
② Choose freedom(자유를 택하라)

보이스 윙 에스엠 Voice Wing SM(버라이즌)
It's how to call now(이제부터는 전화를 거는 방식입니다)

16 에너지

아메리칸 일렉트로닉 파워 American Electric Power
America's Energy Partner(미국의 에너지 파트너)
브랜드 네임과 슬로건의 이니셜이 같음을 주목하라.

아메리카스 일렉트로닉 유틸리티 컴퍼니즈
America's Electric Utility Companies
The power to make life better(생활을 더 좋게 만드는 힘)

아레바 Areva
Energy experts(에너지 전문가)

브리티시 가스 British Gas
① Looking after your world(세상을 돌봅니다)
② Energy smart(에너지 스마트)
두 단어의 색이 다르다.

콘세코 Conseco

Step up(앞으로 나오세요)

듀라셀 Duracell

① Trus±ed everywhere(어디에서나 신뢰받습니다)

배터리 극을 표현하기 위해 'Trusted'가 'Trus±ed'로 표기된 것을 주목하라.

② Rechargeable(재충전할 수 있는)

이디에프 EDF[프랑스]

① When your world lights up(당신의 세계에 빛이 들어올 때)

필자는 Light up your world!(당신의 세계이 빛을 비추세요!)가 더 좋은 선택이었을 듯 싶다.

② Leading the energy change(에너지 변화의 선두자)

슬로건에 환경적 요소가 가미된 것을 주목하라.

③ Save today. Save tomorrow(오늘을 구하십시오. 내일을 구하십시오)

환경을 의식한 슬로건이다.

에너자이저 맥스 Energizer Max

For when you need it most(당신이 가장 필요로 할 순간을 위해)

엔론 Enron

Natural gas. Electricity. Endless possibilities(천연 가스. 전기. 무한한 가능성)

이온 eon

We're on it(문제가 있다면 우리가 해결합니다)

제너럴 일렉트릭 General Electric

① We bring good things to life(우리는 삶에 좋은 것들을 가져다 드립니다)

② Imagination at work*(작용하는 상상력)

꿈과 현실을 접목시켜 놓은 아주 좋은 슬로건이다. GE의 건강한 면을 부각시킨다.

그룹 슈나이더 Groupe Schneider

No one in the world does more with electricity(이 세상에서 어떤 기업도 우리보다 전기를 더 많이 생산하지 않습니다)

교세라 Kyocera

Doing what others dare not(남들이 감히 엄두내지 못한 일을 합니다)

내셔널 그리드 National Grid

The power of action(실행/행함의 위력)

터치스톤 에너지 Touchstone Energy

The power of human connections(인간 협력의 힘)

- 터치스톤은 에너지 기업의 조합이다. Power가 힘이라는 뜻도 있지만, 에너지를 뜻하기도 하기 때문에 '에너지 공급 기업 조합'이라는 두 번째 뜻도 함께 전달한다.

베바 Veba

The power to create value(가치 창조의 힘/위력)

17 엔지니어링 및 원자재

에이비비 ABB

Ingenuity at work(작용하는 독창성)

아르셀로 Arcelor

Steel solutions for man and earth(사람과 지구를 위한 철강 솔루션)

아틀리아 Artelia

Your success is our business(당신의 성공이 우리의 일입니다)

블랙 & 비치 Black & Veatch
Expect success(성공을 기대하세요)

치요다 Chiyoda
Engineering tomorrow's world(내일의 세상을 건축합니다)

다쏘 시스템 Dassault Systèmes
See what you mean(당신이 의도한 것을 보세요)

하이드로 Hydro
Progress of a different nature(다른 자연의 진보/천성적으로 다른 진보)
- different nature의 다중적인 의미를 활용한다.

제이티에이 커넥션 JTA Connection
Makes it work(가능하게 합니다)

라파즈 Lafarge
Materials for building our world(우리 세상을 구축하는데 쓰이는 자재)
너무 노골적인 슬로건이다. Building our world(우리의 세계를 구축하기)가 더 좋았을
것이다.

시베 Siebe
Siebe the engineer. Here, there and everywhere(엔지니어를 시베하라. 여
기, 거기 그리고 모든 곳에)
- Siebe: 독일어로 체로 거르다, 여과기라는 뜻이다.

지멘스 Siemens
Answers for mobility(기동성에 대한 답)

수에즈 Suez
Delivering the essentials of life(생활의 필수 요소를 전달합니다)

팀켄 Timken
Worldwide leader in bearings and steel(세계적인 베어링과 강철 지도자)

타이코 Tyco
① Unleashing the power within(내면의 위력을 풀다)
② A vital part of your world(당신 세계의 필수적인 부분)

유스위치닷컴 uSwitch.com
uswitch.usave.usmile(유스위치.유세이브.유스마일)
참신한 슬로건이다. 별을 받을 만하다.
– U와 you의 발음이 같은 것을 활용했다.

빈치 Vinci
Grands projets(프랑스어: 중요한 건설 프로젝트)

18 엔터테인먼트

앱솔루트 사운즈 Absolute Sounds
Set your music free(당신의 음악을 자유롭게)

아이와 Aiwa
Power for pleasure(기쁨을 위한 힘)

아캄 알큐브 Arcam rCube
A listening revolution(청취 혁명)

아스트라2커넥트 Astra2Connect
The satellite broadband connection for everyone(모두를 위한 위성 광대
역 연결)

아틀라스 케이블 Atlas Cables

Better by design!(더 좋게 디자인되었습니다/의도적으로 더 좋게 만들어졌습니다)

오디오 이모션 Audio Emotion

Music is our passion(음악은 우리의 열정)

아비드 하이파이 AVID HiFi

The truth, nothing more, nothing less…(진실, 그 이상도 이하도 아닌…)

블록버스터 Blockbuster

Don't forget you got it(빌린 영화라는 걸 잊지 마세요)
빌린 영화가 너무 좋아서 대여점에 돌려주지 않을 것이라는 의미를 전달한다.

보스 Bose

Better sound through research(연구로 향상된 음질)

카바세 Cabasse

The legend goes on…(신화는 계속되다…)

케이블 & 와이어리스 Cable & Wireless

What can we do for you?(무엇을 도와드릴까요?)

디지엠 DGM

Innovation that surprises. Technology that inspires(놀라운 기술, 감동적인 기술)
약간 어색한 슬로건이다.

다이렉트 티비 Direct TV

Feel the joy(즐거움을 누리세요)

일렉트로콤파니엣 Electrocompaniet

If music really matters(음악이 진정 중요하다면)

이튼 Eton Corp
Reinventing Radio(라디오를 재발명하다)

포컬 Focal
The spirit of sound(소리의 정신)

포트 마이어스-사니벨 Fort Myers-Sanibel
Welcome to island time(아일랜드 타임에 오신 것을 환영합니다)

길드포드 오디오 Guildford Audio
Run by professionals for professionals(전문가를 위해 전문가가 운영합니다)

하만 인터내셔널 Harman International
Hear us everywhere(어디에서나 우리를 들으세요)

히타치 Hitachi
① A totally new vision(완전히 새로운 비전)
vision(비전)의 두 가지 의미를 주목하라.
② Inspire the next(미래의 영감을 불어넣습니다)
이 슬로건은 히타치 빌딩에 부착되었지만, 큰 오점이 하나 있다. Next는 명사가 아니라 형용사이기 때문에 문법적 오류가 있다.

에이치엠브이 hmv
Get closer(더 가까워 지세요/더 가까이 오세요)

이소텍 IsoTek
The power to deliver 'clean' power(깨끗한 음질을 전달하는 힘)

레만 오디오 Lehmann audio
High end by an audio engineer(오디오 엔지니어가 드리는 고품격)

러브필름닷컴 Lovefilm.com

① Find the films you want to watch(보고 싶은 영화를 찾으세요)

② Love film, love life(영화를 사랑하세요, 인생을 사랑하세요)

– 기업명 Lovefilm을 직접적으로 노출했다.

③ Let's watch another one(다른 영화 봅시다)

세 번째가 가장 좋은 슬로건이다.

메이플라워 사운즈 Mayflower Sounds

Hearing is believing(듣는 것이 믿는 것이다)

– 'Seeing is believing'을 활용한 슬로건이다.

모토롤라 Motorola

Get ready(준비하세요)

기대를 하게 만드는 좋은 슬로건이지만, 어떤 분야에나 적용할 수 있기 때문에 전문성
이 떨어진다.

엠에스엔비씨 MSNBC

America's news channel(미국의 뉴스 채널)

뮤직아크 Musicarch

Where beautiful Hi-Fi sings(아름다운 고품질 음향이 최상인 곳)

엔비씨 NBC

More colourful(더 다채로운)

올리브 Olive

Save the Sound[*](소리를 저장하세요)

S를 반복한 간단하고 좋은 예시다.

옥스포드 오디오 Oxford Audio

We love to listen(듣는 것을 즐깁니다)

파나소닉 Panasonic
① Ideas for life(삶의 아이디어)
좋은 시도지만 기업의 분야가 확실하지 않다.
② Worldwide partner(전 세계 파트너)

플레이닷컴 Play.com
Free delivery of everything(모든 제품을 무료 배송합니다)

프로-젝트 Pro-Ject
Experience, gained…(경험, 얻다…)

쿼드 Quad
The closest approach to the original sound(오리지널 사운드/원음과 가장 유사합니다)

레그자 Regza
Image is everything(이미지가 전부입니다)

삼성 Samsung
Challenge the limits(한계에 도전하다)

셀렉트오디오 Selectaudio
Exquisite audio products(정교한 오디오 제품)

세븐오크스 사운드 & 비전 Sevenoaks Sound & Vision
Real stories. Real people. Real products. Real value(진정한 이야기. 진정한 사람들. 진정한 제품. 진정한 가치)
지나쳐서 더 안 좋은 슬로건이 된 예다.

샤프/아쿠오스 Sharp/Aquos
There's more to see(볼거리가 더 많습니다)

소니 Sony
Because you can(할 수 있으니까요)

트릴로지 오디오 시스템 Trilogy Audio Systems
Designed & exclusively hand built in England(영국에서 디자인되고 수작
업되었습니다)

유피씨 UPC
Say it your way(당신의 방식으로 말씀하세요)

베르테레 Vertere
Outperform(능가합니다)

버진 미디어 Virgin Media
A more exciting place to live(더욱 흥미진진한 살 곳)

복스 올림피안 & 엘리시안 Vox Olympian & Elysian
Living voice(살아있는 목소리)

제니스 Zenith
① Choose your own view(당신의 관점을 고르세요)
② Digitise your experience(당신의 경험을 디지털화하세요)

19 환경

바틀렛 Bartlett[tree experts]
For the life of your trees(당신의 나무를 위해)
처음부터 의도했던 것인지는 모르겠지만, 슬로건 자체만 봤을 때 친환경적인 느낌을
준다.

네이처 컨서번시 Nature Conservancy
Protecting nature. Preserving life(자연 보호. 생명 보존)

세계해양보호기구 Oceana
Protecting the world's oceans(전 세계 바다를 보호합니다)

베올리아 Veolia
The environment is an industrial challenge(환경은 공업의 도전입니다)
막대하게 향상될 수 있다.

20 가정

앤세스트리 Ancestry.co.uk
Who will you discover?(당신의 족보에서 누가 나올까요?)

파인드마이패스트 Findmypast.co.uk
Search with the experts(전문가와 함께 찾아보세요)

21 금융 서비스[개인금융 참조]

에임 AIM
Invest with discipline(절도 있게 투자하십시오)

올 스테이트 All State
① You're in good hands(안심하십시오. 전문가의 손길이 닿습니다)
② The right hands make all the difference(올바른 투자가 모든 차이를 만
듭니다)
기업명 All State에 있는 all이 반복되어 이전 슬로건보다 더 좋다.

아메리칸 익스프레스 American Express

① Do more(더 많이 하세요)

② Realise the potential(잠재성을 실현하세요)

짧은 슬로건은 방대한 분야에 적용될 수 있어 구체적이지는 않지만 첫 번째보다 더 좋다.

③ Take charge(직접 관리하세요)

클라이언트의 자주성을 강조하기 때문에 세 슬로건 중 가장 낫다.

아메리트레이드 Ameritrade

① What's your share?*(당신의 지분은 어떻게 되나요?)

Stock(주식)의 일반적인 의미를 사용하는 것이 아니라 percentage(비율)라는 의미로 share(지분)를 사용한 것이 흥미롭다. 이 슬로건은 유쾌한 광고와 함께 나온다.

② The way to trade. Period(트레이드/무역의 정도)

랜즈 엔드Land's End 슬로건과 유사하다.

– Period란 표현에는 더 이상의 언급이 필요 없을 정도로 충분하다는 의미와 단호함이 담겨져 있다.

뱅크 온 Bank One

Individual answers(개별 맞춤 해결책)

베어링 포인트 Bearing Point(formerly KPMG Consulting)

Business and systems aligned. Business empowered(비즈니스와 시스템이 맞춰졌습니다. 비즈니스가 더 강력해집니다)

바이-로 Bi-Lo

Everybody's favorite way to save(모두가 좋아하는 절약법)

브라운 Brown & Co

I believe in the market. I believe in me(시장을 믿는다. 나 자신을 믿는다)

캐피탈 원 Capital One

① What's in your wallet?(지갑 안에 뭐가 있나요?)

애매모호한 슬로건이다. 기업이 고객의 지갑을 더 채워주려는지 아니면 더 빼가려는지 명확하지 않다.
② Exclusive rewards. Enhanced security(독점적 보상. 강화된 보안)

찰스 E. 슈왑 Charles E. Schwab
The world's leading online broker(세계 최고의 온라인 브로커)
전자 주식거래 광고 같다.

쿠퍼스 & 라이브랜드 엘엘피 Coopers & Lybrand LLP
Not just knowledge. Knowhow(지식만이 아닙니다. 노하우입니다)

씨에스에이 인터내셔널 CSA International
We answer with solutions(솔루션을 가지고 응답합니다)

사이버트레이드 Cybertrade
There are traders. And there are cybertraders(세상에는 증권 매매자가 있습니다. 그리고 사이버 증권 매매자가 있습니다)

딜로이트 앤 터치 Deloitte and Touche
The answer is… D&T(정답은… D&T)

딜로이트 컨설팅 Deloitte Consulting
A very different approach. For very different results(다른 접근. 다른 결과)

디너스 클럽 Diner's Club
The right answer in any language(어떤 나라 말이든 정답)

도날드슨, 러프킨 & 젠레트 Donaldson, Lufkin & Jenrette
Putting our reputation online(우리의 명예를 겁니다/우리의 이름을 온라인에 담습니다)
— 'Put reputation on the line(명예를 걸고)'라는 구문을 활용했다.

다우 존스 Dow Jones

Be a better investor(보다 나은 투자자가 되십시오)

드레퓌스 라이온 어카운트 Dreyfus Lion Account

Rule your kingdom(당신의 왕국을 지배하십시오)

이-트레이드 E-Trade

① The #1 Place to Trade Online(넘버원 온라인 트레이딩)

찰스 E. 슈왑^{Charles E. Schwab} 슬로건과 유사하다.

② Someday, we'll all invest this way(언젠가는 우리 모두 이 방식으로 투자하게 될 것이다)

에드워드 존스 Edward Jones

Invest in your dreams(귀하의 꿈에 투자하십시오)

어니스트 앤 영 Ernst and Young

From thought to finish(생각부터 끝까지)

'From start to finish(처음부터 끝까지)'를 활용한 문구다.

유로페이지 EuroPages

Buy better, sell more(더 잘 사고, 더 많이 파세요)

에버렌 시큐리티스 Everen Securities

A vested interest in your success(당신의 성공이 우리에게 좋은 일입니다/우리의 관심사입니다)

파머스 Farmers

Getting you where you belong(당신이 있어야 할 곳으로 보내드립니다)

플리트 Fleet

Ready when you are(우리는 준비되어 있습니다/당신이 준비되면)

에프엠 로지스틱스 FM Logistics
Made with satisfaction(만족스럽게 만들었습니다)

지이 캐피탈 서비스 GE Capital Services
Our business is helping yours(우리의 비즈니스는 당신을 돕는 것입니다)

핸더슨 인베스터스 Henderson Investors[영국]
Thoughts that count(중요한 생각)

하우스홀드 Household
Helping everyday people. Everyday(매일 일상적인 사람들 돕기)
마사 스튜어드^{Martha Stewart}와 엠에스엔.8^{MSN.8} 슬로건과 비교해보라.

인스티넷 Instinet
Nothing comes between you and the best price*(그 누구도 당신과 최저
가 사이를 막지 않습니다)
지나치게 뽐내는 경향이 있지만 좋은 슬로건이다. 기업이 제공하는 혜택을 명확하게
전달한다.

인터랙티브 브로커스 Interactive Brokers
The professional's getaway to world markets(세계시장을 향한 전문가의
관문)

제퍼슨 파일럿 Jefferson Pilot
Investment. Insurance(투자. 보험)

제이피 모간 JP Morgan
Morgan means more**(모간의 이름에는 더 큰 의미가 있습니다)
세 개의 m과 mor의 반복적 사용이 인상 깊다.

주피터 Jupiter
① Leaders in long-term performance(장기 투자의 선두자)

② On the planet to perform(능력을 발휘하기 위해 이 땅에 있습니다)
처음 슬로건보다 더 간단명료하고 효과적이다.

켐퍼 펀드 Kemper Funds
Long-term investing in a short-term world(단기적 세계에서 장기적 투자를)

키 뱅크 Key Bank
Achieve anything(무엇이든 달성합니다)

라파예트 서비스 Lafayette Services(LaSer)
Customer value enhancer(고객의 가치를 향상시켜드립니다)

링컨 Lincoln
Clear solutions in a complex world(복잡한 세상 속 명확한 솔루션)
Clear(명확한)와 complex(복잡한)가 그다지 어울리지 않는다.

롬바르드 오디어 & 씨에 Lombard Odier & Cie
Discretion in the art of asset management(재산 관리술의 재량)
– discretion은 '신중함'이라는 뜻도 가지고 있기 때문에 신중하게 재산 관리를 한다는 느낌
  도 전달한다.

맥도날드 파이낸셜 서비스 McDonald Financial Services
Achieve anything(무엇이든 달성합니다)

매스 뮤추얼 Mass Mutual
You can't predict. You can prepare*(예측할 수는 없지만 준비할 수는 있습니다)
6단어로 구성되어 길기는 하지만, 전달하는 의미가 강력해 뛰어난 슬로건이다.

마스터카드 MasterCard
① There are some things money can't buy. For everything else
there's MasterCard*(돈으로 살 수 없는 것들도 있습니다. 그것들을 제외한 모든
것을 위해 마스터카드가 있습니다)

길이에 불구하고 기억하기 쉽다.
② The Future of Money(돈의 미래)
③ Priceless(돈으로 살 수 없는 가치)

멜론 파이낸셜 Mellon Financial
The difference is measurable(차이는 측정 가능합니다)

메릴 린치 Merrill Lynch
① A tradition of trust*(신뢰의 전통)
tradition과 trust에 나오는 tr의 반복이 슬로건을 보다 인상깊게 만든다.
② Human achievement*(인류의 업적)
휴머니즘과 목적의 섬세한 조합이다.

모멘텀 올웨더 Momentum AllWeather
Bull or bear, we don't care*(황소든 곰이든, 우리는 신경 쓰지 않습니다)
리듬감이 살아있는 좋은 라임이다. 모든 것이 표현되어 있다.

몽고메리 펀드 Montgomery Funds
Invest wisely(현명하게 투자하세요)

모건 스탠리 위터 Morgan Stanley Witter
Measuring success one investor at a time(모든 투자자 개인의 성공을 측정
합니다)

넵튠 인컴 펀드 Neptune Income Fund
Invest in depth(깊이 있게 투자하십시오)

노스웨스턴 뮤추얼 Northwestern Mutual
Financial network(금융 네트워크)

노르위치 유니언 Norwich Union
No one protects more(우리보다 더 보호하는 기업은 없습니다)

엔와이에스이 NYSE
The world puts its stock in us(세계는 우리에게 주식을 맡깁니다)

오펜하이머 펀드 Oppenheimer Funds
The right way to invest(투자하는 올바른 방법)

프라이스워터하우스 쿠퍼스 Pricewaterhouse Coopers
Join us. Together we can change the world(동참하세요. 우리는 함께 세상을 바꿀 수 있습니다)

프루덴셜 파이낸셜 Prudential Financial
Growing and protecting your wealth(귀하의 자산을 불리고 보호합니다)

살로먼 스미스 바니 Salomon Smith Barney
① Because we can, you can(우리가 할 수 있기 때문에 당신도 할 수 있습니다)
② Success is earned(성공은 버는 것입니다)
③ They make money the old-fashioned way. They earn it(전통적인 방법으로 돈을 법니다)

에스에이에스 솔루션 SAS Solution
The business of better decision making(보다 나은 의사결정의 비즈니스)

스콧트레이드 Scottrade
We're all about value(우리에게는 가치가 전부입니다)

시프트포인트 ShiftPoint
Create/transform/deliver(창조/변화/달성)

스테이트 스트리트 State Street
For everything you invest in(당신이 투자하는 모든 것을 위하여)

슈어트레이더닷컴 Suretrader.com
The smart tool for smart investors(현명한 투자가를 위한 스마트한 도구)

티. 로우 프라이스 T. Rowe Price
Invest with confidence(자신을 갖고 투자하십시오)

티디 워터하우스 TD Waterhouse
You're in control(당신이 직접 관리합니다)

미국교직원연금보험 TIAA-CREF
Ensuring the future for those who shape it(미래를 만드는 자들을 위한 보장)

트랜스아메리카 Transamerica
The people in the pyramid are working for you(피라미드 안 사람들이 당신을 위해 일합니다)

뱅가드 그룹 Vanguard Group
Invest in our way of investing(귀하의 방식으로 투자하십시오)

비자 Visa
① The world's best way to travel(세상에서 가장 좋은 여행 방법)
② It's everywhere you want to be(가시고자 하는 모든 곳에 있습니다)
③ It knows no boundaries(한계가 없습니다)
④ It's fluent in every language(모든 언어에 능통합니다)
⑤ A bridge between the continents(대륙을 잇는 다리)
⑥ More people go with Visa(더 많은 사람들이 비자와 함께 합니다)
⑦ Life flows better with Visa(비자를 사용하면 생활이 편해집니다)
슬로건 ③, ④, ⑤를 보면 어떤 회사인지 감을 잡을 수 없다.

와코비아 시큐리티즈 Wachovia Securities
Uncommon wisdom(흔치않은 지혜)

워싱톤 뮤추얼 Washington Mutual

The Power of Yes(긍정의 힘)

빈터투어 Winterthur

The experts in total risk management(위험 관리의 전문가)

웅가닷컴 Wonga.com

① Little loans, lot of control(적은 대출, 많은 컨트롤)

② Straight talking money(돈에 관한 단도직입적 이야기)

젠거 밀러 Zenger Miller

A reputation for results(성과로 유명합니다)

제니스 뱅크 Zenith Bank[나이지리아]

In your best interest(귀하의 최고 이익을 위해)

22 음식과 음료[음식점 및 식료품 서비스 참조]

앱솔루트 Absolut

① Enjoy our quality responsibly(우리의 품질을 책임감 있게 즐기십시오)

② Absolut envy(절대적 선망)

Absolute(절대적으로)와 Absolut(앱솔루트)를 이중적으로 활용했다.

③ It all starts with an Absolut Blank(앱솔루트 블랭크로부터 시작되었다)

액티멜 Actimel

Bring it on(덤벼라)

에이디엠 ADM

Supermarket to the world(세계로 나아가는 슈퍼마켓)

알토이즈 스몰즈 Altoids Smalls
Curiously strong. Curiously small(묘하게 강한, 묘하게 작은)

아메리칸 에그 보드 American Egg Board
Think fast. Think egg*(빨리 생각하세요. 에그를 생각하세요.)
인상적인 슬로건이다.

앵커 Anchor[크림]
Every dessert deserves a squirt(모든 디저트는 휘핑크림을 올릴 자격이 있습니다)

압타밀 Aptamil
Follow-on milk(팔로우 온 밀크)
진짜 슬로건은 Helping you to give your baby a healthy start이고, follow-on milk는 제품 이름인 것 같다.
- Aptamil은 1. First Milk(처음 우유), 2. Hungry Milk(배고픈 우유), 3. Follow-on Milk(후속 우유)가 있다.

아처스 Archers
Come out to play(놀러 나가세요)

아틱 프루타 Arctic Frutta
Break the ice(얼음을 깨다)
- 'Break the ice'는 처음 만났을 때 서먹서먹한 얼음같은 분위기를 깬다는 표현이지만, 이 슬로건은 말 그대로 얼음을 깨서 칵테일을 만든다는 메시지를 전달한다.

아리아 Arla
Closer to nature(자연에 더 가까이)

앳킨스 Atkins
Feel the Atkins change(앳킨스의 변화를 느끼세요)

언티 밸스 Auntie Val's

and nothing else(무첨가)

인공 감미료가 없음을 강조한다.

바카디 Bacardi

① Drinks with attitude(반항적으로 마셔라)

② Ready to serve(서브할 준비가 되어 있습니다)

③ Together*(함께)

한 단어로 이루어진 슬로건 중 최고다.

베일리스 Baileys

① Let your senses guide you(당신의 감각을 따르세요)

피어 임포트 Pier Import 슬로건과 유사하다.

② Listen to your lips*(당신의 입술에 귀를 기울이세요)

listen(귀기울이다)과 lips(입술)의 대담한 조합이 강렬한 느낌을 전한다.

③ Let's do this again(다시 한 번 해볼까요?)

바릴라 Barilla

① Taste that defies expectations(기대에 반하는 맛)

② The choice of Italy(이탈리아의 선택)

아주 약간 국수적인 슬로건이다.

바스 에일 Bass Ale

In a world of strange tastes, there's always Bass Ale(요상한 맛의 세계에는 바스 에일이 있다)

벡스 Beck's

Just part of the story(이야기의 한 부분)

비피터 진 Beefeater Gin

Live a little(인생을 즐겨봐)

베긴 세이 Béghin Say

Un peu de sucre, beaucoup d'idées(프랑스어: 약간의 당분과 많은 아이디어)
조심스럽게 사용한 'a little bit(약간의)'을 주목하라. 영양사들은 당분이 좋지 않다고
주장하는데 기인했다.

베네콜 Benecol

Proven to lower cholesterol(콜레스테롤 수치를 저하한다는 사실이 입증되었습
니다)

베르톨리 Bertoli[소스]

Passion makes perfect(열정은 완벽함을 만든다)

베티 크로커 Betty Crocker

① You and Betty Crocker can bake someone happy(당신은 베티와 함께
행복을 구울 수 있습니다)
조금 길기는 하지만 발음이 비슷한 make(만들다)와 bake(굽다)를 차용해 베이킹을 통
해 다른 사람을 행복하게 해줄 수 있다는 내용을 멋지게 전달한다.
② Expertise from our kitchen and yours(우리와 당신의 주방 전문)

버즈 아이 피스 Bird's Eye Peas

We're only content with 100%(우리는 완벽할 때만 만족합니다)

블랙스틱스 Blacksticks

A taste of the unexpected(예상치 못한 맛)

블루 드래곤 Blue Dragon

The East made easy(동양 음식이 더 쉬워졌습니다)

봄바디어 비어 Bombardier Beer

Bang on!(딱이다!)

봄베이 사파이어 Bombay Sapphire[진]
① Pour something priceless(값을 매길 수 없는 것을 따르세요)
② The spirit of exploration(탐험 정신)
③ Inspired(영감을 받은)

본 마망 Bonne Maman
Moments to cherish(소중히 간직할 순간)
본 마망에서 나온 잼을 매일 애용하는 고객으로서 브랜드의 진가를 전달하지 못하는
슬로건이라 생각한다. 브랜드 이름에 있는 마망을 활용하지도 못한다. Our mothers
liked it. We love it. Our children adore it(어머니들이 좋아합니다. 우리도 반했습니다.
우리의 자녀들도 아주 좋아합니다)으로 하면 더 좋지 않았을까?

부커 Booker[식자재 도매상]
Better service at Booker(부커에서 보다 나은 서비스)

보르도 Bordeaux
① Fine wines. Be seduced(감미로운 와인. 유혹받으라)
② Good food would choose Bordeaux(좋은 음식은 보르도를 선택한다)

부르생 Boursin
Du pain, du vin, du Boursin(프랑스어: 빵, 와인, 그리고 부르생 치즈)
브리티시 위클리^{British weekly}에 나온 부르생의 프랑스어 광고가 신선했다.

브란콧 에스테이트 Brancott Estate[와인]
Stay curious(계속 호기심을 유지하세요)

브로디스 Brodies
The essence of quality(품질의 진수)

버드와이저 Budweiser
① King of beers(맥주의 왕)
② True(진정한)

③ Don't let the bubbles get in your way(거품 때문에 당황하지 마세요/거품이 많이 없습니다)
④ It's what we do(이게 우리가 하는 일입니다)

버팔로스 Buffalo's
Follow the herd*(무리를 따르라)
독창적이다. 기업명을 창의적인 방법으로 언급해 기발한 슬로건을 만들었다.
- 버팔로 head(무리)를 연상시키는 이 슬로건은 간접적으로 기업명을 노출시킨다. 그와 동시에 버팔로스 맥주를 마시는 사람이 무리를 이루었다는 정보를 전달하며 대중성을 강조한다.

불머스 Bulmer's
Born for ice*(얼음을 위해 태어났다)
간접적으로 음료라는 정보를 전달하는 방식이 창의적이다. 또한 얼음이 시원함과 상쾌함을 전한다.

버거킹 Burger King
It just tastes better(맛있잖아)

버틀러스 Butler's
Welcome to the family(가족의 일원이 된 것을 환영합니다)

벅스톤 Buxton
A drop of pure Britain(한 방울의 순수한 영국)

캐드버리 Cadbury
Your happiness loves Cadbury(캐드버리로 행복하세요)

캐드버리 데어리 밀크 Cadbury Dairy Milk
A glass and a half full of joy(한 잔 반의 기쁨)
약간 오해의 소지가 있다. 슬로건만 보면 음료회사라 생각할 수도 있다. 하지만 광고를 보면 우유 한 컵이 초콜릿 모양인 것을 알 수 있다.

캠벨스 청키 Campbell's Chunky

It fills you up right(기분 좋게 배부르게 합니다)

칼링 Carling

Brilliantly refreshing(빛나는 상쾌함)

칼스버그 Carlsberg

① Probably the best beer in the world*(아마도 세계 최고의 맥주)
자화자찬하기는 하지만 너무 과하지는 않은 흥미로운 광고다. 독자들이 제품이 정말
최고인지 결정할 여지를 남겨둔다. 코펜하겐에 있는 중앙광장에서는 Probably the
best beer in town(아마 동네 최고의 맥주)이라고 광고한다.
② What about Belgium?*(벨기에는 어떤가요?)
벨기에 맥주의 세계 순위를 묻는 말이다. 원래 슬로건은 Great taste, every sip of
the way(한 모금 한 모금 탁월한 맛)다.

까르뜨도르 Carte d'Or

① Give more, give Carte d'Or*(더 주세요, 까르뜨도르 주세요)
이번에는 프랑스 기업이 훌륭한 라임이 있는 영어 슬로건을 완성해냈다. 같은 뜻의 프
랑스어 슬로건인 Offrez plus, offrez Carte d'Or 역시 좋다.
② The final touch(마무리)

까세그레인 Cassegrain

Cassegrain, une autre idée du légume(프랑스어: 까세그레인, 신개념 채소)

셀틱 마치스 Celtic Marches

Let the miracle begin(기적이 일어나게 하세요)

샹동 Chandon

Drink it in(들이키세요)

시바스 Chivas

Live with chivalry(기사도정신으로 살다)

Chilvalry(기사도정신)와 기업명 Chivas(시바스)에서 chi가 반복된다.

촉칙 Choc Chic
Guilt free chocolate(죄책감 갖지 않아도 되는 초콜릿)
Choc에 있는 o 가운데 하트 모양이 있다.

클리퍼 Clipper[차]
Natural, fair & delicious(천연, 공정무역, 그리고 맛)

클로 뒤 부아 Clos du Bois[와인]
Rich as life(인생처럼 풍부한)

코-오퍼레이티브 Co-operative
Good with food(음식과 잘 어울립니다)

코카─콜라 Coca-Cola
① The pause that refreshes(상쾌한 이 순간)
1929년 만들어진 코카─콜라의 초창기 슬로건 중 하나다. 여전히 쓰이고 있다.
② Always(언제나 코카─콜라)
1993년부터 2000년까지 쓰였다.
③ The Coca-Cola side of life(코카─콜라의 세계로 오신 것을 환영합니다)
④ Open happiness(행복을 여세요)

쿠앵트로 Cointreau
The longest drink in the world(세계에서 가장 긴 음료)
– 시공간을 초월하는 풍부하고 오묘한 맛을 길이로 표현했다. 영상 광고를 참조하라.

콜만스 Colman's
Season & shake(양념하고 흔드세요)

쿠어스 라이트 Coors Light
① Rock on(즐기세요)

- 얼음을 타서 마신다는 표현의 'on the rocks'를 활용했지만, 쿠어스 라이트는 맥주이기 때문에 얼음과 함께 마시지는 않는다.
② The world's most refreshing beer(세계에서 가장 상쾌한 맥주)

코펠라 Copella
The fruit of our knowledge(우리 지식의 열매)

코로나 Corona
Experience the extraordinary(특별함을 경험하라)

코스트커터 Costcutter
Proud to be local(지역에 자부심을 갖습니다)

쿠르부와지에 Courvoisier
Anything is possible in the state of Courvoisier(쿠르부와지에 상태에서는 그 어떤 일이든 가능하다)
- 셰익스피어의 햄릿에 나오는 유명한 대사 "Something is rotten in the state of Denmark"를 연상시킨다.

카우 & 게이트 Cow & Gate[baby food]
Because healthy babies are happy babies(건강한 아이가 행복하기 때문입니다)

코요파 Coyopa
The world's best tasting rum(세계 최고의 시음용 럼주)

큐리어슬리 시나몬 Curiously Cinnamon
Crave those crazy squares(요망한 사각형을 갈망하라)

델베르데 Delverde
The true nature of pasta(파스타의 본질)

다이어트 쉐프 Diet Chef
Enjoy losing weight(몸무게가 줄어드는 것을 즐기세요)

다이어트 코크 Diet Coke
Love it light(가볍게 즐기세요)

디사론노 Disaronno
① Taste the seduction(유혹의 맛)
② Open the possibilities(가능성을 여세요)

다저스 Dodgers[비스킷]
Get stuck in(반해라)
– 비스킷 가운데 있는 끈적끈적한 잼에 이가 붙는다는 의미도 있다.

돌미오 Dolmio
When's your Dolmio day?(당신의 돌미오 날은 언제인가요?)

도미노 피자 Domino's Pizza
It's what we do(이것이 우리가 하는 일입니다)

도우 에그버츠 Douwe Egberts
Your choice(당신의 선택)

도브 Dove[초콜릿]
Your moment. Your DOVE(당신의 순간. 당신의 도브)

닥터 페퍼 Dr Pepper
What's the worst that could happen?(일어날 수 있는 가장 최악의 상황이 무엇인가요?)
위험한 슬로건이다. 의문형인데다가 소비자가 더 좋은 일이 일어나지 않을 것이라는 부정적인 생각을 하도록 만든다.

드람부이 Drambuie
There are after-dinner drinks. And there's Drambuie(세상에는 후식으로 마시는 양주가 있고 드람부이가 있다)

던킨 도넛 Dunkin Donuts
Just the thing(당신이 필요한 그것)

이클립스 Eclipse
Beyond breath(입냄새를 넘어)
- 이클립스는 입냄새 제거용 껌이다.

에그 마케팅 보드 Egg Marketing Board
Go to work on an egg(에그로 일하러 가세요)
브리티시 에그 마케팅 보드에서 1950년대에 나온 아주 오래된 슬로건이다.

에스트렐라 담 Estrella Damm
The beer of Barcelona(바르셀로나의 맥주)

에반 윌리엄스 Evan Williams[위스키]
Aged longer to taste smoother(더 부드러운 맛을 위해 더 오래 숙성되었습니다)

에비앙 Evian
① From the French Alps(프랑스 알프스로부터)
② Live young(젊게 살다)
그전 슬로건보다 훨씬 낫다.

엑스트라 Extra[chewing gum]
Worth chewing over(씹을 가치가 있다)
- Chew over(곰곰이 생각하다)라는 표현을 활용했다.

더 페이머스 그라우스 The Famous Grouse[위스키]
Famous for a reason*(이유 있는 명성)

피지 워터 FIJI Water
Untouched(자연 그대로)

필리포 베리오 Filippo Berio
The World's Finest Olive Oil(세계 최상급 올리브 오일)

포스터즈 Foster's[맥주]
Good call(좋은 생각!)

프렌치 버블즈 French Bubbles[샴페인]
Let's bubble(버블하자!)

갤럭시 Galaxy[초콜릿]
Think hiding it. Think Galaxy(다른 사람들이 못 먹게 숨기는 음식. 갤럭시를 생각하세요)

갤럭시 리플 Galaxy Ripple[초콜릿]
Let the day unfold(하루를 시작해보세요)

게토레이 Gatorade
Fuel that goes beyond hydration(수분 공급 이상의 연료)
Fuel(연료)과 hydration(수분)이 어울리지 않는다.

더 글렌리벳 싱글 몰트 The Glenlivet Single Malt
① Once discovered, always treasured(찾아낸 이래 언제나 소중하게 아낀다)
② The single malt that started it all(모든 것을 시작한 하나의 몰트)

고든스 Gordon's[진]
Shall we get started?(시작해볼까요?)
물음표가 큰 의미를 가지고 있는 드문 예다.

고메이 클래식 쿠킹 와인즈 Gourmet Classic Cooking wines

Enhances your menu, increases your margin(메뉴의 질을 높입니다. 수익성을 높입니다)

쉬쉬하는 단어인 수익성에 대해 직접적으로 언급한 드문 슬로건이다.

고워 코티지 브라우니즈 Gower Cottage Brownies

Bite me!(저를 깨무세요!)

훌륭한 슬로건이다. 제품에 목소리를 부여했다.

그린 자이언트 Green Giant

Makes Mums Feel 10 Foot Tall(엄마를 기분 좋게 합니다)

— 엄마가 자랑스럽고 기쁘게 된다는 그린 자이언트의 거인 마스코트를 활용해 표현했다.

그레이 구스 Grey Goose[보드카]

① Sip responsibly(책임감 있게 마시세요)

② World's best tasting vodka(세계 최고로 맛있는 보드카)

③ To living in good company(좋은 친구와의 인생을 위하여 건배)

— 여기에서 'good company(좋은 친구)'는 술을 함께 하는 친구도 되지만, 술 자체가 좋은 친구이기도 하다.

기네스 Guinness

① Guinness is good for you*(기네스는 당신에게 좋다)

영국에서 유명한 슬로건이다.

② Bring it to life(기네스에 생명을 주다/기네스를 일상으로 가져오라)

③ Why let good times go bad?(왜 좋은 시간을 망치는가?)

의문문 형식 때문에 약하다.

젤카 Gzhelka[러시안 보드카]

Take me!(나를 데려가!)

제품의 특성을 설명하지 않는 부족한 슬로건이다.

하겐다즈 Häagen-Dazs
Voyage pour vos sens(프랑스어: 당신의 감각을 위한 여행)

하프 스푼 Half Spoon(Silver Spoon)
All the taste but half the sugar(단맛은 전부, 설탕은 반)

해피 에그 happy egg co.
Happy hens lay tasty eggs(행복한 암탉이 건강한 달걀을 낳습니다)

하비 브리스톨 크림 Harveys Bristol Cream
Put your world on ice(당신의 세상을 얼음 위로)
퍼즐같은 슬로건이다.
- 하비 브리스톨 크림은 차갑게 마시는 주류다. 또한 'putting something on ice'는 어떤 계획이나 생각을 보류할 때 쓰이는 표현으로 Put your world on ice(당신의 복잡한 세상, 잠깐 쉬었다 갑시다)라고 해석할 수 있다.

헬시 초이스 Healthy Choice
Feel good food(기분 좋아지는 음식)

하이네켄 Heineken
① Heineken reaches the parts other beers cannot reach(하이네켄은 다른 맥주들이 닿을 수 없는 곳까지 갑니다)
② Open your world(당신의 세계를 열라)
매우 구체적인 슬로건부터 매우 구체적이지 않은 것까지 다양하다.

하인즈 Heinz
① No one grows ketchup like Heinz(누구도 하인즈처럼 케첩을 잘 기를 수 없습니다)
케첩에만 국한된 광고이기는 하지만 적어도 케첩 분야에서는 최고를 지향한다.
② Beanz meanz Heinz(빈즈는 하인즈)
③ It has to be Heinz(하인즈여야만 합니다)

헬만스 Hellmann's

Bring out the best(최고를 보여드립니다/최고를 발휘하세요)

힐든 Hildon

Part of your life(당신의 삶의 일부분입니다)

허니 듀 Honey Dew(Fuller's)

Like lager? Love Honey Dew(라거 좋아하세요? 그럼 허니 듀를 즐기세요)

홀릭스 Horlicks

Made for evenings(저녁을 위해 만들었습니다)

호비스 Hovis

As good today as it's always been(항상 그랬듯이 오늘도 좋다)

아이슬란드 Iceland

① Food you can trust(당신이 믿을 수 있는 식품)

아주 위험한 슬로건이다. 경쟁사를 상대로 한 표어라면 모욕하는 것이고, 자사 제품에 관한 것이라면 위생과 관련해 문제가 있는 날이 있을 수도 있다.

② That's why mums go to Iceland(바로 엄마가 아이슬란드로 가는 이유)

이노센트 Innocent[오렌지 주스]

Juicy by nature(태생적으로 과즙이 맛있습니다)

인터프로페셔날 델 아시떼 드 올리바 에스파뇰
Interprofesional del Aceite de Oliva Español[스페인 올리브 오일]

Everything's better with olive oil. Even you(모든 것은 올리브 오일과 함께 하면 더 좋습니다. 당신도 마찬가지입니다)

제이20 J20

Smile, tastebuds!(미각아, 웃어봐!)

참신한 슬로건이다.

잭 다니엘 Jack Daniel's

① Not subject to change. Not now. Not ever(바뀌지 않습니다. 지금도. 그 언제라도)

② A singular experience(독특한 경험)

자크 Jacques[사이다]

Naturally styled(자연으로 스타일)

제임슨 아이리시 위스키 Jameson Irish Whiskey

① Not just Irish(그냥 아이리시가 아닙니다)

② Easygoing Irish(느긋한 아이리시)

이 두 슬로건이 약간 상반된다.

조니 워커 Johnnie Walker

① Keep walking*(계속 걸으세요/계속 조니 워커를 마셔요)

라벨에 있는 남성의 모습과 조니 워커 이름을 활용해 재미있게 표현했다.

② Our blend cannot be beat(우리의 블랜드는 지지 않습니다)

카시 Kashi

The seven whole grain company(7가지 곡물 기업)

켈로그 콘플레이크 Kellogg's Corn Flakes

The sunshine breakfast(햇살가득 아침식사)

켈로그 라이스 크리스피 Kellogg's Rice Krispies

① Wonderfully simple(놀랄 만큼 간편한)

② A recipe for fun(재미있는 레시피)

켈로그 스페셜 케이 Kellogg's Special K

① Get more delicious every day(매일 더 맛있어집니다)

② Aimez-vous(프랑스어: 자신을 사랑하세요)

프랑스어로 된 멋진 슬로건이다.

켄코 Kenco

Believe in the taste(맛을 믿으세요)

켄코 밀리카노 Kenco Millicano

Each millicule is special(각각의 밀리클은 특별하다)

Molecule(분자)을 기업명과 조합한 신조어 millicule(밀리클)이 신선하다.

케이에프씨 KFC

① Finger-Lickin' Good(손가락에 묻은 양념까지 먹을 정도로 맛있다!)

② So good(정말 맛있다)

케이에프씨 크러싱스 KFC Krushems

Full of real Bitz(진짜 비츠로 꽉 찼다)

킷캣 Kit Kat

① Have a break. Have a KitKat(휴식을 취하세요. 킷캣을 취하세요)

② Make the most of your break(잠깐 휴식을 최대한 활용하세요)

노브 크릭 Knob Creek

Drink smart(스마트하게 마시세요)

크노르 Knorr

Dedicated to flavour(풍미에 바치다/풍미를 위해)

크로넨버그 1664 Kronenburg 1664

Slow the pace(페이스를 늦추세요)

라 그랑드 담 La Grande Dame[샴페인]

For those who know(아는 사람들을 위해)

라바짜 Lavazza

① Espress yourself(에스프레스 하세요)

- Express yourself(자신을 표현하세요)를 활용했다.

② A modo mio(이탈리아어: 나의 방식)

라바짜 블루 Lavazza Blue
Made for each other(천생연분입니다)

라버스토크 파크 팜 Laverstoke Park Farm
When only the best will do…(최고이어야만 할 때…)

레르담 Leerdammer
Not as mild as you might think(생각하는 것만큼 마일드하지 않습니다)

린트 Lindt
Master Chocolatier since 1845(1845년 설립 마스터 쇼콜라티에)

루이 로드레 Louis Roederer[샴페인]
① De l'exception la règle(프랑스어: 특출나야만 한다는 규칙을 만들었습니다)
② Without compromise(타협은 없다)

루코자드 Lucozade
① Replaces lost energy(에너지를 대처하다)
② Yes(예스)
가장 짧은 슬로건임이 분명하다. 하지만 어떤 기업에도 쓰일 수 있고 구체적이지 않다.

루어팍 Lurpak
Good food deserves Lurpak(좋은 음식은 루어팍을 누릴 자격이 있다)
'A better butter(더 좋은 버터)'는 어떨까?

엠앤엠즈 M&M's
Melts in your mouth, not in your hands(손이 아니라 입에서 녹아요.)
2007년 설문에 따르면 미국에서 가장 영향력 있는 슬로건으로 뽑혔다. 하지만 필자는 초콜릿을 매일 사먹으면서도 이 슬로건은 들어보지 못했다. 내 에디터는 이 슬로건이

1980년대 영국에서 Minstrels를 홍보하는데 쓰였다고 한다.

맥도날드 McDonald's
I'm lovin' it(너무 좋아!)

맥비티 McVitie's
Passion for cooking(요리를 향한 열정)
다른 슬로건 Passion for baking(베이킹을 향한 열정)도 있다.

매그너스 Magners
① There's method in the Magners(매그너에겐 규칙이 있다)
셰익스피어의 햄릿에 나오는 명대사 'Method in the Madness(햄릿의 광기에도 규칙이
있다)'라는 표현을 빌린다.
② Premium Irish cider(프리미엄 아이리시 사이다)

매그넘 Magnum
① The ultimate pleasure(쾌락의 극치)
② For pleasure seekers(쾌락을 추구하는 자를 위해)

매그넘 미니 Magnum Mini
Do not disturb(방해하지 마세요/깨우지 마세요)
감미롭고 매력적인 슬로건이다.

마일 Maille
Passion for food since 1747(1747년부터 지속된 음식에 대한 열정)
이와 유사한 슬로건은 Jewellery and Watches와 Sailing을 참조하라.

몰티저스 Maltesers
The lighter way to enjoy chocolate(초콜릿을 더 가볍게 즐기는 방법)

마르스 Mars
Work Rest Play(일, 휴식, 놀이)

이 슬로건을 보면 Mars bar(마르스 바)가 떠오르는지 의문이다.

마사 스튜어트 Martha Stewart
Everyday(매일)
Household와 MSN.8 슬로건과 유사하다.

마티니 Martini
Veramente italiano(이탈리아어: 진정한 이탈리아산)

맥스웰 하우스 Maxwell House[커피]
Good to the last drop*(마지막 한 방울까지 좋다)
맛이 느껴지는 듯한 슬로건이다.

멘토스 Mentos
Save your mouth for Mentos(멘토스 먹을 입은 남겨두세요)

미카도 Mikado
You just can't help yourself(당신도 어쩔 수 없어요)

밀크 Milk
① Where's your moustache?**(콧수염 어디있어요?)
어린 시절 아침식사를 하던 추억을 떠오르게 하는 좋은 슬로건이다.
② Got milk?(우유 마셨나요?)

밀키 웨이 Milky Way
Bet you can't tell it's a lite(저지방인걸 못 알아볼걸요)

모나비 MonaVie[과일 주스]
Drink it. Feel it. Share it(마셔보세요, 느껴보세요, 나눠보세요)
이런 유형의 또 다른 예는 Whole Foods를 참고하라.

마운틴 듀 Mountain Dew

Do the Dew(듀를 하라)

미스터 토디왈라즈 Mr Todiwala's[피클]

Makes your tastebuds tingle*(당신의 미각을 자극합니다)

젊은 기업의 매력적인 슬로건이다.

나폴리나 Napolina

The heart of Italian cooking(이탈리아 요리의 정수)

네스프레소 Nespresso

① Coffee, body and soul(커피, 바디, 소울)

– 와인처럼 커피 역시 바디감(무게)이 있으며, 한 단계 더 나아가 영혼까지 있다는 뜻이다.

② Nespresso. What else?*(다른 게 뭐가 있겠어요? 네스프레소)

조지 클루니의 TV 광고로 유명해졌다.

네슬레 Nestlé

① Sweet dreams you can't resist(당신이 거부할 수 없는 달콤한 꿈)

네슬레 정도라면 이보다 더 좋은 슬로건을 고안해야 한다.

② Good food. Good life*(좋은 식품. 좋은 인생)

첫 번째 슬로건에 남긴 코멘트를 들은 것이 분명하다. 두 번째 슬로건은 간단명료하며
전달하는 메시지도 좋다.

뉴욕 베이커리 New York Bakery Co

The way bagels should be(베이글은 이래야 합니다)

누텔라 Nutella

Wake up to Nutella(누텔라로 일어나세요)

– Wake up to는 일어나자마자 가장 먼저 접하는 것이다. 일어나자마자 누텔라를 먹으라는
뜻이다.

오아시스 Oasis
① Oasis, de l'eau, des fruits, du FUN(프랑스어: 오아시스, 물, 과일, 그리고 즐거움)
② It'll go with anything(모든 것에 어울립니다)
깔끔하고 이전 슬로건보다 좋다.

오션 스프레이 Ocean Spray
① Helps protect you inside(당신의 내면을 보호합니다)
② Good taste. From a good place(좋은 곳에서 온 좋은 맛)
이전 슬로건보다 훨씬 좋다.

올드 엘 파소 Old El Paso
Share the fun(즐거움을 나누세요)

'온' 까페 'On' café[아시아 음식]
Home is where the heart is(집은 당신의 마음이 있는 곳입니다)
슬로건 자체는 좋지만 기업과 연관시킬 필요가 있다.

패트론 데킬라 Patrón Tequila
Simply perfect(한마디로 완벽함)
웨딩 페이퍼^{Wedding Paper} 슬로건과 유사하다.

페퍼리지 팜 Pepperidge Farm
Never have an ordinary day(절대로 평범한 하루를 보내지 마세요)

펩시 블루 Pepsi Blue
It's a blue thing(블루입니다)

펩시-콜라 Pepsi-Cola
① Pepsi-Cola hits the spot(펩시-콜라, 바로 그것!)
② The choice of a new generation(차세대의 선택)

페를르 드 레 Perle de lait[요거트]

Pleasure makes you beautiful(즐거움은 당신을 아름답게 합니다)

쁘띠 필루 Petits Filous

Be ready out there!(단단히 준비하세요!)

터프한 꼬마아이들을 보여주는 광고와 대조되는 부드러운 슬로건이다. 프랑스 단어 filou는 꼬마녀석들이라는 뜻이다.

피지 팁스 PG Tips

Put the kettle on(주전자에 물 올리세요)

필스베리 Pillsbury

Go on. Give in*(해봐요. 그냥 굴복하시죠)

짧고 앙증맞은 슬로건이며, G의 반복이 기억하기 쉽게 만든다. 메시지를 명확하게 전달한다.

핌즈 Pimm's

① Pimm's O'clock(핌즈 시간)

② Anyone for Pimm's?(핌즈할 사람?)

파이퍼 하이직 Piper-Heidsieck

① Red is not the colour of innocence(빨강은 순수의 색이 아니다)

② Rien qu'une larme(프랑스어: 한 방울)

폴란드 스프링 Poland Spring

Born better(태생적으로 더 좋습니다)

프리미어스 티 Premier's Tea

Passion of purity(순수의 열정)

프레지당 Président

Bien manger, c'est le début du bonheur(프랑스어: 잘 먹는 것이 행복의 시

작입니다)

프링글스 Pringles
Celebrate with Pringoooals(프링골~~~!과 함께 축하하세요/기뻐하세요)

프라이빗 리저브 프라이즈 Private Reserve Fries
Premium selected(프리미엄만 선별했습니다)

프로그레소 Progresso
It's time to go Progresso(프로그레소할 시간입니다)

퀀 Quorn
Make one change. Make it Quorn(변화시키다. 퀀을 하다)

레이첼스 Rachel's
Find your Rachel's moment(당신의 레이첼스 순간을 찾으세요)

레드 불 Red Bull
Red Bull gives you wiiings(레드 불은 당신에게 날개를 달아줍니다)
에너지 드링크를 마신 효과를 말로 설명하는 독특한 슬로건이다. TV 광고에서 독특하게 발음하기도 한다.

리렌트리스 에너지 드링크 Relentless Energy Drink
No half measures(에너지를 만땅)
– Measure는 부피의 양을 나타내는데, '한 캔에 음료수가 다 꽉 차있다'는 뜻과 '마시면 에너지가 모두 충전된다'는 두 가지 뜻을 전달한다.

리베나 Ribena
Bursting with bubbling Berryness*(보글보글 베리로 터뜨린다)
B의 반복이 듣기 좋다.

리치몬드 Richmond[소시지]
It's the taste that brings them home(가족을 집으로 불러들이는 맛)

리콜라 Ricola
Nature in its truest form(자연의 가장 진실한 모습)

리츠 크래커 Ritz Crackers
Ritz it up!(리츠를 하라!)

로빈슨즈 Robinsons
A lot from a drop(한 방울에 많이)
- 로빈슨즈는 2배 농축 음료로 한 방울 안에 많은 과일과 향이 담겨져 있다는 정보를 전한다. TV 광고에서는 아이들이 많은 사람들과 음료를 나누는데, 여기에서는 한 방울에 담긴 정과 사랑을 의미한다.

루지에 푸아그라 Rougié foiegras
Can't be beaten on price or quality(가격과 품질 경쟁에서 지지 않습니다)

러시안 스탠다드 Russian Standard
Vodka as it should be(보드카는 원래 이 맛이다)

루더포드 힐 Rutherford Hill
The taste takes you there(맛이 그곳으로 데려다줍니다)
- 여기에 there는 소비자가 생각하는 곳으로 소비자의 참여로 완성되는 슬로건이다.

루스 크리스 스테이크 하우스 Ruth's Chris Steak House
It's the sizzle heard round the world(세상에 울리는 지글지글 고기 굽는 소리)
- 'The shot heard round the world'는 미국 남북전쟁에 불을 붙인 한 발의 총성을 칭하는 유명한 표현이다.

리비타 Ryvita
For ladies that crunch(크래커를 좋아하는 상류층 여인들을 위해)

'Ladies who lunch(점심 먹는 아가씨)'라는 표현을 활용했다.

세인즈베리 Sainsbury's
Making life taste better*(삶을 더 감미롭게)
감각과 인생을 매력적으로 접목시켰다.

산 미구엘 San Miguel
It's not a quick beer(급하게 마시는 맥주가 아닙니다)

사바나 Savanna
It's dry. But you can drink it*(건조/담백합니다. 하지만 마실 수 있습니다)
– Dry의 두 가지 의미 건조한, 담백한을 활용한 슬로건이다. 사바나가 건조한 지역인 것도 재미있다.

슈웹스 Schweppes
Sch… you know who(슛… 말하지 않아도 압니다)
하비 니콜라스Harvey Nichols 광고와 비교해보라. 슈웹스는 니콜 키드만이 나오는 광고를 제작했는데, 남자가 껴안고 있는 것을 뿌리치면서 슈웹스를 마시는 모습이다.
– 보편적으로 쓰이는 Shh(슛)…의 스펠링을 약간 변형해 슈웹스의 앞머리 세 글자를 만들었다.

쉐라톤 티 Sheraton Tea
While there is tea there is hope!(차가 있는 동안 희망이 있다)
While 대신에 where를 넣어 '차가 있는 곳에 희망이 있다'로 했으면 좋았을 듯싶다.

쉬레디드 휘트 Shredded Wheat
Discover how good it can be(얼마나 좋을 수 있는지 발견해보세요)

시에라 미스트 Sierra Mist
The soda Nature would drink if Nature drank Soda*(자연이 소다를 마신다면 마실 음료)
길기는 하지만 메시지 전달이 분명하다.

스키피 Skippy[peanut butter]
Fuel the fun*(재미에 불을 붙이다)
F의 반복이 좋다.

에스엠에이 뉴트리션 SMA Nutrition
Small steps, for their future(아이들의 미래를 위한 작은 발걸음)

스미노프 Smirnoff
① Pure perfection(순수의 결정체)
② The greatest name in Vodka(보드카 가장 최고의 명성)
③ Be there*(그 자리에 있으라)
구체적이지는 않지만 부드럽다. 그리고 처음 슬로건만큼 자화자찬하지도 않는다.
– 스미노프의 지면 광고에 'House party. Be there(파티. 그 자리에 있으라)'라고 나온다. 스미
　노프가 있는 곳에는 빠지지 말고 가라는 뜻이다.

스플렌다 Splenda
Low calorie sugar alternative(저칼로리 설탕 대체 식품)

스프라이트 Sprite
Obey your thirst(갈증에 굴복하라)

스텔라 아르투아 Stella Artois
① She is a thing of beauty(그녀는 아름다움의 결정체다)
– 여기에서 그녀가 여성 이름인 스텔라를 칭하지만, 그 연결고리는 소비자가 직접 연결하도
　록 유도한다.
② Smooth lager(부드러운 맥주)
③ Reassuringly expensive(마음에 드는 적당한 가격)
④ With a smooth outcome(순조로운 성과와 함께)

스톨리치나야 Stolichnaya
Freedom of Vodka(보드카의 자유)

스트롱보우 Strongbow
Hard earned(열심히 일해서 얻은)

서브웨이 Subway
Eat fresh(신선하게 드세요)

타바스코 Tabasco
Release the flavour with Tabasco(타바스코로 미각을 풀다)

타코 벨 Taco Bell
Think outside the bun(햄버거 번의 고정관념을 버리세요)
- 'Think outside the box(고정관념을 깨라)'라는 표현을 활용해 주로 햄버거용으로 쓰이는 동그란 빵만 생각하지 말고, 타코벨의 타코와 토티아가 있다는 사실을 강조한다. 다른 패스트푸드 햄버거 체인점을 겨냥하고 있다.

테탕제 Taittinger
Dare to enjoy(대담하게 누려라)

테스코 Tesco
Every little helps(소소한 모든 도움들)

테틀리 Tetley
That's better. That's Tetley(더 좋다, 테틀리다)

티클러 Tickler
Cheddar so precious you won't want to waste a crumb(너무 소중해서 부스러기 하나 남기지 않을 체다치즈)

토블론 Toblerone
Don't you wish all triangles were made of Toblerone?(모든 삼각형 모양들이 다 토블론이었으면 좋겠지 않나요?)
의문문형 슬로건은 위험부담이 높지만 이 슬로건은 괜찮다.

토탈 Total[요거트]
The yummy side of life(인생의 맛있는 단면)

트레버 Trebor
Sweet success(달콤한 성공)

트로피카나 Tropicana
Great tasting juice doesn't just grow on trees(맛있는 음료는 나무에서 그냥 자라나지 않습니다)
트로피카나 음료 만들기가 어렵다는 점을 전달하고자 하지만 자연스럽지 않다.

티알에스 TRS
Asia's finest foods(아시아 최고의 음식)

트루비아 Truvia
Honestly sweet(솔직하게 달콤하다)

터닝 리프 Turning Leaf[와인]
Handcrafted to the smallest detail(세심한 디테일까지 수작업했습니다)

트와이닝스 Twinings
Gets you back to you(당신을 당신 자신으로 돌려드립니다)

트윅스 Twix
Two great tasting bars. Happy together(맛있는 초콜릿 바 둘. 함께 행복합니다)
포인트를 잘 잡은 슬로건이다.

타이푸 티 Typhoo Tea
You only get an OO with Typhoo(OO는 타이푸에서 밖에 찾을 수 없습니다.)
– 타이푸 스펠링에 담겨 있는 O 두 개를 뜻하며, 소비자가 원하는 단어를 넣어 완성시키는 슬로건이다. 감탄사 '우~'가 될 수도 있고, 동그랗게 뜬 눈이 될 수도 있다.

얼티맷 Ultimat[보드카]

Live ultimately(얼티맷으로 산다)

약간 창의력이 부족하다.

엉클 벤스 Uncle Ben's

① Perfect every time(매번 완벽하다)

② Great taste, nothing else(탁월한 맛, 그게 전부다)

유니레버 푸드 솔루션스 Unilever Food Solutions

Inspiration every day(매일의 영감)

빔토 Vimto

Seriously mixed-up fruit(진지하게 조합된 과일)

볼빅 Volvic

Filled with volcanicity(볼캐니시티로 채워졌다)

볼캐니시티의 멋진 발명이다. 다른 슬로건으로는 Taste the fruity volcanicity(과일
향 가득한 볼캐니시티를 맛보라)가 있다.

워커스 크링클스 Walker's Crinkles

Fall in love with the groove(그루브에 매혹당하다)

워커스 엑스트라 크런치 Walker's Extra Crunchy

Made for sharing-sometimes!(나눠 먹으라고 만들어졌습니다—가끔씩만 말이
에요!)

월스 Wall's[아이스크림]

Love ice cream(아이스크림을 즐기세요)

월스 소시지 Wall's Sausages

What we want(우리가 원하는 것)

세 단어 모두 w로 시작한다.

웨버 Weber

Barbecues for life(평생 동안 쓸 수 있는 바비큐 그릴/생활 속의 바비큐)

위타빅스 Weetabix

Fuel for big days(중요한 날을 위한 내 몸의 연료)

웬디스 Wendy's

You know when it's real(진짜는 보면 압니다)

위티즈 Wheaties

Breakfast of champions(챔피언의 아침식사)

홀 푸드 마켓 Whole Foods Market

Whole people. Whole planet. Whole foods(홀 피플, 홀 플래닛, 홀 푸드)
많은 이가 활용하는 이 삼단 광고 기법을 더 보고자 한다면, Monavie와 Tipi를 참조
하라.

윌리엄 러슨즈 William Lawson's

No rules. Great Scotch(규칙은 없다. 위대한 스카치)

윌트셔 팜 푸드 Wiltshire Farm Foods

Delicious meals to your door(맛있는 음식을 당신의 문 앞까지)

더블유케이디 WKD

Have you got a WKD side?(당신의 내면에 WKD한 모습도 있나요?)
WKD는 짓궂다는 의미의 wicked로 읽힌다.

야쿠르트 Yakult

Listen to your gut(장에 귀 기울이세요)

제프리힐스 Zephyrhills[생수]

Born better(태생적으로 더 좋다)

아디다스 Adidas

① Forever sport(영원한 스포츠)

② Impossible is nothing(불가능, 그것은 아무것도 아니다.)

필자의 에디터가 말했듯, 겉으로 보기에 같은 HP나 뱅앤올룹슨의 슬로건 Everything is possible(모든 것이 가능하다)보다 더 나아간 슬로건이다.

알렌 에드몬즈 Allen Edmonds

For all walks of life*(일생의 모든 행보를 위해)

델타Delta 슬로건같이 반박의 여지가 없는 슬로건이다.

바스 Bass

Easy, American style(이지, 아메리칸 스타일)

블루 벨벳 슈즈 Blue Velvet Shoes

Clothes for feet(발을 위한 의복)

카프리스 Caprice

Walking on air(공중에서 걷기)

나비 모양의 로고가 이 가벼운 느낌을 완벽하게 마무리한다.

클락스 Clarks

① Feel the moment(순간을 느끼라)

② Stand tall. Walk(똑바로 서라. 걸어라)

보다 더 요점에 가까운 슬로건이다.

콜 한 Cole Haan

Stand for something(무엇인가를 지지하세요)

- Stand for는 '무엇인가를 지지한다'는 의미지만, 여기에서는 '발과 서있다'는 이미지를 차용했다.

이뮤 Emu

Naturally Australian(호주의 자연에서)

에트니스 제임슨 2 에코 Etnies Jameson 2 Eco

Buy a shoe/plant a tree(신발을 사세요/나무를 심으세요)

자연친화적인 슬로건이다.

핏플랍 FitFlop

① Relief you can wear on your feet(당신의 발에 신을 수 있는 안도감)

② Get a workout while you walk(당신이 걷는 동안 잘 되어 가다)

프랑코 사르토 Franco Sarto

The artist's collection(예술가의 컬렉션)

하바이아나스 Havaianas

Always summer(언제나 여름이다)

존스톤앤머피 Johnston & Murphy

The Best Shoes Anybody Can Buy(누구나 살 수 있는 최고의 신발)

이 슬로건은 1845년에 만들어졌다. Anybody 대신에 money를 사용한 The Best Shoes Money Can Buy(돈으로 살 수 있는 최고의 신발)는 이 슬로건의 다른 버전이다.

케이스위스 K-Swiss

Put your spin on it(스핀을 넣으세요)

케네스 콜 Kenneth Cole

① Reflect on what you stand for(당신의 신념에 대해 생각해보세요)

– Stand for는 '무엇을 대표하거나 신념을 가지고 있다'는 뜻인데, 신발 기업이기 때문에 stand(서있다)를 활용하는 듯 싶다.

② Stand for something or step aside(무엇인가를 지지하든지 아니면 옆으로 한 발 물러나세요)

– 위 슬로건과 마찬가지로 발과 관련된 표현을 활용했다.

③ Make a statement(주장하세요)
신발에 관련된 언급이 하나도 없다.

엠베테 MBT
Love the way they make you feel(신발의 감촉을 즐기세요)

나이키 Nike
① I can(할 수 있다)
② Just do it**(도전하라)
노래만큼이나 슬로건 역시 유명하다.

프리미지 Primigi
An extraordinary adventure(특별한 모험)

리복 Reebok
① I am what I am(나는 나다)
② Run easy(가볍게 달리세요)
③ Your move(움직임)

락포트 Rockport
① be comfortable. uncompromise. start with your feet(편안하세요. 타협없이. 발부터 시작하세요)
대문자가 없는 것에 주의하라.
② walkability(걷기 가능한)

숄 Scholl
① All our design, all your style(우리의 디자인, 당신의 스타일)
② Keeping Britain on its feet*(영국을 서있게 하다)
이 슬로건은 모든 국가에 적용할 수 있다.
– On one's feet은 '독립한, 일어선, 즉흥적으로' 등 다양한 뜻이 있다. 발의 이미지를 활용
   해 위의 모든 뜻을 한번에 전달한다.
③ great feet feeling(발이 편안한 느낌)

④ Walk away from pain(고통으로부터 떠나라)
– 역시 walk를 사용해 발의 이미지를 활용했다.

토즈 Tod's
An Italian moment(이탈리아의 순간)

웹스터스 Websters
A wider choice in footwear since 1964(1964년 시작된 신발의 폭넓은 선택권)
회사는 어떤것을 우리에게 알려주지만 약간 서투르다(재치가 없다/어색하다).

24 가구[가정용품 참조]

애쉬빌 Ashville Inc
Luxury Builds, Refurbishments & Interiors(럭셔리로 짓고, 꾸미고 인테리어하다)

벤슨스 포 베드 Bensons for Beds
Sound advice. Sounder sleep(신실한 조언, 더 깊은 숙면)
– Sound의 다양한 의미를 활용한 슬로건이다.

보컨셉 BoConcept
urban design(도외적 디자인/어반 디자인)

캐피톨 카펫츠 Capitol Carpets
Carpets by Capitol… enough said(캐피톨이 만든 카펫, 더 말할 필요 없다)

칼 한센 & 선 Carl Hansen & Son
Every piece comes with a story(모든 작품은 이야기를 가지고 있다)

더 카펫 파운데이션 The Carpet Foundation
Quality you can trust(믿을 수 있는 품질)

카펫라이트 Carpetright
We love floors(바닥을 사랑합니다)

클라이브 크리스찬 Clive Christian
Furniture for Luxury Homes of the World(세계의 고급 주택을 위한 가구)

콘퀘스트 Conquest
Fine bespoke furniture(최상급 맞춤 가구)

코로나 라이팅 Corona Lighting
It only gets better(더 좋아집니다)

다막 Damac
Live the luxury(고품격을 살다)

디에프에스 DFS
Think sofas, think DFS(소파를 생각한다면 DFS를 기억하세요)

드림즈 Dreams
For a great night's sleep(숙면을 위하여)

드렉셀 헤리티지 Drexel Heritage
Welcome home(집에 오신 것을 환영합니다/집에 잘 왔어요)

퍼니처 빌리지 Furniture Village
You're in safe hands(이제 안전합니다)

고크리에이트 goCreate[소파]
mix it, match it, love it(믹스하세요, 매치하세요, 즐기세요)

해몬즈 Hammonds

Be inspired(감동 받으십시오)

역시 마크 윌킨슨Mark Wilkinson을 참조하라.

하베이즈 Harveys

Bringing your home to life(당신의 집에 생기를 불어넣으세요)

헤이번 Hayburn & Co.

For the finest homes(최고급 주거공간을 위하여)

에이치에스엘 HSL

… the chair specialists(의자 전문가)

이케아 IKEA

① Make room for ideas(아이디어를 위한 공간을 만드세요)

② The life improvement store(생활개선 스토어)

인디안 오션 Indian Ocean

Inspirational outdoor furniture(감동을 주는 옥외 가구)

젠슨 Jensen[침대]

Designed for sleep comfort(숙면을 위해 제작되었습니다)

짐 로렌스 Jim Lawrence

Nothing similar is quite the same*(타사 제품이 비슷하더라도 우리 제품만큼
좋지는 않습니다)

레마 Lema

Not all houses are created equal(집은 평등하지 않다)

– 미국 독립선언문에 나오는 'All men are created equal(모든 사람은 평등하다)'을 활용한
광고다.

리네 로제 Ligne Roset
Beautiful statements(아름다운 표현)

리미티드 에디션 Limited Edition
Fashion for floors(바닥재의 패션)

마크 알렉산더 Mark Alexander
Naturally beautiful fabrics(자연스럽게 아름다운 섬유)

마크 윌킨슨 Mark Wilkinson
① The finest furniture of our time(우리 시대 최상의 가구)
② Be inspired(감동 받으십시오)
슬로건의 문제 중 하나는 다수의 기업이 하나의 슬로건을 사용한다는 것이다. 해몬즈
Hammonds와 지멘스Siemens 슬로건과 동일하다.

멀티욕 Multiyork
Master furniture makers(가구장인)

나뚜찌 Natuzzi
It's how you live(삶의 방식입니다)

네빌 존슨 Neville Johnson
Design without compromise(타협하지 않는 디자인)

디 오드 체어 컴퍼니 The Odd Chair Company
Beyond the expected(기대 이상)

오모테 Omoté
Un état d'esprit(프랑스어: 마음의 상태)

플럼스 리업홀스터리 Plumbs ReUpholstery
Making your furniture beautiful again(가구를 다시 아름답게 만듭니다)

폴트로나 프라우 Poltrona Frau

Cleverness/Intelligence in our hands[솜씨 있음(능숙함)/당신 손 안의 총명함(당신 손의 지적인 감각)]

로쉐 보보아 Roche Bobois

① Your senses have a memory(감각이 기억한다)
② 50 years of creation(50년간의 창조)

사보와 베드 Savoir Beds

Spend a third of your time in first class*(인생의 1/3을 일등급에서 보내세요)
약간 장황하기는 하지만 매력적인 슬로건이다. 이전 슬로건은 Since 1905(1905년 이후)였다.

샤프스 Sharps

Space you never thought you had(있는지도 몰랐던 공간)

더슬립룸닷컴 The Sleeproom.com

From www to zzz…*(www로부터 zzz까지…)
창의적인 슬로건이다. www는 인터넷 서치를, zzz는 잠이 든 것을 표현한다.

소파닷컴 Sofa.com

Caution! may cause drowsiness(경고! 졸음이 올 수 있음)
유머 넘치는 슬로건이다.

소파스 & 스터프 Sofas & Stuff

Experts in comfort(편안함의 전문가)

소파소파 Sofasofa

Discover the difference*(차이를 발견하세요)
꽤 괜찮은 슬로건이다. 기업이 더 컸다면 보다 널리 알려졌을 만한 슬로건이다. 도브의 세 번째 슬로건과 같다.

스위트피 & 윌로우 Sweetpea & Willow
Divine French furniture(신의 프랑스 가구)

토마스 로이드 Thomas Lloyd
Makers of fine furniture for generations(세대에 걸친 고급 가구 제작사)

토마스빌 Thomasville
So you(딱 당신에 어울립니다)
어떤 분야에든 사용할 수 있는 슬로건이다.

바이-스프링 Vi-Spring
Life changing(삶을 바꿉니다)

25 도박

파티포커닷컴 PartyPoker.com
The world's largest poker room(세계에서 가장 큰 포커 룸)

피너클 스포츠 Pinnacle Sports
Hit it long. Hit it straight(대박나세요)

스카이 베트 Sky Bet
Nothing's certain, that's why it's exciting(그 어떤 것도 확실하지 않습니다,
그래서 재미있습니다)

수퍼카지노닷컴 SuperCasino.com
Feel it for real(진정으로 느껴라)

윌리엄 힐 William Hill
The home of betting(도박의 집)

26 원예

알-코 AL-KO
Quality for life(평생 동안 유지되는 품질/생활을 위한 품질)

알리텍스 Alitex
Aluminium made beautiful(아름다워진 알루미늄)
이 슬로건은 알루미늄이 온실이라는 것을 설명하지 않는다.

암데가 Amdega[온실]
A British design classic(영국의 클래식 디자인)

아크 와일드라이프 Ark Wildlife
for a garden full of life(생명으로 가득한 정원을 위해)

비&큐 B&Q
Let's do it together(같이 해봐요)

베이어 가든 Bayer Garden
For feel good gardens, we can help(기분 좋은 정원들, 우리가 도울 수 있습
니다)

코블란즈 Coblands
Direct from the grower since 1963(1963년 설립. 재배자로부터 직접 받으세요)
슬로건 하나로 기업의 긴 역사와 독특한 유통 방식을 선전한다.

코트야드 디자인 Courtyard Designs
① Buildings of distinction(차별화된 빌딩)
② Often imitated. Rarely matched. Never surpassed(많은 이들이 모방
합니다. 가끔씩 필적합니다. 하지만 절대 뛰어넘지는 못합니다)

이지그래스 Easigrass
The artificial grass company(인조 잔디 기업)

아인헬 Einhell
Quality tools at affordable prices(합리적인 가격의 품질 좋은 도구)

이시즈닷컴 eSeeds.com
12000 Varieties, 50 Brands, 1 Site(1만2000개의 종류, 50개의 브랜드, 1개의 사이트)

에버레스트 Everest
Fit the best(까다로운 고객의 입맛에도 맞춥니다/우리의 창문과 문은 꼭 맞습니다)

가브리엘 애쉬 Gabriel Ash[온실]
Naturally Superior Quality(자연적으로 월등한 품질)

골드 리프 Gold Leaf[원예 장갑]
Gloves for people serious about gardening(정원 가꾸기에 빠져 있는 사람들을 위한 장갑)

하틀리 보타닉 Hartley Botanic
Nothing else is a Hartley(하틀리의 품질은 하틀리에만 있습니다)

헤이터 Hayter
Makers of the finest mowers(최고급 잔디 깎기 제조사)

에이치씨엘 HCL(Hammersmith and Chiswick Landscapes)
A passion for gardens(정원에 대한 열정)

하비크래프트 Hobbycraft
Handmade by you. Inspired by… Hobbycraft(하비크래프트가 준비한 당신의 핸드메이드)

잭슨스 펜싱 Jacksons Fencing

Quality that lasts(오래가는 품질)

존 디어 John Deere

Commitment. It's in my blood(헌신. 타고났습니다)

너무 추상적인 슬로건이다.

카처 Kärcher

Makes a difference(변화를 만드세요)

미라클 그로 컴포스트 Miracle Gro Compost

It's grow time(키울 시간입니다/미라클 그로를 사용할 시간입니다)

미라클 그로 패치 매직 Miracle Gro Patch Magic

Makes patches disappear like magic(마법처럼 잔디가 없는 부분을 없어지게
합니다)

오크 리프 Oak Leaf[garden rooms]

Designed and built for year round enjoyment(사시사철의 즐거움을 위해
디자인되고 만들어졌습니다)

파티오 매직 Patio Magic

The fountain of youth for patio furnishings*(파티오 가구 업계의 젊음의 샘)

재미없는 슬로건 중 하나다. Fountain of youth(젊음의 샘)가 눈에 띈다.

프리미어 폴리터널즈 Premier Polytunnels

The outside, inside(실외를 실내처럼)

로버트 디아스 Robert Dyas

Bringing value home(가치를 집으로 가져오세요)

라운드업 Roundup
Kills weeds & roots(잡초의 뿌리까지 박멸하세요)

로얄 보타니아 Royal Botania
Outdoor luxury(아웃도어 럭셔리)

슈코 Schüco
Green Technology for the Blue Planet(푸르른 지구를 위한 녹색 기술)

에스엠씨 SMC
Natural Insect Eliminator(친환경 해충 박멸제)

스틸 STIHL
Relax, there's a STIHL for every job(걱정하지마, 스틸이 모든 걸 맡아서 해주잖아)

토로 Toro
Count on it(믿으세요)

바이킹 로운 모어스 Viking Lawn Mowers(STIHL Group)
Innovation and quality for your garden(당신의 정원을 위한 혁신과 품질입니다)
광고와 함께 나온 슬로건 Never underestimate a Viking(절대 바이킹을 얕보지 마세요)이 훨씬 더 인상깊다. 하지만 바이킹 슬로건은 이케아에 더 걸맞는 듯하다.

위돌 Weedol
Fast acting weed killer(신속한 잡초 제거제)

웨스트버리 가든 룸스 Westbury Garden Rooms
The future your home deserves(당신의 집에 어울리는 미래)

웨스트랜드 Westland

Garden Health(정원 건강)

27 핸드백, 여행가방

아스피날 오브 런던 Aspinal of London

Elegant, sophisticated and uniquely distinctive(우아하고, 세련됐다. 남과
다르다)

이 구문은 슬로건이라기보다 설명에 더 가깝다.

아스프레이 Asprey

Asprey, with love(아스프레이, 애정을 담아)

브라민 Brahmin

Redefining timeless style(시대를 초월한 스타일의 재정의)

시계 슬로건에 더 적합하다.

코치 Coach

Have a Coach Holiday(코치 휴가를 즐기세요)

콕스 & 킹스 Cox & Kings

Relax & Explore(휴식 & 모험)

델시 Delsey

Born to move※(움직이기 위해 태어났다)

단 10글자 안에 포인트를 잡아냈다.

펜디 Fendi

Je le veux(프랑스어: 갖고 싶어)

구찌 Gucci
Quality is remembered long after the price is forgotten(가격은 잊혀지지만 품질은 오랫동안 기억됩니다)

에르메스 Hermès
① Contemporary artisan since 1837(1837년 설립. 현대의 장인)
많은 시계 기업 슬로건과 유사하다.
② When tools meet inspiration(도구가 영감을 만날 때)

키플링 Kipling[핸드백]
Carry your life with you(당신의 모든 것을 가지고 다니세요)

루이 비통 Louis Vuitton
Certains voyages se transforment en légendes(프랑스어: 어떤 여행은 전설이 됩니다)

윌리엄 & 선 William & Son
Celebrating our first 10 years(10주년 기념)

28 건강관리[화장품과 제약 참조]

아버메드 Abermed
Your health is our occupation(당신의 건강을 지키는 것이 우리가 할 일입니다)

애딕션즈 유케이 Addictions UK
Just a phone call away from addictions recovery(중독 재활 치료는 전화 한 통화 거리에 있습니다)
약간 어색하기는 하지만 이 책에 언급될 만한 자격이 있다.

베터팻로스닷컴 Betterfatloss.com
A better way to lose weight(체중을 줄이는 더 좋은 방법)

웨이트 와쳐스 Weight Watchers
Because it works(효과가 있으니까요)

29 승마산업

앱소르빈 Absorbine
The Horse World's most trusted name(승마 세계에서 가장 신뢰받는 이름)

알렉산더스 호스박시즈 Alexanders Horseboxes
Where dreams become reality(꿈이 현실이 되는 곳)

베일리스 호스 피즈 Baileys Horse Feeds
Experts in our field(우리 분야의 전문가)

브리티시 호스 피즈 British Horse Feeds
Trust the experts(전문가를 믿으세요)

찰스 브리톤 Charles Britton
Quality that speaks for itself(자체 증명하는 품질)

체스트넛 호스 피즈 Chestnut Horse Feeds
Suppliers of the unique bulk bin feeding system(대량 사료 시스템 공급 업체)

쿨스탠스 CoolStance(Stance Equire)
Premium copra meal(프리미엄 코프라 사료)

코르타플렉스 Cortaflex

The UK's No 1 Equine joint supplement(영국 최고 말 연골 보충제)

쿠체벨 Courchevel[말 운반용 화차]

Horseboxes of distinction…(우수한 말 운반용 화차)

도드손 & 호렐 Dodson & Horrell

Horse Feed specialists(말 사료 전문가)

엘리트 스탤리언 Elite Stallions

It's all about you!(모두 당신만을 위함입니다)

엠파이어 호스박시즈 Empire Horseboxes

Equine coachbuilders(말의 마차 제작사)

퓨처 스포츠 호시즈 Future Sport Horses

Breeding future champions(미래의 챔피언을 훈련)

피나-라이트 Fyna-lite

Serious tools for serious work(본격적 작업을 위한 본격적 도구)

갤로퍼 호스박시즈 Galloper Horseboxes

A new dawn(새로운 여명)

게르세미 Gersemi

The equestrian fashion brand(승마 기수의 패션 브랜드)

지더블유에프 뉴트리션 GWF Nutrition

Celebrating 40 years(40주년 경축)

킹스랜드 Kingsland

Exceeding your expectations(당신의 기대를 넘어섭니다)

엔에이에프 NAF
Restoring the balance(균형감을 되돌려줍니다)

화이자 Pfizer
Animal health(가축 건강)

플라이언스 Pliance
Sensing body contact(피부 접촉 센서기)
단 세 단어로 회사의 모든 것을 표현한 좋은 슬로건이다.

퀏킥 QuitKick
Make door kicking a thing of the past!(문 걷어차기는 이제 옛날 일!)

쏘로우굿 Thorowgood
Saddles that fit(맞춤 안장)

트레드스텝 Tredstep
Elegance and performance(우아함과 성능)

베텍 Vettec
Hoof care(발굽 관리)

30 호텔, 리조트[여행, 관광 참조]

아드리아틱 럭셔리 호텔 Adriatic Luxury Hotels
Croatia's finest hotel collection(크로아티아의 최고의 호텔 컬렉션)

반얀 트리, 푸켓 Banyan Tree, Phuket
Nothing comes close(누구도 우리에 비하지 않습니다)

비컨 Beacon[suppliers]
Altogether better(전적으로 더 좋은)

베스트 웨스턴 Best Western
① Best Western The World's Largest Hotel Chain(세계에서 가장 큰 호텔 체인, 베스트 웨스턴)
② Across the street from the ordinary(일상의 건너편)
라마다Ramada의 두 번째 슬로건과 비슷하다.

카스나 그룹 Casna Group
Redefining gold standards…(골드 표준 재정의…)

캣아이즈 Cateys[상]
Recognize. Reward. Celebrate(표창. 수상. 축하)

캐번디시 호텔 Cavendish Hotel
escape relax unwind(탈출 휴식 진정)

크리스티 Christie & Co
Business Intelligence(비즈니스 인텔리전스)

콘래드 호텔 & 리조트 Conrad Hotels & Resorts
The luxury of being yourself(자유로움의 사치)

콘스턴스 호텔, 모리셔스 Constance Hotels, Mauritius
Elegance comes naturally(우아함은 자연스레 풍깁니다)

코린티아 호텔, 런던 Corinthia Hotel, London
The 21st century Grand Hotel(21세기 그랜드 호텔)

코스모폴리탄 호텔, 라스 베가스 Cosmopolitan Hotel, Las Vegas
Just the right amount of wrong*(적당한 만큼의 일탈)

매력적인 슬로건이다.

크라운 플라자 Crowne Plaza
Sleep Advantage(숙면의 강점)

돔스 오브 엘룬다, 크레타 Domes of Elounda, Crete
Dream with your eyes wide open(눈 뜬 채 꿈꾸세요)

엠버시 스위트 호텔 Embassy Suites Hotels
Everything for a reason(모든 것에는 이유가 있습니다)

포 시즌 Four Seasons
① Defining the art of service at 40 hotels in 19 countries(19개국 40여개 호텔의 서비스 미학을 정의하다)
알제이 레이놀즈^{RJ Reynolds}를 참고하라.
② Fifty hotels. Twenty-two countries. One philosophy(50개 호텔. 22개국. 하나의 철학)
숫자가 증가했지만 여전히 거추장스럽다.
③ Not the usual(평범하지 않습니다)
이전 슬로건보다 더 좋다.
④ When life seems perfect(삶이 완벽해 보이는 순간)

플러턴 베이 호텔, 싱가포르 Fullerton Bay Hotel, Singapore
Where heritage meets luxury(유산이 고품격 가치와 만날 때)

그레이스 호텔 Grace Hotels
Amazing Grace(어메이징 그레이스)
– 유명한 찬송가 'Amazing Grace'를 활용해 기억에 남는 슬로건을 만들었다.

핼시언 인테리어 Halcyon Interiors
Celebrating thirty years(30년을 기념합니다)

힐튼 호텔 Hilton Hotels
① Take me to the Hilton(힐튼 호텔로 데려다주세요)
② The places you'd rather be(당신이 선호하는 곳)

할리데이 인 Holiday Inn
① Relax, it's Holiday Inn(편하게 쉬세요, 할리데이 인입니다)
② We put a smile back on your face(당신의 얼굴에 미소를 드립니다)
③ Pleasing people the world over(전 세계 사람들을 기쁘게 합니다/세계 어디로 가든 기쁘게 해드립니다)
④ Stay You(당신이 되세요)
'자연스럽게 행동하세요'라는 메시지를 전달하려고 하는 것 같지만 의미 전달이 확실하지 않다.

할리데이 인 익스프레스 Holiday Inn Express
Stay smart*(스마트하게 지내세요)
다른 할리데이 인 슬로건보다 훨씬 좋다.

호텔 오일러, 바젤 Hotel Euler, Basel
Euler. It's not a hotel, it's a way of life(오일러. 호텔이 아닙니다. 삶의 방식입니다)

하얏트 Hyatt
Feel the Hyatt touch(하얏트의 손길을 느끼다)

인터콘티넨탈 InterContinental
① One world, one hotel(하나의 세계, 하나의 호텔)
예전 슬로건 One world, One touch, Uniquely InterContinental(하나의 세계, 한 가지 터치, 비할 데 없는 인터콘티넨탈)에서 장족의 발전을 이뤘다.
② We know what it takes*(무엇이 필요한지 알고 있습니다)
③ Do you live an InterContinental life?(인터콘티넨탈에 살고 계십니까?)
의문형 문장이 어색하다.

쥬메이라 Jumeirah
Stay different(남들과 다르게 체류하세요)

카크루프 스파, 남아프리카공화국 Karkloof Spa, South Africa
Wellness & Wildlife Retreat(웰빙 & 자연으로의 도피)

랭햄 호텔, 홍콩 Langham Hotel, Hong Kong
Legend inspires Legend(전설이 전설을 만들다)
꽤 좋은 슬로건이다.

레이트룸스닷컴 LateRooms.com
Dizzy with choice(선택이 많아 어지럽다)

리딩 호텔즈 오브 더 월드 Leading Hotels of the World
Every quest has a beginning(모든 탐험에는 시작이 있습니다)
여기의 문제는 'Leading'이라는 트레이드마크가 이미 슬로건의 일부가 되었다는 것
이다.

라이프하우스 스파 Lifehouse spa
Love life at Lifehouse(라이프하우스에서의 생활을 누리세요)

더 만다라, 베를린 The Mandala, Berlin
Your home away from home*(당신의 제2의 집)
매우 훌륭한 슬로건이다.

만다린 오리엔탈 Mandarin Oriental
She's a fan(그녀는 만다린 오리엔탈의 팬입니다)

만다린 오리엔탈, 하이드 파크 Mandarin Oriental, Hyde Park
Where nothing is overlooked except Hyde Park*(하이드 파크 외에는 모
든 것이 완벽한 곳/하이드 파크 밖에 보이지 않는 곳)
– Overlook의 두 가지 뜻인 '간과하다'와 '내려다보다'를 동시에 활용한 슬로건이다.

메리어트 Marriott

① When you're comfortable, you can do anything(쾌적한 상태에서는 무엇이든지 할 수 있습니다)

② Your Marriott awaits(당신의 메리어트가 기다립니다)

'Your chariot awaits(당신의 마차가 기다립니다)'를 활용했다.

③ Your home away from home(집 밖의 집)

엠지엠 호텔 MGM Hotels

One more reason to escape(일상 탈출의 또 한 가지 이유)

더 미라, 홍콩 The Mira, Hong Kong

Exceeding your expectations(당신의 기대를 넘어섭니다)

모벤픽 Mövenpick[호텔]

Passionately Swiss(열정적 스위스)

노보텔 Novotel

Designed for natural living(자연적인 생활을 위해 구상되었습니다)

원앤온리 리조트 One & Only Resorts

Live the moment(순간을 누리세요)

파크 인 Park Inn(Radisson)

Adding colour to life(삶에 색을 더하세요)

페닌슐라, 베버리힐스 The Peninsula, Beverly Hills

The details make the Peninsula(세심함이 페닌슐라를 만듭니다)

프리미어 인 Premier Inn

Everything's premier but the price(가격을 제외한 모든 면에서 최상입니다)

살짝 어설픈 슬로건이다.

– 호텔의 이름 프리미어와 같은 단어 premier(최고)를 사용해 기억에 남는 슬로건을 만들었다.

라마다 Ramada

① Ramada. A very good place to be(라마다. 머물기 좋은 곳)

② Everything except excess(지나침을 제외한 모든 것)

그다지 끌리지 않는다. 많은 고객들이 지나침을 자기 마음대로 해석할 경향이 있다.

리갈리안 Regalian

Quality in a word(한 마디로 양질)

르네상스 호텔 Renaissance Hotels

① It's time for a Renaissance*(르네상스의 시간입니다/새로 태어날 시간입니다)

멋진 말장난이다.

② Be immersed(푹 빠져보세요)

③ A new discovery, every time(매번 새로운 발견)

더 리츠-칼튼 The Ritz-Carlton

Where joy has no expiration date(기쁨이 마르지 않는 곳)

Joy(기쁨)보다는 pleasure(즐거움)가 더 좋은 선택이 되었을 듯싶다.

로타나 Rotana

There's one for you(당신에게 딱 맞는 곳)

로얄 몽소, 파리 Royal Monceau, Paris

Luxury with the French touch(프랑스 감성의 고품격 가치)

하얏트 슬로건과 닮았다.

세인트 레지스, 발 하버 St Regis, Bal Harbour

Inspired living. Unrivalled address(감동의 삶, 비할 데 없는 장소)

사로바 호텔 Sarova Hotels

Individual hotels for individual people(각각의 고객을 위한 개별화 호텔)

시즌즈 호텔 Seasons Hotels
We live the places you'll love(당신 마음에 쏙 들 곳에 살고 있습니다.)

더 센토사, 싱가포르 The Sentosa, Singapore
Minutes away, worlds apart(몇 분 거리의 전혀 다른 세상)

샹그릴-라 Shangri-La
① It must be Shangri-La(샹그릴-라가 확실합니다)
② Be kind to your world(당신의 세계에 관대하세요)

쉐라톤 Sheraton
① See for yourself(직접 경험해 보십시오)
② Who's taking care of you?(누가 당신을 돌보나요?)

스몰 럭셔리 호텔 Small Luxury Hotels
Experience another world(다른 세계를 경험하세요)

소피텔 Sofitel
Life is Magnifique(인생은 화려하다)
영어와 프랑스어를 적절하게 조합했다.

스타우드 프리퍼드 게스트 Starwood Preferred Guest(Starwood Hotels)
Be one**(하나가 되세요)
매우 좋은 슬로건이다.

선라이트 Sunlight
Textile services(섬유 서비스)

스와이어 호텔 Swire Hotels
Individuality is in House(개성이 상주합니다)

시스코 Sysco
Good things come from Sysco(좋은 것들은 시스코로부터 옵니다)

트래블로지 Travelodge
Sleep tight(잘 자요)

웨스틴 호텔 Westin
① Modern luxury(모던 럭셔리)
좋은 호텔에서 필요한 모든 것들을 표현한 것 같아 보이지만 약간 부족하다.
② Westin. Choose your travel partner wisely(웨스틴. 당신의 여행 동반자를 현명하게 선택하세요)

31 가정용품[가구 참조]

에이디티 ADT
Always there(항상 그곳에)

아에게 AEG
Perfekt in form und funktion(완벽한 형태와 기능)
실질적으로 독일어로 된 슬로건이다.

에어 윅 Air Wick
① Fragrances that change your world(당신의 세상을 바꾸는 향)
② Something in the Air Wick(에어 윅의 어떠한 것)
다소 억지스럽지만 소비자의 상상력을 자극한다면 괜찮은 슬로건이다.

알레시 Alessi
The useful art(실용적 예술)

알노 Alno
Generation kitchen(제너레이션 키친)

얼터너티브 플랜즈 Alternative Plans
Uncompromisingly modern designs for kitchens and bathrooms(타협하지 않는 모던 주방 & 욕실)

앤드렉스 Andrex
It's the little things(소소한 것들이 중요합니다)

아리엘 Ariel
Brrrrrilliant(반짝반짝 빛나는)
재치있지만 오해의 소지가 있다. Brrrr는 추위에 떠는 모습을 연상시킬 수도 있다.

암스트롱 Armstrong
Your ideas become reality(당신의 아이디어가 현실이 됩니다)

아테마이드 Artemide[조명]
The human light(더 휴먼 라이트)

아서 프라이스 Arthur Price
Enduring Perfection, for Today and Tomorrow(오늘과 내일을 위한 지속적인 완벽함)

아스톤 매튜스 Aston Matthews
Established 1823(1823년 설립)

액스민스터 카펫 Axminster Carpets
Natural. British. Beautiful(자연. 영국. 아름다움)
애국적인 슬로건이다.

뱅앤올룹슨 Bang & Olufsen
Everything is possible(모든 것이 가능하다)
휴렛-팩커드 슬로건과 같으며, 아디다스의 슬로건과 유사하다.

발로우 티리에 Barlow Tyrie
Quality since 1920(1920년 시작된 품질)

베스스토어 Bathstore
Eureka!(유레카!)
아르키메데스가 욕실에서 떠올린 아이디어에 착안했다.

벳트 Bette
Natürlich im Bad(독일어: 자연스러운 욕실)

비셀 Bissell
Experts in home cleaning(홈 클리닝 전문가)

블랙 & 데커 Black & Decker
Your floor is clean, really clean(바닥이 깨끗합니다. 정말 깨끗합니다)
다른 클리너 업체는 정말 깨끗하지 않다는 식으로 한방 먹인다.

보쉬 Bosch
Invented for life(생활을 위해 발명되었습니다)
구체적이지 않다. 어떤 제품이든 소개할 수 있는 구문이다.

보스 Bose
Better sound through research(연구로 향상된 음향)

브라반티아 Brabantia
Solid company(견고한/알찬 기업)

브로니 Brawny[페이퍼 타월]
Premium performance(최고의 성능)

브리타 Brita
Your source at home(집에 있는 샘물)

칼곤 Calgon
Washing machines live longer with Calgon(칼곤으로 식기세척기의 수명이 늘어납니다)

카리니 랭 Carini Lang
Carpets with soul*(영혼이 담긴 카펫)
멋지기는 하지만 갑자기 당신의 카펫이 살아나는 듯하다.

카사맨스 Casamance
Fine fabrics(최상급 섬유)

캐스케이드 Cascade
The best clean ever(최고로 깨끗합니다)

카발리오 Cavalio
For contemporary living(현대 생활을 위해)

샬롱 Chalon
Finest quality handmade kitchens(최상급 핸드메이드 주방)

체스니즈 Chesney's
The world's most beautiful fireplaces and stoves(세계에서 가장 아름다운 벽난로와 스토브)

치넷 Chinet[일회용 접시와 포크]
Cut crystal(깨끗하게 잘 잘립니다/크리스털까지 잘립니다)

- 일회용 포크와 나이프가 잘 자른다는 의미도 있지만, 치넷 제품이 좋기 때문에 크리스털 접시를 없애도 된다는 뜻도 전달한다.

시프 Cif
Always a beautiful ending. Easily(항상 깔끔한 마무리. 쉽게 하세요)

실리트 뱅 Cillit Bang
Bang and the dirt is gone(실리트 뱅! 이제 묵은 때는 안녕)

클라스 올슨 Clas Ohlson
From homeware to hardware since 1918(1918년 시작된 가정제품부터 철물 도구까지)

클로록스 Clorox
Momma's got the magic of Clorox(엄마는 클로록스의 마법을 알고 있습니다)
이 슬로건은 성차별적이라는 평을 받아왔다.

쿠퍼스 오브 스토트포드 Coopers of Stortford
Traditional service, great value(전통적 서비스, 큰 가치)

코리안 Corian
Solid surfaces(견고한 표면제)

코테스우드 Cotteswood
Makers of English kitchen furniture(영국 주방 가구 메이커)

씨.피. 하트 C.P. Hart
The source of bathroom inspiration(욕실 영감의 원천)

크랜브룩 베이스먼트 Cranbrook Basements
There's valuable space beneath your feet(발밑에 귀중한 공간이 있습니다)

쿠쉘 Cushelle[화장실 티슈]

Irresistibly soft(거부할 수 없이 부드러운)

대즈 Daz

The soap you can believe in(믿을 수 있는 비누)

데어드레 다이슨 Deirdre Dyson

Bespoke contemporary handmade carpets(현대적 감각의 수공예 맞춤 카펫)

드롱기 De'Longhi

① Living innovation(생활 혁신)

② To be an occasion, it must be shared(특별한 순간은 함께해야 합니다)

다이버시 Diversey

For a cleaner, healthier future(깨끗하고, 건강한 미래를 위해)

돌핀 Dolphin

From start to finishing touch(시작부터 마무리까지)

도메스토스 Domestos

① Total toilet cleaning system(토털 화장실 클리닝 시스템)

② Kills germs as it freshens(향기를 내며 세균을 박멸합니다)

도론브라흐트 Dornbracht

The SPIRIT of WATER(물의 기운)

– Spirit은 정신, 영혼, 요정, 기운 등으로 다양하게 해석될 수 있다.

드러먼즈 Drummonds

Classic handmade quality(클래식 핸드메이드 퀄리티)

둘룩스 Dulux

Let's colour(색칠해요)

드웰 Dwell
Live like this(이렇게 사세요)

다이슨 에어 멀티플라이어 Dyson Air Multiplier
No blades. No buffeting(선풍기 날이 없습니다. 버페팅도 없습니다)

다이슨 클리너 Dyson Cleaner
The cleaner that doesn't lose suction(흡입력을 잃지 않는 청소기)

에드윈스 Edwins[욕실]
Design solutions on your doorstep(문 앞의 디자인 솔루션)

에거스만 Eggersmann
Sophisticated since 1905(1905년 시작된 세련됨)

이엘지 Elg Ltd
Creating fine furnishings since 1918(1918년부터 최상급 가구를 만들어옵니다)

페어리 Fairy
① Trust Fairy to make it easy(페어리가 간편하게 해줄 거라고 믿으세요)
② Soften your world(세상을 부드럽게)
훌륭한 슬로건이다.

패로우앤볼 Farrow & Ball[페인트]
① Colour craftsmen since 1946(1946년부터 색채 장인)
이전에 보아왔던 많은 슬로건처럼 유서 깊은 역사를 자랑한다. 시계 제조자 슬로건과
유사하다.
② Great recipes deserve great ingredients(최상의 레시피는 최상의 재료를
사용해야 마땅합니다)
페인트 이름이 dead salmon(죽은 연어)이라고 하더라도 레시피라는 말은 곧바로 음
식을 떠오르게 한다.

페브리즈 Febreze
① It's a breath of fresh air(상쾌한 공기 한 모금)
② Thirty days of continuous freshness(30일간 지속되는 신선함)

피니시 Finish[식기세척기용 세제]
The diamond standard(다이아몬드급 등급)
– '다이아몬드만큼 반짝이게 만들어준다'는 뜻과 '다이아몬드 등급을 매기는 것처럼 냉정한
  기준에 통과했다'는 두 가지 뜻이 있다.

가게나우 Gaggenau
The difference is Gaggenau(그 차이는 가게나우입니다)

게버릿 Geberit
The WC that cleans you with water(물로 닦아주는 화장실)

그레이드 Glade[방향제]
Discreet(은은한 향기)

그레이드 Glade[캔들]
Relaxing moments(편안한 순간들)

지플랜 GPlan[upholstery]
Great past. Great present. Great future(위대한 과거. 위대한 현재. 위대한 미래)
그리고… 만약 특수성의 부족이 없다면 위대한 슬로건이다.

그래함 & 브라운 Graham & Brown
Making the walls of Britain great(영국의 벽을 아름답게)
– 'The wall of Britain', 또는 'Hadrian's Wall'이라고 불리는 로마시대 장벽을 활용한 슬로건
  이다. 헤드리안 장벽은 로마가 영국의 남쪽 땅을 침략한 후 영국 원주민이 남하하지 못하
  도록 지은 벽이다. 자국의 역사를 잘 알고 있는 영국인에게는 큰 의미를 가지고 있지만, 널
  리 알려져 있는 정보가 아니기에 세계적인 슬로건으로 사용되기에는 적합하지 않다.

그래함앤그린 Graham and Green

For the super stylish(슈퍼 스타일리시한 이들을 위해)

그래니트 트랜스포메이션스 Granite Transformations

The top that fits on top(이름에 걸맞는 최상급 석재 표면)

- 싱크대 표면을 구성하는 석재 표면(top)과 최고(top)를 이용한 재치있는 슬로건이다.

헤커 Häcker

Kitchen German Made(독일식 주방)

거의 슬로건이라 말할 수 없다.

하이얼 Haier

So easy(정말 쉽습니다)

해롯 홈 Harrods Home

The finest interiors from outside the world(세상 밖에서 온 최상급 인테리어)

하베이 존스 키친 Harvey Jones Kitchens

Handmade for living(생활의 위한 핸드메이드)

힐러리 Hillarys

The home of blinds and shutters(블라인드와 셔터의 집)

홈 디팟 Home Depot

Driving down the cost of home improvement(주택 개선의 가격을 낮춥니다)

홈베이스 Homebase

Make a/your house a home(집을 가대으로 만드세요)

후버 Hoover

Generation Future(이탈리아어: 미래 세대)

Future를 사용하는 얼마 안 되는 슬로건 중 하나다. 마스터카드와 텍사스 인스트루먼트를 참조하라.

핫포인트 Hotpoint[식기세척기]
Our ideas. Your home(우리의 아이디어. 당신의 집)

하우던스 조이너리 Howdens Joinery
Making space more valuable(공간에 가치를 더합니다)

아이로봇 iRobot
Making Robots work for you(로봇이 대신 일하게 합니다)

칸딘 Karndean
Design flooring(디자인 마루)

켄모어 Kenmore
That's genius(기발하다)

킨 나이브즈 Kin Knives
Kin sharp(끝장나게 날카로운)
영국 슬랭으로 kin은 fucking(끝장나게)을 의미한다.

콜러 Kohler
The bold look of Kohler※(콜러의 과감한 모습)
회사명 이름을 반복해서 엄청한 플러스가 되는 드문 케이스 중 하나다.

콜스 Kohl's
The more you know the more you Kohl's(알면 알수록 콜스)

코로 Kohro
Inspiring interiors(감동주는 인테리어)

크룹스 Krups

Beyond reason(이성의 이상)

슬로건 자체만으로는 멋지지만, 커피머신의 광고로는 어울리지 않는다.

라 코르뉴 La Cornue

Where exceptional taste begins(뛰어난 맛이 시작되는 곳)

레이크랜드 Lakeland

The home of creative kitchenware(독창적 주방용품의 집)

랜드마크 로프츠 Landmark Lofts

Raising the benchmark(기준을 높이다)

르 크루제 Le Creuset

I dream of beauty(아름다움을 꿈꿉니다)

레저 Leisure[range cookers]

Love food. Love Leisure(음식을 사랑하다. 레저를 사랑하다)

레녹스 Lenox

American by design(아메리칸 디자인)

야드로 Lladró

① A language more powerful than words(말보다 강력한 언어)

② A tradition of beauty will last forever(아름다움의 전통은 영원히 지속됩니다)

매지믹스 Magimix[토스터]

Built better to last longer(더 오래, 더 좋게)

마그넷 Magnet

What happens in your kitchen?(당신의 주방에서는 어떤 일이 벌어지나요?)

마그넷이 어떤 서비스를 제공하는지 설명하지 않기 때문에 처음 출시되었을 때 상당히 대담하다는 평을 받았다.

마스톤 & 랭진저 Marston & Langinger
① Individually designed. Individually made(개별적 디자인. 개별적 제작)
② Extraordinary garden rooms(평범하지 않은 정원 공간)

맷키 샤워링 Matki Showering
Pure Matki(순수 맷키)

머큐리 Mercury[cooker]
Designed for perfection(완벽함을 위해 제작되었다)

밀레 Miele
① Anything else is a compromise(밀레 외에는 타협일 뿐이다)
별을 받을만 하지만, 약간 지나치게 경쟁적인 슬로건이다.
② Forever better(영원히 더 낫다)
우수한 품질과 내구성을 잘 전달한다. 괜찮은 슬로건이다.
③ Everyone deserves a Miele(모든 이는 밀레를 쓸 자격이 있다)

미라 샤워스 Mira Showers
Showering perfection(완벽을 샤워하다)

엠엠엠 MMM
Innovation(혁신)

모벤 Moben
Clever kitchens designed around you(당신을 위해 디자인된 똑똑한 주방)
바렛 홈즈^{Barrett Homes} 슬로건과 비슷하다.

모리스 Morris & Co.
Celebrating 150 years of design(디자인의 150주년 기념)

모우럼 Mowlem & Co.
Inspirational furniture(감동적인 가구)

네프 Neff
Writing kitchen history(주방의 역사를 쓰다)

넵튠 Neptune
Kitchen/Interior/Garden(키친/인테리어/가든)

오즈클린 OzKleen
Great at kleening(not so good at spelling)*(클리닝은 잘 하지만 스펠링은 잘 못해요)
재치가 넘치는 슬로건이다.

피앤지 P&G(Procter and Gamble)
① Touching lives, improving life(생활 곳곳에서 삶을 개선합니다)
② Proud sponsors of mums(엄마들의 든든한 후원자)
③ Professional(전문적인)
단어 하나로 구성된 이 슬로건은 P&G보다 자회사 슬로건에 더 가까운 것 같다.

더 팩하우스 The Packhouse
Stylish vintage living(스타일리시 빈티지 리빙)

패트릭 게그츠 Patrick Gaguech
De l'amour du détail naît la perfection(프랑스어: 세심한 정성으로 완벽함이 태어납니다)

퍼실 Persil
Small and mighty(작고 강합니다)
1954년에 나온 영화 〈진홍의 날개(The High and the Mighty)〉에서 착안한 슬로건이다.

포겐폴 Poggenpohl
Knowing what counts(무엇이 중요한지 아는 것)

퀵-스텝 Quick-Step[바닥재]
Discover a world you'd love to live in(당신이 살고 싶은 세상을 발견하세요)

쿠커 Quooker
① Quooker is quicker!(쿠커는 더 빠릅니다)
② The boiling-water tap(수도꼭지에서 끓는 물을 받으세요)

레인지마스터 Rangemaster
Britain's No. 1 range cooker(영국 넘버원 가스레인지)

레노바 Renova
The black toilet paper company(검정색 화장지 회사)
대담한 슬로건이다. 하지만 The sexiest paper on earth(세상에서 가장 섹시한 화장지)
가 더 좋을뻔 했다.

리뉴짓 Renuzit
Subtle effects(섬세한 효과)
어려운 화장실 탈취제 분야 광고를 깔끔하게 해결했다.

리플즈 Ripples
Our forecast is for more showers across the country^{※※}(전국적으로 더
많은 사람들이 샤워를 할 전망입니다)
- Shower는 샤워이기도 하지만 소나기라는 뜻도 있다. Forecast 역시 전망 예측과 함께
  일기예보라는 의미를 살려 날씨를 예보하듯 말한다. '전국적으로 소나기가 더 내릴 전망
  입니다'라고 읽을 수 있는 것이다.

로카 Roca
The leading global bathroom brand(세계적 욕실 브랜드 리더)

록키 마운틴 Rocky Mountain[도구]

Handcast Solid Bronze(손으로 캐스팅한 단단한 청동)

론실 Ronseal

Does exactly what it says on the tin(캔에 광고된 그대로입니다)

러스트-올름 Rust-Oleum

Trusted quality since 1921(1921년 설립 이래 신뢰받는 품질)

에스에이 백스터 SA Baxter

① Where architecture begins(건축이 시작되는 곳)

② Architectural hardware(건축기기)

사무엘 헬스 Samuel Heath

For a life less ordinary(덜 평범한 삶을 위해)

세이버스 Savers

health, home & beauty(헬스, 홈 & 뷰티)

에스씨 존슨 SC Johnson

A family company(가족 회사)

스콧 Scott[화장지]

Common sense on a roll(화장지의 상식)

재미있는 슬로건이다.

- On a roll(순조롭게 성공적으로 이루어진다)이라는 표현을 활용했다.

세보 SEBO

The floorcare professionals(바닥 관리 전문가)

샤웃 옥시파워 Shout OxyPower

More oxygen power to shout it out(더 소리칠 공기/샤웃할 더 많은 옥시파워)

지멘스 Siemens
The future moving in(미래가 들어옵니다/미래가 이사들어옵니다)
– Move in은 이사하다의 의미를 가지고 있다.

실레스톤 Silestone
The Original(오리지널)

스메그 Smeg
Technology with style(스타일 있는 기술)

스탠나 Stannah
Not all stairlifts are the same. This one certainly isn't(계단 승강기라고
다 같지 않습니다. 스탠나는 분명히 다릅니다)

스토박스 & 가즈코 Stovax & Gazco
Fire your imagination(당신의 상상력에 불을 붙입니다)
만약 벽난로가 컴퓨터처럼 대중적이었다면, 이 슬로건은 이미 세계적 명성을 얻었을
것이다.

서브-제로 Sub-zero
A sub-zero is just a refrigerator, like a diamond is just a stone(서브-
제로는 단순한 냉장고입니다. 다이아몬드가 그냥 돌인 것처럼요)
말이 너무 길고 비유가 적절치 않다. 울프Wolf의 슬로건과 비교해보라.

스와로브스키 Swarovski
Discover the magic of crystal(크리스털의 마법을 발견하다)

실바니아 Sylvania
Brilliant light(영롱한 불빛)

티씨 베스룸스 TC Bathrooms
Immerse your senses(감각을 담그세요)

테드 쉬레즈 Ted Shred's[캔들]
The scent of surfing(서핑의 향기)

템퍼 Tempur
And so to bed**(그래서 침대로 자러간다)
듣기에 시적인 슬로건이다. 모든게 완벽해서 이제 자러가도 된다는 느낌을 준다.

써머믹스 Thermomix
Your extra pair of hands!(손이 한 쌍 더 있는 것과 마찬가지입니다!)

토마스 샌더슨 Thomas Sanderson[window shutters]
An expression of individuality(개성의 표현)

터키시 세라믹스 Turkish Ceramics
Timeless!(세월이 흘러도 변하지 않습니다!)
8000년의 역사가 있으니 틀린 말이 아니다.

터틀 맷 Turtle Mat
Practically perfect(현실적으로/거의 완벽한)

베니시 Vanish
Trust pink, forget stains(핑크를 믿으세요. 얼룩은 잊으세요)
여기에서 핑크는 상품의 플라스틱 병의 색상이다. 포장용기 색이 슬로건에 사용된 드
문 예시 중에 하나다.

베니시 센시티브 Vanish Sensitive
Tough on stains. Gentle on skin(얼룩에는 강력하고 피부에는 순합니다)

벡스 Vax
Performance is everything(성능이 전부입니다)

벨룩스 Velux

Bringing light to life*(일상으로 빛을 가져오다)

훌륭한 슬로건이다.

빅토리아 플럼 Victoria Plumb

The online bathroom store(온라인 욕실 매장)

워터포드 Waterford

① Live a crystal life(크리스털 삶을 살다)

② The sparkle of a new beginning(새 시작의 영롱함)

웨지우드 Wedgwood

At home in the finest homes(최고급 집에서의 편안함)

웨슬리-베럴 Wesley-Barrel

A lasting future(지속적인 미래)

월풀 Whirlpool

Just imagine(상상해보세요)

상상해봐도 딱히 이 기업이 떠오르지는 않는다.

윅스 Wickes

It's got our name on it(우리 이름이 쓰여 있습니다)

울프 Wolf

A Wolf is just an oven, like a diamond is just a stone(울프는 그냥 오븐입니다. 다이아몬드가 그냥 돌덩이인 것처럼)

이것보다 더 간단명료한 슬로건이 더 좋을 뻔했다. Put a diamond in your kitchen(당신의 주방에 다이아몬드를 놓으세요)처럼 말이다. 서브-제로Sub-zero 슬로건과 유사하다.

윈덤 Wyndham
Bespoke(맞춤형)

젭터 인터내셔널 Zepter International
Striving for a longer life(더 긴 수명을 위해 최선을 다합니다)

집 하이드로 탭 Zip Hydro Tap
Instant boiling water(순간 온수)

32 보험, 퇴직, 보안

에이스 ACE
25 years of insuring progress(25년간 보험업을 해왔습니다/25년간 보장해왔습니다)
비슷한 말 insurance(보험)와 insuring(보장)을 활용했다.

애드머럴닷컴 Admiral.com
One premium. One renewal. One policy(하나의 프리미엄. 한 번의 갱신. 하나의 정책)

애트나 Aetna
① You'll feel better with us(우리와 함께하면 더 건강합니다/기분 좋습니다)
② Turning promise into practice(약속을 실천으로 옮깁니다)

애플랙 Aflac
Without it, no insurance is complete(애플랙 없이는 어떤 보험도 완벽하지 않습니다)

에이아이지 AIG
World leaders in insurance and financial services(보험 및 금융 서비스

세계 선두자)
슬로건이라기보다 회사 설명에 더 가깝다.

알리안츠 Allianz
The power beside you(당신 곁 힘)
거의 별을 받을 만하다.

올스테이트 Allstate
① You're in good hands(안심하십시오)
② Dollar for dollar, nobody protects you like Allstate(한 푼마저 지켜드립니다. 누구도 올스테이트처럼 보장하지 않습니다)

에이온 AON
Insure your future(미래를 보장하세요)

아비바 Aviva
Forward thinking(앞선 생각)
처음에는 약간 추상적이었지만, 다시 들으니 나쁘지 않다.

악사 AXA
① Go ahead(앞으로 나아가다)
② Be life confident(삶에 대해 확신하세요)
③ Redefining standards(표준을 재정의하다)

베스트 라이프 커버 Best Life Cover
We search. You save(우리가 조사합니다. 당신은 아끼세요)
좋은 슬로건이다.

부파 Bupa
① BUPA. Feel better(BUPA. 쾌차하세요)
② Helping you find healthy(건강을 찾는 것을 돕습니다)

캐나다 라이프 Canada Life
Small things grow great(작은 것들이 크게 성장합니다)

캐피탈 리 Capital Re[보험]
Re Sourceful(리 소스풀/기략있는)
– 기업명에 있는 Re(리)를 활용했다.

센토 Centor
Insurance and risk management(보험과 위험 관리)

처브 Chubb
① Life is too short to worry about possessions(재산에 대해 걱정하기에는
인생은 너무 짧다)
② Chubb. Without question(Chubb. 의심의 여지없이)

시그나 Cigna
A business of caring(관리를 하는 것이 우리의 사업입니다)

신시내티 파이낸셜 Cincinnati Financial
Making your strength your future(당신의 재정 능력이 당신의 미래입니다)

콜롬버스다이렉트닷컴 Columbusdirect.com
The traveller's best friend(여행자의 베스트 프렌드)

다이렉트라인닷컴 Directline.com
Making insurance straightforward[(정보 등이) 확실한 보험을 만드는 것/바로
(곧장) 보험을 만드는 것]

이 & 엘 E & L[horse, rider and trailer insurance]
The Niche Insurance Specialists(틈새시장 보험 전문가)

엘리펀트 Elephant.co.uk
Seriously good car insurance(진심으로 좋은 자동차 보험)

피델리티 Fidelity
① Smart move(똑똑한 조치)
② Turn here(여기에서 꺾으세요/인생을 여기에서 바꾸세요/여기에서 손실을 수익
으로 바꾸세요)

피델리티닷컴 Fidelity.com
Every second counts(단 일초도 중요하다)
좋은 슬로건이다. 하지만 어떤 사업 분야에나 적용되는 말이다.

파이어맨스 펀드 Fireman's Fund(알리안츠)
License to get on with it(앞으로 나아갈 수 있는 보증/자유)
다소 불분명하다.

FM 글로벌 FM(Factory Mutual) Global
Securing the future of your business(귀하 사업의 미래를 보장합니다)

가디언 Guardian
The intelligent choice(현명한 선택)

하트포드 Hartford
① Bring it on(해봅시다)
② Always thinking ahead(항상 앞서서 생각합니다)

히스콕스 Hiscox
As good as our word(약속을 지킵니다)

인슈어앤고닷컴 insureandgo.com
Feeding your passion for travel(여행하고자 하는 열정을 지원합니다)

존 루이스 홈 인슈어런스 John Lewis Home Insurance

We're with you when it matters(중요한 순간에 당신과 함께합니다)

켐퍼 Kemper

Insurance for today's world(오늘날 세상에 필요한 보험)

리버티 뮤추얼 Liberty Mutual

The freedom of Liberty(리버티의 자유)

메트라이프 MetLife

Have you met life today?(오늘 삶을 만났나요?/오늘 메트라이프 하셨나요?)
참신한 슬로건이다.

뉴욕 라이프 New York Life

The company you keep(지속적으로 관계를 유지하는 기업/단골 기업)

엔에프유 뮤추얼 NFU Mutual

We do right by you(당신이 원하시는 대로 합니다/당신 덕분에 올바른 일을 합니다)

노스웨스턴 뮤추얼 라이프 Northwestern Mutual Life

The Quiet Company(조용한 기업)

온스타 OnStar

Wherever you go, here we are(당신이 어디로 가든 우리는 여기에 있습니다)

퀀텀 Quantum

Exceptional Personal Insurance(뛰어난 개인 보험)

릴라이언스 Reliance

How can we be so old and move so fast?(이 나이에 어떻게 그렇게 빠를 수
있나요?)

리아스 RIAS
① Because experience has its rewards(경험은 보상을 하기 때문입니다)
② Where insurance gets better with age(시간이 지날수록 더 좋아지는 보험)

로얄 인슈어런스 Royal Insurance
You have our attention(경청하고 있습니다)

사가 Saga
Insurance done properly(제대로 된 보험)

스코어 SCOR[재산과 상해 재보험]
The art and science of risk(위험의 미학과 과학)

스코티시 위도우즈 Scottish Widows
My money works(내 돈이 돈을 번다)
Money는 붉은색으로 표기되어 있다.
– 붉은색으로 표시된 이유는 아마 스코틀랜드 색이 빨간색이라 그런 것 같다.

심플리헬스 Simplyhealth
We can be bothered(당신을 위해서라면 기꺼이 일합니다)

스테이트팜 State Farm
Like a good neighbor State Farm is there(좋은 이웃처럼 스테이트팜이 당신 곁에 있습니다)

스위스 라이프 Swiss Life
① The right decision(올바른 결정)
② Vous avancez, nous assurons(프랑스어: 당신은 앞으로 나아가십시오, 우리는 보장하겠습니다)

미국교직원연금보험 TIAA-CREF
Ensuring the future for those who shape it(미래를 만드는 자들을 위한 보장)

유엘 UL

Working for a safer world(더 안전한 세상을 위해 일합니다)

윈저 메드 Windsor Meade

Retirement history in the making(은퇴 역사를 만들다)

취리히 Zurich

① Building relationships, solution by solution(솔루션 하나씩 관계를 만들어갑니다)

② Because change happenz(변하니까요)

나쁘지 않은 스로건이다. 하지만 s 대신에 취리히의 z를 넣고 싶었다면 다른 방법도 있었을 것이다. Insurance(보험) 대신에 Inzurance식으로 말이다.

취리히 아메리칸 인슈어런스 그룹 Zurich American Insurance Group

The power of partnership(파트너십의 위력)

33 인터넷, 네트워크[통신, 컴퓨터 참조]

3컴 3Com

More connected(더 연결되었습니다)

에이엔에스 그룹 ANS Group

The Internet just got serious(인터넷이 더 진중해졌습니다)

에이오엘 AOL(America Online)

① So easy to use, no wonder it's #1(너무나 쉬워졌습니다. 그러니 넘버원이 될만 하지요)

유에스 로보틱스^{US Robotics}를 참조하라.

② Time to lighten up(가벼워질 시간/긍정적이어야 할 시간)

꽤 괜찮은 슬로건이다. 인터넷에서 쉽고 가볍게 되기 때문이다.

케이블트론 시스템 Cabletron Systems
Your e-business communications specialist(당신의 e-비지니스 커뮤니케이션 전문가)

시스코 Cisco
① Powered network(동력을 갖춘 네트워크)
자기 자신을 설명하는 면에서는 인텔의 인사이드^{inside}와 비슷하지만 그보다는 못하다.
② Empowering the Internet generation(인터넷 세대에 힘을 싣다)
이전에 비해 그다지 좋아지지는 않았지만, 권리를 부여한다는 뜻의 empower를 사용한 것이 눈에 띈다.
③ Welcome to the human network(휴먼 네트워크에 오신 것을 환영합니다)
드디어 멋진 슬로건이 나타났다. 약간 변형된 슬로건으로는 Together we are the human network(우리는 휴먼 네트워크입니다)가 있다.

씨넷닷컴 Cnet.com
The source for computers and technology(컴퓨터와 기술의 근원)

컴캐스트 Comcast
We never stop making fast faster(빠른 것을 더 빠르게 만드는 걸 절대 멈추지 않습니다)

데이터파이프 Datapipe
Your Competitive Edge(당신의 경쟁력)

이바이어닷컴 Ebuyer.com
Technology delivered(기술, 전달되다)

익스팬시스 Expansys
Be first(최초가 되십시오)

패스트호스츠 Fasthosts
World Class Virtual Servers(월드 클래스 버추얼 서버)

아이비엠 IBM
E-business is the game. Play to win(e-비즈니스는 게임이다. 게임에서 이겨라)

인포넷 Infonet
① More than a connection(커넥션 이상)
② Insight matters(통찰력이 중요합니다)

인퀴스트 Inquisit
Opportunity doesn't knock. It emails*(기회는 문을 두드리지 않습니다. 이메일을 보냅니다)
현대 기술을 훌륭하게 슬로건에 접목시킨 예다.

주피터 커뮤니케이션즈 Jupiter Communications
Online intelligence(온라인 인텔리전스)

레벨 3 Level 3
The network partner you can rely on(믿을 수 있는 네트워크 파트너)

로지텍 Logitech
Designed to move you(당신을 움직이기 위해 있습니다)

엠에스엔.8 MSN.8
More useful everyday(매일 더 도움이 됩니다)
하우스홀드^{Household}와 마사 스튜어드^{Martha Stewart}와 비슷하다.

넷닷컴 NET.com
We put the net to work for you(인터넷이 당신을 위해 작동하도록 했습니다)
– 기업명을 노출한다.

플레이온 PlayOn
Engage your senses(감각을 사로잡다)

지멘스 Siemens I&C

① Be inspired(감동받으십시오)

해몬즈^{Hammonds}와 마크 윌킨슨^{Mark Wilkinson} 가구회사 슬로건을 참고하라.

② Intelligent solutions for a powerful market(강력한 마켓을 위한 현명한 솔루션)

너무 긴 슬로건이다. As intelligent as powerful(강력한 만큼 지능적입니다)는 어떨까?

스프린트 Sprint

Get there with Sprint(스프린트로 가세요)

베리사인 VeriSign

The value of trust(믿음의 가치)

34 보석, 시계

아 랑에 운트 죄네 A. Lange & Söhne

For people who would never, ever wear a digital watch(디지털시계를 절대 차지 않을 사람들을 위한 손목시계)

약간 부정적인 슬로건이다. 손목시계의 장점을 소개하지 않는다.

애들러 Adler

① Mémoires de femmes. Mémoire du monde(프랑스어: 여인의 추억, 세상의 추억)

② Jewellers since 1886(1886년 시작한 보석상)

몇몇의 시계제작 기업의 슬로건과 유사하다.

아르마니 Armani

Style that defines the time(시대를 정의하는 스타일)

오데마 피게 Audemars Piguet
① Le maître de l'horlogerie depuis 1875(프랑스어: 1875년 이래 시계 장인)
② The master watchmaker(시계 장인)

베키스 & 스트라우스 Backes & Strauss
Masters of diamonds since 1789(1789년 시작된 다이아몬드 장인)

보메 메르시에 Baume & Mercier
① Time is mine(시간은 내 것이다/시계는 내 것이다)
– 여기에서 시간은 보편적인 시간이라는 뜻도 있지만, 장인이 긴 시간동안 공을 들여 만든
시계를 소유함으로써 그 긴 시간을 소유한다는 의미도 전달한다.
② Life is about moments(인생의 기본은 순간/경험이다)

벨 & 로스 Bell & Ross
Time instruments(정교한 시간 기구)

부들스 Boodles
British Excellence since 1798(1798년 설립된 영국의 우수함)

브레게 Breguet
Depuis 1775(프랑스어: 1775년 이래)

브라이틀링 Breitling
① A passion for perfection*(완벽함에 대한 열정)
아주 멋있다. Passion과 perfection 모두 p로 시작하고 ion으로 끝난다. 두 번째 슬
로건보다 낫다.
② Instruments for professionals(전문가를 위한 정교한 기기)

불가리 Bulgari
The essence of a jeweller(보석세공의 정수)

부로바 Bulova

① Keeping America's time for generations(세대에 걸쳐 아메리카에 시간을 알려줬습니다)

② Designed to be noticed(주목받기 위해 만들어졌다)

까르띠에 Cartier

① 150 years of history and romance(150년의 역사와 로맨스)

② True love has a colour and a name(진정한 사랑은 색과 이름을 가지고 있다)

까르띠에 최근 광고 하단에 나오기는 했지만 슬로건인지 확실하지 않다. 슬로건이라면 colour(색)을 생략해 더 짧게 할 필요가 있다.

카밀리아 Chamilia

Your life. Your style(당신의 삶. 당신의 스타일)

쇼메 Chaumet

① Joailliers depuis 1780(프랑스어: 1780년 이래 보석상)

② Creating watches for 200 years(시계제작 역사의 200년)

츠로보 ChloBo

Irresistibly Collectable Jewellery(저항할 수 없는 수집용 주얼리)

쇼파드 Chopard

The ultimate reference(궁극적 기준)

– 시계이기 때문에 시간의 기준일 뿐만 아니라 품질과 스타일의 기준이라는 의미도 있다.

시티즌 Citizen

How the world tells time(세계가 시간을 아는 방법)

콩코드 Concord

The sensation of time(시간의 감각)

코럼 Corum
① La passion de créér(프랑스어: 제작을 향한 열정)
② Swiss timepieces(스위스 명품시계)

다미아니 Damiani
A girl's best friend(소녀들의 절친한 친구)
광고에 나오는 모습은 소녀의 이미지와 상반되기는 하지만, 슬로건에 girl(소녀)을 사용하면서 젊은 층 여성을 겨냥한다.

데이비드 모리스 David Morris
There is only one(단 하나 밖에 없습니다)

드 비어스 De Beers
A diamond is forever**(다이아몬드는 영원히)
이 문구는 너무 유명해 일상 언어로 자리 잡았다.

드윗 DeWitt
Classical audacity(클래식한 대범함)

에벨 Ebel
The architects of time*(시간의 건축가)
시간과 시계제작을 한번에 표현한 꽤 괜찮은 슬로건이다.

이에스큐 ESQ(Movado)
Every second counts*(단 일초도 중요하다)
서두르는 사람에게는 특히 더 좋은 슬로건이다.

폴리폴리 Folli Follie
Girls just want to have fun!(소녀들은 재미를 원할 뿐이다!)

퍼츠노프 Fortunoff
The source for the elegant to the extraordinary(우아함부터 특별함까지/

우아한 사람들이 특별함을 찾는 곳)

프랭크 뮬러 Franck Muller
Master of complications*(복잡함의 대가)

프레드릭 콘스탄트 Fréderique Constant
Live your passion(당신의 열정을 사십시오)

가브리엘 Gabriel & Co
Passion. Love. Gabriel(열정. 사랑. 가브리엘)

가라드 Garrard
The Crown Jeweller(왕관제작 보석공)

조지 젠슨 Georg Jensen
Outrageously Scandinavian since 1904(1904년 시작된 엄청난 스칸디나비안)

제랄드 젠타 Gerald Genta
The living legend(살아있는 전설)

그래프 다이아몬드 Graff Diamonds
① Unmistakably**(틀림없다)
한 단어로 이루어진 강력한 슬로건이다.
② Today, time begins*(오늘, 시간이 시작된다)
시사하는 바가 많다.
③ The most fabulous jewels in the world(세계에서 가장 기막힌 보석)
훨씬 현실적인 슬로건이다.

해리 윈스턴 Harry Winston
① The ultimate timepiece(최고 명품시계)
② Rare timepieces(희귀 명품시계)
③ Live the moment(순간을 살다)

하트 온 파이어 Hearts on Fire
The world's most perfectly cut diamond(세계에서 가장 완벽하게 세공한 다이아몬드)

아이더블유씨 IWC
Since 1868. And for as long as there are men(1868년 시작되어 인류가 존재하는 마지막 순간까지)

예거 르쿨트르 Jaeger-LeCoultre
Rendez-Vous at the heart of time(시간의 중심에서 랑데뷰)

주얼리 채널 Jewellery Channel
Make every day sparkle(매일을 빛나게)

레 장바사데르 Les Ambassadeurs
The leading house of leading names(일류 브랜드를 만드는 일류 보석제작사)

레비에브 Leviev
Extraordinary diamonds(평범하지 않은 다이아몬드)

론진 Longines
① L'élégance du temps depuis 1832(프랑스어: 1832년 시작된 시간의 우아함)
② Elegance is an attitude(우아함은 태도다)

마이클 로즈 Michael Rose
Source of the unusual(독특함의 근원)

미키모토 Mikimoto
The sensation of pearls(진주의 감각)

모바도 Movado
① The art of time(시간의 미학)

② The art of design(디자인의 미학)

이전 슬로건에서 단어 하나만 바뀐 것을 어떻게 생각해야 하는가? 두 번째보다는 첫 번째 슬로건이 시계와 연관되었다는 것을 나타내기 때문에 더 좋다.

노미네이션 Nomination[이탈리아]

Live. Love. Life(삶을 살라. 삶을 사랑하라)

노보 Novo

It's all about you(당신만을 위합니다)

오메가 OMEGA

The sign of excellence(우수함의 상징)

오리스 Oris

Enduring(영속적인)

'Endearing, Enduring(사랑스러운, 영속적인)'이 더 좋은 것 같다.

판도라 Pandora

Unforgettable moments(잊을 수 없는 순간들)

파네라이 Panerai

① Laboratorio di idee(이탈리아어: 아이디어의 연구소)

② History always leaves a trace(역사는 항상 자취를 남긴다)

훌륭한 슬로건이다. 물론 시계로서 트레이스 레코디드가 되었다. 그러나 이 문장은 역시 일반적인 의미를 가진다.

③ The simplicity of innovation(혁신의 단순함)

파르미지아니 Parmigiani

Heritage in the making(계속되는 유산)

파텍 필립 Patek Philippe

① Begin your own tradition(당신의 전통을 시작하세요)

기존에는 own이 이탤릭체로 쓰여져 있었지만 바뀌었다.

② Begin an enduring love affair(영속적인 연애를 시작하세요)

여성고객을 목표로한 이 슬로건은 love 뒤에 affair를 추가해 연애/불륜으로 바꾸면서 사랑의 깊이를 없애버렸다. 프랑스어로는 Le début d'une longue histoire d'amour(긴 사랑 이야기의 시작)다.

피아제 Piaget

① Joaillier en horlogerie depuis 1874(프랑스어: 1874년 이래 시계 & 보석상)

② One watch. Three positions to play with(시계 하나. 포지션 셋)

거창한 사진이 있음에도 불구하고 슬로건이 리와인더를 설명하고 있다는 것을 알아채기 힘들다.

③ Jewellery in motion(움직이는 보석)

플래티넘 Platinum

Pure. Rare. Eternal(순수. 희귀. 영원)

펄서 Pulsar

Tell it your way(당신의 방식으로 전하세요)

라도 Rado

Unlimited spirit(무한한 정신)

리차드 밀 Richard Mille

① Richard Mille, des montres à 300000 euros(프랑스어: 리차드 밀, 30만 유로 시계)

유세떠는 걸로 보일 수도 있는 이 슬로건은 알고 보면 우수하다. 가격표로 다른 시계기업과 차별화를 두는 것이다.

② A racing machine on the wrist(손목 위의 레이싱 머신)

롤렉스 Rolex

① Perpetual spirit*(영원한 정신)

Perpetual(영원한)은 시계가 영원히 멈추지 않는다는 다른 의미도 가지고 있다.

② In time with [the logo] Rolex(롤렉스와 함께 하는 시간)
③ A crown for every achievement(모든 업적에 왕관을)
왕관처럼 생긴 롤렉스 로고를 상징한다.
④ For life's defining moments(인생에서 가장 중요한 순간들을 위하여)
⑤ Live for greatness(위대함을 위해 살다)

세이코 Seiko
Dedicated to perfection(완벽함에 전념하다)

스튜벤 글라스 Steuben Glass
Timeless. Elegant. American(시대를 초월한. 우아한. 아메리칸)

스토리휠스 Storywheels
What's your life story?(당신의 라이프 스토리는 무엇입니까?)

수잔 아스테어 Susan Astaire
Affordable luxury(적당한 가격의 명품)

수지 케이 Suzy K
Designer jewellery with a sporting theme(스포츠 스타일의 보석 디자이너)

스와로브스키 Swarovski
See the Wonder… Feel the brilliance… Touch the world(놀라움을 보라.
광택을 느끼라. 세상을 만지라)
너무 장황한 슬로건이다.

스와로브스키 아우라 Swarovski Aura
The luminescent fragrance. The dazzling make-up jewels(눈부신 향기.
아찔한 메이크업 보석)

스와치 Swatch
Shake the world(세상을 흔들어라)

스위스 아미 Swiss Army

Life ahead of you. A legacy behind you(앞으로 남은 날들. 뒤에 남겨진 역사)

태그 호이어 TAG Heuer

① Swiss Avant-Garde since 1860(1860년 이래 스위스 아방가르드)

② Beyond measure(측정 불가)

③ What are you made of?(당신은 무엇으로 이루어졌나요?)

④ History begins every morning*(역사는 매일 아침에 시작한다)

시계를 매일 아침에 감는다는 것을 재미있게 표현했다.

티파니 Tiffany & Co.

① New York since 1837(1837년 뉴욕에서 설립)

몇몇 시계제조사의 슬로건과 비슷하다.

② Some style is legendary(전설적인 스타일)

③ There are times to celebrate(기념해야 할 순간에 함께 합니다)

④ Give voice to your heart(당신의 마음을 표현하세요)

타이멕스 Timex

One more time(한 번 더)

티쏘 Tissot

① Take care of details(디테일에 신경쓰다)

② Innovators by tradition*(전통 이노베이터)

과거와 현재를 적절하게 섞었다.

트리톤 Triton

Where art meets engineering(예술이 공학을 만나는 곳)

트롤비즈 Trollbeads

Discover your essence(당신의 본질을 발견하라)

튜더 Tudor
Designed for performance. Engineered for excellence(성능을 위해 디자인되었다. 탁월함을 위해 세공되었다)
너무 긴 슬로건이다.

티더블유 스틸 TW Steel
Big in oversized watches(특대형 시계 거물)
정말 좋은 슬로건이다.
– Big과 oversize를 두 번이나 사용해 큰 시계를 만든다는 것을 강조한다.

율리스 나르당 Ulysse Nardin
Since 1846(1846년 설립)

바쉐론 콘스탄틴 Vacheron Constantin
The oldest watch manufacturer in the world(세계에서 가장 오래된 시계 제작가)

반 클리프 앤 아펠 Van Cleef & Arpels
① Croire en ses rêves et un jour les réaliser(프랑스어: 꿈을 믿고 언젠가는 현실로 이루기)
② The poetry of time(시간의 시)

비트나우어 Wittnauer
Passionate about elegance(우아함을 향한 열정)

제니스 Zenith
The pioneer spirit since 1865(1865년 시작된 개척자 정신)

35 법률

빙햄 Bingham

The tougher the deal the more we enjoy it*(어려울수록 더 즐깁니다)

퍼스트4로이어스 First4lawyers

Find the right lawyer for you(당신에게 맞는 변호사를 찾으세요)

인저리로이어스포유 Injurylawyers4u.co.uk

Free honest advice(정직한 무료 상담)

핀센트 메이슨 Pinsent Masons

Think pensions… think Pinsents(연금을 생각한다면 핀센트를 생각하세요)

36 물류

이피엘 APL

We know how and why(어떻게 해야 하는지, 왜 그렇게 해야 하는지 압니다)

씨에프 컴퍼니스 CF Companies

We put you miles ahead(다른 사람들보다 마일을 앞서가게 해 드립니다)

씨엔에프 CNF

Where ideas carry weight(아이디어가 무게를 가질 때/아이디어가 영향력을 발휘할 때)

디에이치엘 DHL

① We keep your promises(당신의 약속을 지켜드립니다)
② We move the world**(우리는 세계를 움직입니다)

아주 훌륭한 슬로건이다. 짧고 강하며 이 슬로건 안에 기업의 모두를 담았다.
③ Excellence. Simply delivered(우수성. 간단하게 전달해 드립니다)
이전 슬로건보다 좋지 않다.

페더럴 익스프레스 Federal Express
Don't worry. There's a Fedex for that(걱정하지 마세요. 페덱스가 있잖아요)

훅스 Fuchs
Committed to move your world(최선을 다해 당신의 세상을 움직입니다)

인터내셔널 페이퍼 International Paper
We answer to the world(세상에 답합니다)

메일 박시즈 Mail Boxes Etc.
Send it our way(우리 방식으로 보냅니다)

엔와이케이 라인 NYK Line[일본]
We still navigate by the stars(우리는 아직도 별을 보고 항해합니다/우리는 성공을 보고 미래를 찾습니다)

퍼블릭 트랜스포테이션 Public Transportation
Wherever life takes you(삶이 당신을 이끄는 어디로든)

US 포스탈 서비스 United States Postal Service
We deliver(배달해드립니다)

유피에스 UPS
① Consider it done**(다 끝났습니다)
대담한 신조다. 잠재고객의 불안을 날려버린다. 유니시스^{Unisys}의 슬로건 'Imagine it. Done'과 비교해 보다 거침이 없고 물 흐르듯 자연스럽다.
② Moving at the speed of business(비즈니스의 속도로 움직입니다)
③ What can Brown do for you?(브라운이 어떻게 도와드릴까요?)

– 대문자로 나타낸 Brown(브라운)은 UPS의 색이다.

피아크 VIAG AG
Creating enduring value(지속적인 가치를 창출합니다)

37 매니지먼트 서비스

어드밴테스트 Advantest
You can test. Or you can Advantest(테스트 해보실 수 있습니다. 아니면 어드 밴테스트 해보실 수 있습니다)

클래러파이 Clarify
All you need to know(당신이 알아야 하는 모든 것)

휴잇 Hewitt
For 18 million clients(1800만 명의 고객을 위하여)

현대 Hyundai
Building a better world through value management(가치경영을 통해 더 나은 세상을 세우십시오)

켈리 서비스 Kelly Services
Look what we do now(우리가 지금 무엇을 하는지 보세요)

쿠도스 Kudos
The information company(정보 회사)

머서 Mercer
Based on reality(현실에 기반합니다)

미시시피 Mississippi
Business solutions for a new millennium(새천년을 위한 비즈니스 솔루션)

노렐 Norrell
Strategic workforce management(전략적 인력 관리)

티볼리 매니지먼트 Tivoli Management(IBM)
The Power To Manage. Anything. Anywhere(언제나. 어디서나. 관리하는 힘)

비아소프트 Viasoft
Managing the business of information technology(정보기술 산업을 관리
합니다)

38 미디어[통신 참조]

배런스 Barron's
News before the market knows(시장이 아직 접하지 못한 뉴스)

비비씨 BBC
① You make it what it is*(당신이 우리를 만듭니다)
다른 기업들이 사용할 수 있는 슬로건이지만, 언론과 시청자간의 상호작용을 보여준
다. BBC가 이 슬로건을 더 이상 사용하지 않는다는 점이 아쉽다.
② Perfect day(완벽한 날)
③ This is what we do(이것이 우리가 하는 일입니다)

비비씨 월드 뉴스 BBC World News
① Demand a broader view(폭넓은 시야를 주장/요구하십시오)
② Making sense of it all(이해할 수 있도록 해드립니다)
③ Putting news first(뉴스를 최우선으로 여깁니다)

베텔스만 에이지 Bertelsmann AG

The spirit to create(창조의 정신)

블룸버그 비즈니스위크 Bloomberg BusinessWeek

① Watch. Wherever you are(어디에서든 시청하세요)

② Beyond news. Intelligence(뉴스 이상. 정보)

씨엔비씨 CNBC

① Profit from it(뉴스에서 이익을 얻으세요)

② First in business worldwide(전 세계적으로 처음/비즈니스 분야에서 세계 최초)

이전보다 슬로건이 훨씬 낫다.

③ Make it your business(당신의 일로 만드세요)

④ Capitalize on it(기회로 삼으세요/밑천으로 삼으세요)

첫 번째 슬로건과 매우 유사하다.

— Profit과 capitalize 모두 금전적 수익과 관련이 있는 표현이다.

씨엔엔 CNN

① Be the first to know(가장 빨리 뉴스를 접하십시오)

나쁘지 않은 슬로건이다. CNN 뉴스의 신속함을 강조한다. 거의 별을 받을 자격이 있다.

② The world's news leader(월드 뉴스 리더)

사실이든 아니든 약간 자만한다.

③ Go beyond borders(국경을 넘어서)

컨트리 라이프 Country Life[잡지]

The home of premium property(프리미엄 부동산의 집)

광고하는 부동산을 모아놓은 잡지를 집으로 표현한 점이 인상 깊다.

데일리 익스프레스 Daily Express

You want change. Change today(변화를 원한다면. 오늘 바꾸십시오)

— 여기에서 바꾸고자 하는 것은 세상과 오늘 등을 가르키지만 더 깊은 뜻은 데일리 익스프 레스로 신문을 바꾸라는 뜻이다.

이코노미스트 The Economist
① Make an impression(감명을 주십시오)
② Independent. International. Indispensable(독립적. 국제적. 필수적)
반복이 듣기에는 좋지만 신문이라는 언급이 없다.

이에스피엔 ESPN
① The worldwide leader in sports(월드 스포츠 리더)
② Miss nothing*(그 무엇도 놓치지 않습니다)
부정적인 단어가 두 개나 있지만 나쁘지 않다.

유로비즈니스 EuroBusiness[잡지]
Because business doesn't stop at borders(비즈니스는 국경에서 멈추지 않기 때문입니다)

이브닝 스탠다드 Evening Standard
Know what London's thinking(런던이 무슨 생각을 하는지 압니다)

파이낸셜타임스 Financial Times
No FT, no comment(노 FT, 노 코멘트)

퍼스트 First[여성잡지]
First. The conversation starts here(퍼스트. 대화는 여기서 시작됩니다)

푸드 앤 트래블 매거진 Food and Travel Magazine
Taste the experience-experience the taste(경험을 맛보세요-맛을 경험하세요)
꽤 괜찮은 슬로건이다.

포브스 Forbes
① The world is ready. Are you?(세계는 준비되었습니다. 당신도 준비되셨습니까?)
② Forbes Capitalist tool(포브스는 자본가의 도구다)
Capitalist(자본가)라는 자극적인 단어를 사용해 도발적인 멋있는 슬로건을 완성했다.

포춘 Fortune[잡지]
① We're committed to you(당신에게 최선을 다합니다)
② Younger and wiser(더 젊고 현명한)

프리 Free
Buy today. Watch today. Free forever(오늘 사세요. 오늘 구독하세요. 평생 프리하세요/평생 무료입니다)

그라지아 Grazia
Have you got your GRAZIA?(그라지아 있으세요?)

히스토리 채널 History Channel
Where the past comes alive(과거가 살아나는 곳)

인터내셔널 헤럴드 트리뷴 International Herald Tribune
The world's daily newspaper(세계의 일간 신문)

아이티비1 ITV1
The brighter side(더 밝은 측면)

매거진스 Magazines
The power of print(인쇄물의 위력)

엔비씨 유럽 NBC Europe
Where the stars come out at night(밤에 별이 나오는 곳/밤에 스타가 나오는 곳)

엔비씨 뉴스 NBC News
When you really want to know(진정으로 알고 싶을 때)

뉴욕타임즈 New York Times
All the news that's fit to print(모든 가치 있는 뉴스)
너무나 유명해서 평가하기가 어렵다.

뉴스위크 Newsweek

The international news magazine(국제 뉴스 매거진)

레스토랑 Restaurant[잡지]

Says it all(전부를 보여 드립니다/이것이면 충분합니다)

리서전스 Resurgence[잡지]

Celebrating 45 years(45주년 기념)

로이터 Reuters[before merger]

① Know Now**(지금 아세요)

짧고 리듬감 있다. 게다가 두 번째 단어는 처음 단어에 포함되었다!

② New era. New tools(새로운 시대. 새로운 도구)

스카이 Sky

Believe in better(더 좋은 것을 믿으세요)

스펙테이터 The Spectator

① Champagne for the brain*(두뇌를 위한 샴페인)

샴페인을 사용해 설득력이 있을 뿐만 아니라 어떤 분야의 잡지인지도 전달한다. 지식층 독자 말이다.

② Don't think alike(비슷하게 생각하지 말라)

스포츠 Sport[잡지]

The weekend starts here(주말은 여기서 시작된다)

스터프 Stuff

The world's best-selling gadget magazine(세계 베스트셀러 도구 매거진)

선데이타임즈 Sunday Times

① Sunday isn't Sunday without the Sunday Times(선데이타임즈가 없는 일요일은 일요일이 아닙니다)

② For all you are(당신이 누구이든, 당신에게 맞는)
약간 의미심장한 이 슬로건은 사람이 다양한 흥미와 열정을 가지고 있는 다차원적 존재라는 것을 보여준다.

서프걸 SurfGirl
Swing into Spring(봄에 빠져들어라)

태틀러 Tatler
What fun!(재미있다!)

톰슨 로이터 Thomson Reuters[after merger]
Knowledge to act(행동하기 필요한 지식/정보)

타임 Time
① Step out of your world(당신의 세계를 잠시 떠나세요)
② Join the conversation*(대화에 참여하세요)
간단명료하게 핵심을 잡아냈다.
③ Know where(어디에서 무슨 일이 일어나는지 아세요)
― 동음이의어인 nowhere를 활용한듯 싶다.

타임즈 The Times
Be part of the time*(이 세대에 무슨 일이 일어나는지 알아 세상의 일부가 되세요/타임즈를 구독하세요)
너무 억지스럽지 않게 time을 활용한 멋진 발상이다.

티비 TV
Where brands get their break**(브랜드가 대박을 터뜨리는 곳)
멋있는 슬로건이다. Brands와 break에 반복되는 br이 듣기 좋다.

유에스 뉴스 앤 월드 리포트 US News and World Report
News you can use(활용 가능한 뉴스)
멋진 라임이다.

보그 Vogue

① Vogue-for the overwhelming minority(보그-압도적인 소수를 위하여)

② If it wasn't in VOGUE, it wasn't in vogue(보그에 있지 않다면 유행이 아니다)

보그와 유행을 멋지게 사용했지만, 왜 과거시제를 사용했는가?

③ Get it first. Get it fast(가장 먼저 구해라. 빨리 구해라)

월스트리트저널 The Wall Street Journal

① The daily diary of the American dream(아메리칸 드림 일기)

- Journal과 diary는 둘 다 일기를 지칭하는 다른 말이기도 하다. 여기에서는 아메리칸 드림의 저널(신문)이라고 해석 가능하다.

② Every journey needs a journal(모든 여행에는 신문이 필요하다)

발음이 비슷한 journey와 journal을 사용하기는 하지만, 여기서 말하는 신문이 꼭 월스트리트저널을 뜻하지만은 않는다.

- Journal은 일기와 신문을 지칭하기 때문에 '모든 여행에는 여행을 기록할 일기가 필요하다'라고 역시 해석 가능하다.

③ Live in the know*(세상에서 무슨 일이 일어나는지 아세요)

어떤 신문인지 구체적으로 언급하지는 않지만 좋은 슬로건이다. 탁월한 아이디어를 통해 탁월한 슬로건이 만들어진다는 것을 보여주는 좋은 예시다.

월드 오브 인테리어즈 World of Interiors

The ultimate design magazine(최고의 디자인 매거진)

예스터데이 Yesterday[TV 채널]

Where the past is always present*(과거가 항상 존재하는 장소/과거가 항상 현재인 곳)

TV 채널의 목표를 확실히 전달한다.

39 의학연구소, 병원[건강관리, 제약 참조]

바체스터 Barchester
Celebrating life(삶을 기뻐합니다)

다나-파버 암연구소 Dana-Farber Cancer Institute
Dedicated to discovery(발견에 전념합니다)

지넨테크 Genentech
In business for life(생명을 지키는 비즈니스, 일생동안 지속됩니다)

할리 메디컬 그룹 Harley Medical Group
Inspiring confidence in you(자신감을 드립니다)

두경부 종양 암센터 Memorial Sloan-Kettering Cancer Center
The best cancer care. Anywhere(세계 최고의 암 치료)

신경장애 병원 Royal Hospital for Neuro-disability
Thinking time(생각의 시간)
병원의 연구를 자랑하기보다 자선모금을 유도하는 슬로건이다.

트리니티 호스피스 Trinity Hospice
Living every moment(모든 순간을 살다)

비전 익스프레스 Vision Express
We'll see you right(잘 보이도록 돕겠습니다/당신에게 부족한 것이 없도록 돕겠습니다)
회사의 비전과 환자의 비전을 동시에 잡아낸다.

40 광업

앵글로 아메리칸 Anglo American

Real mining. Real people. Real difference*(진정한 광산, 진정한 사람, 진정한 차이)

길기는 하지만 반복되는 Real이 강한 인상을 남기며 독창적이다.

앵글로골드 아샨티 AngloGold Ashanti

One element runs rings around them all*(가장 표면적인 뜻: 하나의 원소가 다른 것들보다 훨씬 우수합니다/금으로 반지를 만듭니다)

- 'Running rings around'는 다른 것보다 훨씬 우수하다는 표면적 의미가 있으며, 더 깊은 뜻으로는 앵글로골드 아샨티가 채굴하는 한 원소(금)로 반지를 만든다는 의미도 있다.

프리포트-맥모란 Freeport-McMoRan

A natural leader(당연한/자연적인 리더)

41 사무용품, 학용품

크로스 Cross

Unexpectedly Cross(뜻밖에 크로스)

엡손 Epson

Exceed your vision(당신의 비전을 능가합니다)

라미 Lamy

The desire to write(쓰고자 하는 욕구)

리레코 Lyreco

You're our number One!(당신의 우리의 넘버원입니다!)

몽블랑 Montblanc

① The art of writing(글쓰기의 미학)

듣다보면 더 마음에 드는 슬로건이다.

② A story to tell(말하려는 이야기)

첫 번째 슬로건만큼 좋지는 않다.

엠더블유비 비즈니스 익스체인지 MWB Business Exchange

Address to impress(감동적인 연설)

옥스퍼드 Oxford

Write it. Make it(쓰세요. 성공하세요)

파커 Parker

① A Parker is in the details(파커는 디테일에 신경 씁니다)

– 'The devil is in the details(세밀한 부분이 골치덩어리다)'라는 표현을 활용했다.

② Write your own story(당신의 이야기를 쓰세요)

리코 Ricoh

We're in your corner(우리는 당신 편이에요)

삼성 Samsung

① Everyone's invited(여러분 모두를 초대합니다)

② Turn on tomorrow(내일을 켜세요)

삼성 슬로건 중에서 가장 좋다.

③ Live life on your terms(당신의 방식으로 사세요)

④ Where the possible begins(가능성이 시작하는 곳)

⑤ Use your influence(당신의 영향력을 발휘하세요)

⑥ Imagine the possibilities(가능성을 상상하세요)

여기 이 슬로건 목록은 좋은 슬로건을 만들기는 상대적으로 쉽지만, 모든 사람의 기억에 남는 슬로건을 만들기는 힘들다는 것을 보여준다.

삼성 노트북 Samsung Notebook
Designed to go. Powered to perform(성능을 위해 디자인되다)

샤프 Sharp
① From sharp minds come Sharp products*(샤프한 마음에서 샤프한 제품이 나옵니다)
브랜드 이름을 사용했기에 좋고, 한 단어의 의미를 다르게 사용해서 좋다.
② This is why(이게 그 이유에요)
멋진 슬로건이지만, 기업 설명이 하나도 없다. 왜 이 슬로건인가?

스타빌리오 Stabilo
The easy handwriting pen for school(학생이 쓰기 좋은 연필)

스테이플스 Staples
That was easy!(쉽잖아!)
과거 시제가 사용된 흥미로운 슬로건이다.

팁-엑스 Tipp-Ex
White and rewrite(화이트 앤 리라이트)
운율이 잘 맞는다.
– 'Write and Rewrite'를 연상시킨다.

바이킹 Viking
All the inspiration your office needs(당신의 사무실이 필요한 모든 감동)

빌칸 Wilkhahn
Chassis for work and life(업무와 생활을 위한 섀시)

제록스 Xerox
① The document company(문서 전문기업)
들으면 바로 제록스가 떠오르는 건 아니지만 곧 입에 붙을 것 같다.
② Ready for Real Business(본격적인 비즈니스를 위한 준비)

42 온라인 서비스

올어바웃유닷컴 Allaboutyou.com
Smart women click here(스마트한 여성들은 여기를 클릭합니다)
쉽고 좋은 슬로건이다.

굿가라지스킴닷컴 Goodgaragescheme.com
It's like having a friend in the know(잘 알고 있는 친구가 있는 것과 마찬가지입니다)

잡사이트 Jobsite.co.uk
Our job is searching for your job(우리의 일은 당신의 일을 찾아드리는 것입니다)

러브스트럭닷컴 Lovestruck.com
Where busy people click(바쁜 사람들이 클릭하는 공간)

매치닷컴 Match.com
Make love happen(사랑이 일어나게 만드세요)

마주마닷컴 Mazuma.com
Turn your old mobile into cash(중고차를 현금으로 바꾸세요)

모터스 Motors.co.uk
Your search ends here(서치는 여기에서 끝납니다)

마이트랙 MyTrack
Trade like a Pro(프로처럼 트레이드하세요)

슈어트레이더닷컴 Suretrader.com
The smart tool for smart investors(스마트한 투자자들을 위한 스마트한 툴)

위바이애니카닷컴 Webuyanycar.com
The UK's favourite specialist car buyer(영국에서 가장 사랑받는 자동차 바이어)

웨이트와처스 온라인 Weightwatchers online
Finally, losing weight clicks(드디어 살을 어떻게 빼야하는지 이해가 됩니다)
– 온라인 체중감량 사이트이기 때문에 컴퓨터 용어인 click을 활용했다.

웅가닷컴 Wonga.com
① Little loans, lot of control(적은 대출, 많은 컨트롤)
② Straight talking money(돈에 관한 단도직입적 이야기)

43 개인금융[금융 서비스 참조]

에이비엔 암로 ABN AMRO
① The network bank(네트워크 뱅크)
② Making more possible(더 많은 일을 가능하게 합니다/더 많은 가능성을 엽니다)

앨리 뱅크 Ally Bank
Straightforward(간단합니다)

뱅크 오브 아메리카 Bank of America
① Power in motion(움직이는 위력)
– 은행이 권위가 있으며 고객에게도 권위를 준다는 뜻이다.
② Embracing ingenuity(창의력을 포용하다)
첫 번째 슬로건보다 더 핵심을 잡아낸다.

뱅커스 트러스트 Bankers Trust
Architects of value(가치의 창조자)

바클레이스 Barclays

① Fluent in finance(금융에 능통한)

② Being in control(통제하고 있습니다)

③ Take one small step(한 걸음씩 차근차근)

슬로건에 있는 step은 다른 세 단어보다 살짝 위에 있다.

비엔피 파리바 BNP Paribas

① Thinking beyond banking*(은행 업무 이상을 고려합니다)

통찰력 있는 슬로건이다.

② The bank for a changing world(변화하는 세상을 위한 은행)

비엔와이 멜론 BNY Mellon

Who's helping you?(누가 당신을 돕습니까?)

좋지만 다른 의문형 슬로건처럼 약간 부족하다.

비즈니스 캐시 어드밴스 Business Cash Advance

Unlocking your future sales potential(당신의 매출 잠재력을 잠금 해제합니다)

센타우르 Centaur

Investment. Intelligence. Instruction(투자. 지능. 지도)

체이스 Chase

① The right relationship is everything(올바른 관계가 전부입니다)

② What matters(중요한 것)

시티 뱅크 Citibank

The City never sleeps(도시/시티 뱅크는 결코 잠들지 않는다)

시티즌 뱅크 Citizens Bank

Not your typical bank(평범한 은행이 아닙니다)

코머즈뱅크 Commerzbank
German know-how in global finance(세계 금융의 독일식 노하우)

크레딧 리요네 Crédit Lyonnais
Let's talk*(얘기해봅시다)
고객친화적인 슬로건이다.

크레딧 스위스 Crédit Suisse
① Whatever makes you happy(당신을 기쁘게 한다면 무엇이든지)
② True specialists(진정한 전문가들)
③ It's time for an expert[Investment Consulting](투자 컨설팅 전문가가 필요한 순간)

도이치 뱅크 Deutsche Bank
① Leading to results(결과로 안내합니다)
② A passion to perform(성과를 이루는 열정)
크게 향상된 슬로건이다.

디스커버 Discover[credit cards]
It pays to switch. It pays to Discover(바꾸면 돈이 됩니다. 발견하면/디스커버를 하면 돈이 됩니다)

이에프지 인터내셔널 EFG International
Practitioners of the craft of private banking(개인 뱅킹 전문가)

에시컬 포레스트리 Ethical Forestry
Sustainable timber investments(지속적 수목 투자)

피델리티 Fidelity
Bringing investing to life(투자에 생기/생명을 줍니다)

퍼스트 다이렉트 First Direct

Banking is better in black and white(뱅킹은 흑백이 더 낫다/뱅킹은 명백한 것이 좋다)

플레밍 Fleming

Premier banking(최고의 금융)

포티스 Fortis(BNP Paribas)

Getting you there(도달하도록 도와드립니다)

– 재정적 목표에 도달하도록 돕는다는 뜻을 전달한다.

제네바 프라이빗 뱅커스 Geneva Private Bankers

Liberty. Independence. Responsibility(자유. 독립. 책임)

지에프티 GFT

Above all, integrity(무엇보다도, 정직)

골드먼 삭스 Goldman Sachs

Progress is everyone's business(나아지는 것은 모두의 일입니다)

– 'Progress(진척)는 모두의 비즈니스입니다' 또는 '골드먼 삭스에서 일하는 모든 이들의 일은 당신의 진전입니다'라고 읽을 수도 있다.

핼리팩스 Halifax

① The people who give you extra(추가로 더 주는 사람들)
② A little extra help(약간의 덤은 도움이 됩니다)

핸슨 뱅크 Hanson Bank

A company over there that's doing rather well over here(그쪽에 있는 기업이 이쪽에서 상당히 잘합니다)

에치에스비씨 HSBC

① The world's local bank(세계의 현지 은행)

② World class performers(세계 일류 은행)

하이포 뱅크 Hypo Bank
Our energy is your capital(우리의 에너지는 당신의 자산입니다)

아이엔지 다이렉트 ING Direct
A decent way to do banking(금융을 하는 제대로 된 방법)

인베스텍 Investec
Out of the ordinary(평범하지 않습니다)
회사에 관한 내용이 아무 것도 없다.

엘지티 뱅크, 리히텐슈타인 LGT Bank, Liechtenstein
Expect more(더 기대하십시오)
좋은 슬로건이다. 금융에 대한 언급이 있었다면 별 1개짜리 슬로건이 될 수 있을 뻔
했다.

야누스 Janus
Go farther(더 멀리 갑니다)

줄리어스 배어 그룹 Julius Baer Group
① The fine art of private banking(개인금융의 예술)
② True to you(진실합니다)

로이드 TSB Lloyds TSB
For the journey…*(여정을 위해…)
꽤 좋은 슬로건이다. 보수적인 은행에 어울리면서도 많은 뜻을 내포하고 있다.

롬바르드 오디에 Lombard Odier & Cie
A different perspective for a bigger picture(더 큰 그림을 위한 다른 관점)

머니 어드바이스 서비스 Money Advice Service
Helping you feel good about money(금전적으로 편안하도록 도와드립니다)

모건 스탠리 Morgan Stanley
One client at a time*(한번에 한 명의 고객)
훌륭한 슬로건이다. 모든 고객이 개별적 서비스를 받는다는 메시지를 완벽하게 전달한다.

네이션와이드 Nationwide
① Proud to be different(차이에 자부심을 갖습니다)
② On your side(당신 편에서)
이전 슬로건에 비해 더 나아졌는지는 의문이다.

넷웨스트 NatWest
Helpful banking(도움이 되는 금융)

퍼플 론 Purple Loans
Add colour to your life(당신의 삶에 색을 더하세요)

라보뱅크 그룹 Rabobank Group
The power of knowledge(정보/지식의 힘)

리퍼블릭 내셔널 뱅크 오브 뉴욕 Republic National Bank of New York
Strength. Security. Service(강점. 보장. 서비스)

로얄 뱅크 오브 스코틀랜드 Royal Bank of Scotland
Here for you(당신을 위해 여기에 있습니다)

산탄데르 Santander
① Value from ideas(아이디어로부터의 가치)
② Driven to do better(더 잘할 의욕이 있습니다)

슈뢰더즈 Schroder's
Sound investment thinking(건전한 투자 견해)

소시에테 제네랄 Société Générale
Red, black and rising(적, 흑, 그리고 상승)
소시에테 제네랄의 색을 슬로건에 활용했다. Red는 적색으로 표기되었다.
- 적자와 흑자를 나타내는 색을 슬로건에 사용했다. 적자에서 흑자로, 흑자에서 더 큰 이익
  을 남길 수 있다는 뜻이다.

시즈 Syz & Co
Created to perform(성능을 위해 창조되다)

유비에스 UBS
① The power of partnership(파트너십의 위력)
② U & US(당신과 우리)
TV 광고에서는 & U가 B로 바뀌어 UBS를 이룬다.

웰스 파르고 Wells Fargo
Together we'll go far(함께 멀리 갈 것입니다)
- 기업명에 있는 Fargo를 슬로건에 활용했다.

제니스 Zenith
In your best interest(당신을 위한 최선의 방법입니다)

44 석유산업

영국석유회사 BP(British Petroleum)
① Beyond petroleum**(석유, 그 이상)
기업의 이니셜뿐만 아니라 기업 이름의 두 번째 단어를 이루는 petroleum까지 슬로건
에 활용했다. 첫 번째 단어는 긍정적인 이미지를 나타냈고, ACER 슬로건과 유사하다.

② Looking after the heart of your car(자동차의 심장을 돌봅니다)
③ London 2012. Fuelling the future(2012년 런던. 미래를 미래)

쉐브론 Chevron
① The symbol of partnership(파트너십의 상징)
② Human energy(휴먼 에너지)
석유는 휴먼 에너지가 아니다.

쉐브론 텍사코 Chevron Texaco
Turning partnership into energy(에너지로 전환하는 파트너십)

에르그 ERG
Where Italy finds energy(이탈리아 에너지를 얻는 곳)

모빌 Mobil
The energy to make a difference(차이를 만드는 에너지)
휴렛-팩커드 Hewlett-Packard와 유사하다.

사우디 아람코 Saudi Aramco
Energy to the world(세상을 향한 에너지/세계에 에너지를 공급합니다)

쉘 Shell
① Wave of change(변화의 물결)
Shell(쉘/조개껍질)이 발견되는 바다를 언급한 것이 멋지다.
② Let's Go(가자)

텍사코 Texaco
A world of energy(에너지의 세계)

토탈 Total
① Our energy is your energy*(우리의 에너지는 당신의 에너지입니다)
길지만 강하다. 에너지에 대해 이야기하면서도 기업과 고객의 관계를 설명한다.

② Our energy is without limits(우리의 에너지에는 한계가 없습니다)

45 애완동물

미국동물애호협회 ASPCA
Be part of our heart(우리의 사랑에 동참하세요)

블루 크로스 Blue Cross
Britain's pet charity(영국의 애완동물 자선기관)

시저 Cesar
① Sophisticated Food for Sophisticated Dogs*(세련된 개들을 위한 세련된 음식)
유머가 넘치는 슬로건이다.
② Love them back(사랑에 답해주세요)

드리미스 Dreamies
The treat cats crave(고양이가 원하는 간식)

펠리웨이 Feliway
The secret to happy cats(고양이가 행복하기 위한 비밀)

펠릭스 Felix
Clever cats like Felix(펠릭스 같이 영리한 고양이들)

고-캣 Go-Cat
For kittens that live life to the full(천수를 누리는 아기 고양이를 위한 사료)

헬시 펫츠 Healthy Pets
The Pet Insurance Specialists(애완동물 보험 전문의)

힐즈 Hill's

Vet's no.1 choice(수의사의 선택)

메이휴 애니멀 홈 Mayhew Animal Home

Helping animals and their carers since 1886(1886년 이래 동물과 동물 돌보는 이들을 돕습니다)

퓨리나 Purina

① Bring out the champion in your dog(당신의 애완견의 챔피언 열정을 발현시키세요)

② Your pet, our passion*(당신의 애완동물, 우리의 열정)

단어 네 개 모두 강력하며 p의 반복도 좋다. 보편적이면서도 메시지 전달이 분명하다.

③ The best ingredient is love(가장 중요한 성분은 사랑입니다)

---

46 제약[화장품, 건강관리와 가정용품 참조]

아브레바 Abreva

Think fast. Think Abreva(서두르세요. 아브레바를 기억하세요)

아큐브 Acuvue[콘택트 렌즈]

See what could be(어떤 것인지 보세요)

애드베어 Advair

Because life should take your air away. Not asthma(아름다운 삶 때문에 숨이 멎습니다. 천식 때문이 아니라요)

– 'Take one's breath away(너무 아름다워서 숨이 멎을 정도)'라는 의미의 구문을 활용해 breath 대신 천식을 생각나게 하는 air를 사용했다.

애드빌 Advil

Advance to Advil(애드빌로 진보하세요)

Adv의 반복은 좋지만 무엇을 하는 기업인지 알아볼 수 없다.

올 어바웃 웨이트 All About Weight
Fast, healthy weight loss(빠르고, 건강한 체중감량)

알레그라 Allegra
Real relief. For real living(진짜 생활을 위한 진짜 진통제)

엘러간 Allergan
The science of rejuvenation(회춘의 과학)

알리 Alli
How healthy works(건강함의 방식)

올웨이즈 Always
Have a happy period. Always*(즐거운 기간을 갖으세요. 항상)
두 가지 말장난이 포함되어 있다. Period는 기간이라는 뜻도 있지만 월경이라는 다른 뜻도 있으며, always는 항상이라는 뜻도 있지만 이 기업의 이름도 되기 때문이다.

암비엔 Ambien
Works like a dream*(꿈처럼 작용합니다)
잠이 들게 만든다는 메시지를 멋있게 전달한다.

암앤해머 Arm & Hammer
① Switch to Arm & Hammer. You'll never go back(암앤해머로 바꾸면 절대 다시 돌아가지 않을 것입니다)
슬로건보다는 광고같다. 하지만 짧게 줄인다면 슬로건처럼 들릴 것이다.
② The standard of purity(순도의 기준)

아스텔라스 Astellas
Leading light for life(삶을 위한 선두의 빛)

아벤디아 Avandia
Help use the natural insulin in you(인체에 있는 인슐린 활용을 돕습니다)

아비노 Aveeno
Discover the power of active naturals(활성 내츄럴의 재발견)

아벤티스 Aventis
Our challenge is life(우리의 도전은 삶/생존이다)

에이본 Avon
There's a world out there(다른 세계가 있습니다)

바이엘 Bayer
Expertise with responsibility(책임감 있는 전문가)

바주카 Bazuka
Bazuka that Verruca… Bazuka that Wart(사마귀 없애는 바주카)

베네콜 Benecol
Proven to lower cholesterol(콜레스테롤 수치 저하 입증)

베예즈 Beyaz
Beyond birth control(피임약 이상)

비무노 트레블에이드 Bimuno Travelaid
Support your tummy while abroad(여행하시는 동안 속을 편안하게 해드립니다)

블랑스 BlanX
BlanX whitens naturally(블랑스는 자연스럽게 미백합니다)

본젤라 Bonjela
Our most complete treatment ever(우리의 가장 완벽한 치료)

부츠 Boots
Feel good(기분 좋은)
상당히 좋다. 50년 전에 만들어졌다면 유명할만한 슬로건이다.

세파론 Cephalon
Insights into medicine(의학의 통찰)

추안 스파 Chuan Spa
① Captivate your senses(감각을 사로잡습니다)
② Rediscover your source(당신의 근원을 재발견하세요)
이 두 슬로건을 적절히 조합해야지만 완벽한 슬로건이 탄생될 듯 싶다.

씨러스 Cirrus
Have you heard?(들어봤어요?)

클라리뷰 Clarivu
Total vision correction(전면적 시력 교정)

콜게이트 Colgate
Cleans more than just teeth(단순히 치아 청결 이상)

컴피드 Compeed
Be unstoppable(누구도 멈출 수 없습니다.)

크레스트 Crest
Healthy, beautiful smiles for life(평생 건강하고 아름다운 미소)

드클레어 Decléor
Essential to beauty(아리따움의 필수 요소)

딥 프리즈 Deep Freeze
Spray on. Play on*(스프레이 하세요. 계속 운동하세요)

요점을 잘 잡은 슬로건이다.

둘코락스 Dulcolax
Predictable overnight relief(오늘 저녁 복용하고 내일 아침에 속편하세요)

듀렉스 Durex
Mutual pleasure(서로 누리는 즐거움)
브랜드 이름 부분이기는 하지만, 슬로건으로도 활용 가능하다.

엘라스토플라스트 Elastoplast
When life gets exciting(인생이 흥미진진해지는 때)

유세린 Eucerin
Skin science that shows(눈에 보이는 피부 과학)

엑소렉스 Exorex
Effective psoriasis relief(효과적 건선 완화제)
슬로건이 너무 노골적이다. 병명을 직접적으로 언급해 부정적 연상을 유도한다.

엑스비앙스 Exuviance
The science of skin transformation(피부 변화의 과학)

픽소덴트 Fixodent
Best hold(잘 접착시킵니다)
– 픽소덴트는 틀니 접착제다.

개비스콘 Gaviscon
What a feeling!(편안하다!)

질레트 Gillette
The best a man can get(최상의 남자/남성이 쓸 수 있는 최상의 것)
– Gillette와 get의 라임을 활용했다.

굿 무드 Good Mood[tablets]

Have a Good Mood day!(굿 무드 데이 하세요!)

호올스 Halls

Free your throat(목을 풀어주세요)

헬스판 Healthspan

Nutrition for a healthy lifespan(건강한 삶을 위한 영양소)

히든 히어링 Hidden Hearing

We listen, you hear*(당신에게 귀 기울입니다. 이제 들어보세요)
훌륭한 슬로건이다.

홀리스-에덴 Hollis-Eden

Serving humanity(인류에 기여합니다)

이블레브 Ibuleve

Pain relief-without pills(바르는 진통제)

이모디엄 Imodium

① Faster relief that you can count on(믿을 수 있는 신속한 편안함)
② Fast but gentle(빠르지만 순합니다)
이전 슬로건보다 훨씬 낫다.
- 설사약이다.

존슨앤존슨 Johnson & Johnson

The family company(가족기업)

락토프리 Lactofree

Dump the lactose, not the dairy(유제품에서 락토스만 뺍니다)

리스테린 Listerine

Cleans where brushing misses(솔이 닿지 않는 부분을 닦습니다)

로이드 파머시 Lloyds Pharmacy

Health care for life(평생의 헬스케어)

러브룰라닷컴 LoveLula.com

The organic apothecary(유기농 약국)

머크 Merck

Committed to bringing out the best in Medicine(최고의 약을 개발하기 위해 최선을 다합니다)

미라반트 Miravant

Medical technologies(의료기술)

엠에스디 MSD

Where patients come first(환자가 우선인 곳)

밀란 Mylan

Your life(당신의 인생)

뉴로 Neuro[크림]

It's all about you(당신만을 위합니다)

니코레트 Nicorette

① You can do it. Nicorette can help(담배를 끊을 수 있습니다. 니코레트가 돕습니다)
② Makes quitting suck less(담배 끊기를 덜 어렵게 합니다)
③ For every cigarette there's a Nicorette(담배 한 개피 대신 니코레트가 있습니다)

옵티그라 Optegra

Expert eye care(안과 전문)

옵트렉스 Optrex

We understand the language of eyes(우리는 눈의 언어를 이해합니다)

나쁘지 않다. 만약 언어라는 말이 없었다면 구강약으로 더 어울리는 슬로건이다.

오라젤 Orajel

Real relief in real time(즉시 얻는 통증 완화)

오랄 비 프로 엑스퍼트 Oral B Pro Expert[치약]

The toothpaste our brushes have been waiting for(칫솔이 고대하던 치약)

오랄라테 Oralyte

Hydrate right with Oralyte(오랄라테로 올바른 수분 섭취하세요)

라임을 소심하게 사용했다.

파나돌 Panadol

Body FIRST(신체부터)

펄 드롭스 Pearl Drops

For a whiter, brighter smile(더 하얗고, 반짝이는 미소를 위하여)

퍼펙틸 Perfectil

The science of beauty(아름다움의 과학)

화이자 Pfizer

Life is our life's work(우리의 필생의 업적은 삶 자체입니다)

이전 슬로건 We are part of the cure(치료의 한 부분입니다)보다 낫다.

– 약으로 사람들의 삶을 개선하고 목숨을 살리는 것이 최대 업적이라는 뜻이다.

피리 Piri

Act before you React(반응하기 전에 행동하세요)
– 알러지가 반응하기 전 복용하라는 의미다.

플랜 비 Plan B

Because the unexpected happens*(예상치 못한 일들도 생기니까요)
매우 감정적인 사건에 반해 놀라우리만큼 단순한 슬로건이다.

플레이텍스 프로덕트 Playtex Products[템폰]

Because comfort counts(편안함도 중요하니까요)

프로작 Prozac(Eli Lilly)

Welcome back**(잘 돌아오셨어요)
UPS 모토처럼 인간적이지만, 아주 약간 섬세함이 부족하다.

램브란트 Rembrandt

① Oral health and beauty(구강 건강과 미용)
② Be your brightest(발랄하세요/이를 반짝반짝)

라이트 가드 Right Guard

Keep your cool(침착하세요)

씨-본드 Sea-Bond

Holds dentures, protects gums(틀니와 잇몸을 보호합니다)

시노컷 컴포트 Senokot Comfort

Feel happy inside(속을 편하게 하세요)

세븐 시즈 조인트케어 Seven Seas Jointcare

A spring in your step(발걸음의 경쾌함/당신의 걸음에 스프링을)

소미넥스 Sominex
Count on us to help you drift off(잠에 들도록 도와드립니다. 믿으세요)

수다페드 Sudafed
Stops sinus pain before it starts(콧 속 통증이 시작하기 전에 멈추세요)

수퍼드러그닷컴 Superdrug.com
Take another look(제품을 다시 한 번 보세요/주변에 있는 사람들이 돌아보게 됩니다/새로운 미모를 갖으세요)
제품과 소비자를 동시에 겨냥한 슬로건이다.
– 하나의 표현으로 세 가지 의미를 동시에 전달한다.

슈어맨 Suremen[데오도런트]
It won't let you down(실망시키지 않습니다)

탐팩스 Tampax
① The one. The only. Tampax(하나. 오직 이것뿐. 탐팩스)
② Outsmart Mother Nature*(대자연 어머니를 한수 앞서라)
특히 광고하기 어려운 브랜드이지만 창의적이고 사랑스러운 슬로건이다.

타이레놀 Tylenol
Take comfort in our strength(우리의 힘에서 위안을 찾으세요)

울트라레이즈 Ultralase
Gold standard eye correction(금본위제 시력 교정)

바지실 Vagisil
The relief you need… right where you need it(당신에게 필요한 진통제. 딱 필요한 순간에)
어려운 주제에 알맞은 좋은 슬로건이다.

비트 Veet[크림]
① Sensationally smooth(놀라울 정도의 부드러움)
② What beauty feels like(아름다움의 감촉)

바이액티브 Viactiv
Active nutrition for women by women(여성이 제작한 여성을 위한 활성 영양소)
약간 여성우월주의적 슬로건이다.

비아그라 Viagra
Ask your doctor. See the difference(의사와 상담하세요. 차이를 확인해보세요)
차이를 see(확인해보세요)와 feel(느껴보세요) 사이에서 고민했을 것이다. Feel보다 see가 좀 더 대담하고 더 좋다.

빅스 Vicks
Breathe life in(생명을 호흡하세요)

비시크 Visx
The power to see(보는 능력)

비타바이오틱스 Vitabiotics
Where Nature meets Science(자연과 과학의 접점)

비바린 Vivarin
Making the most of every day(매일을 최대한 즐기세요)

볼타롤 Voltarol
The joy of movement(움직임의 기쁨)
약품의 효과를 강조하는 슬로건이다. Joy가 다른 단어보다 살짝 위에 자리한 것을 주목하라.

월그린 Walgreens
① The Pharmacy America trusts(미국이 신뢰하는 약국)
② Fast. Friendly. Flexible(신속. 친절. 유연)

웰박스 Wellbox
How well do you want to live?(얼마나 건강히 살기를 원하십니까?)
– How well을 사용해 웰박스의 기업명을 간접적으로 노출한다.

윌킨슨 스워드 Wilkinson Sword
Free your skin(피부를 자유롭게)

윌로우브룩 Willowbrook
Risers. Recliners(라이저. 리클라이너)
– Riser(라이저)는 거동이 불편한 노인들이 의자에서 일어나기 쉽도록 방석부분이 밀어주는
의자이며, Ricliner(리클라이너)는 등받이를 뒤로 누울 수 있는 의자다.

제노 Zeno
Clearly outsmarts pimples(여드름을 확실하게 처리합니다/여드름을 깨끗하게
처리합니다)

조코 Zocor
It's your future. Be there(당신의 미래입니다. 살아서 그 미래에 도달하십시오)
– 조코는 콜레스테롤 수치를 낮춰주는 의약품이다.

47 사진

캐논 Canon
① You and Canon can(캐논과 함께라면 할 수 있습니다)
Canon과 can을 활용하려고 한다.
①-a You can*(할 수 있습니다)

짧은 버전이 훨씬 더 낫다.

② From mind to matter(정신에서 물질로)

③ Know how(노하우)

최근 슬로건이 가장 좋다.

④ imageANYWARE(이미지 애니웨어)

- Anywhere와 software를 활용해 어디서든 이미지를 만들 수 있다는 의미를 전달한다.

⑤ Take more than pictures. Take stories(사진 이상을 찍으세요. 이야기를 찍으세요)

후지 파인픽스 Fuji FinePix

Don't take photos. Take FinePix(사진을 찍지 말라. 파인픽스를 찍으라)

후지필름 Fujifilm

You can see the future from here(이 곳에서 미래를 볼 수 있습니다)

코닥 Kodak

Take pictures. Further(사진 찍으세요. 더 멀리)

이 슬로건을 기억해보라. 마지막 단어를 기억하기가 참 어렵다.

코니카 미놀타 Konica Minolta

① Do something important(중요한 일을 하세요)

② Only from the mind of Minolta(미놀타 정신으로부터)

교세라 Kyocera

Products for a clear future(분명한 미래를 위한 제품)

라이카 Leica

① Fascination and precision(매혹과 정밀)

② My point of view*(나의 관점, 나의 카메라)

니콘 Nikon

① Step ahead(한 발자국 앞서서)

② At the heart of the image(이미지의 중심에)

올림푸스 Olympus
Focus on life(인생에 포커스)

펜탁스 Pentax
Aren't your pictures worth a Pentax?(펜탁스를 써야 할 만큼 당신의 사진이 소중하지 않나요?)
흔치 않은 의문형 슬로건이다.

폴라로이드 Polaroid
See what develops(무엇이 현상되는지 보세요)
Develop의 두 가지 의미 '발전하다'와 '현상하다'를 활용했다.

스와로브스키 옵틱 Swarovski Optik
The world in your eyes(눈 안의 세계)

월그린 Walgreens
Where America takes its pictures(미국이 사진 찍을 때)

자이스 Zeiss[렌즈]
We'll see you right(제대로 보여드립니다/부족함이 없도록 합니다)
- see… right…에게 '부족함이 없도록 하다/돌보다'라는 구문을 활용해 중이적인 구문을 완성했다.

48 인쇄 장비

알파그래픽스 AlphaGraphics
Printshops of the future(미래의 인쇄소)

브라더 Brother

At your side(당신의 편)

― Brother(브라더) 기업명과 함께 사용해 형제애와 가족애를 강조할 수 있는 슬로건이다.

49 출판[미디어 참조]

브로드웨이 북스 Broadway Books

Available wherever books are sold(도서를 판매하는 곳에서 이용가능)

크림슨 퍼블리싱 Crimson Publishing

Passionate about publishing(출판의 열정)

디케이 DK

Where learning comes to life(배움이 살아나는 곳)

엑스퍼트 북스 더 가든 투 키친 엑스퍼트
Expert Books The Garden to Kitchen Expert

You grew it… now cook it(직접 길렀으니, 이젠 요리하세요)

휴튼 미플린 Houghton Mifflin

Independent publishers since 1832(1832년 이후 독립 출판사)

이안 알렌 Ian Allan

Britain's Leading Specialist Publisher(영국의 앞서가는 전문 출판사)

론리 플래닛 Lonely Planet[guide books]

The world awaits…(세상이 기다리고 있습니다)

플레넘 퍼블리싱 Plenum Publishing

The language of science(과학의 언어)

보그닷컴 Vogue.com
The first look. The final word(첫 모습. 마지막 말)

윌리-브이씨에이치 Wiley-VCH
The new global force in scientific publishing(과학 출판의 새로운 글로벌 영향)

50 부동산

바니스 홈즈 Barnes Homes
International Property Consultant(국제 부동산 컨설턴트)

바레트 홈즈 Barrett Homes
① Built around you(당신을 중심으로 만들어졌습니다)
고객 중심의 슬로건이다.
② Find the one(당신에게 딱 맞는 것을 찾으세요)

벡티브 레슬리 마쉬 Bective Leslie Marsh
Find out what you need, when you need it most(당신이 필요한 것, 가장 필요로 할 때 찾아보세요)

컨트리사이드 프러퍼티즈 Countryside Properties[영국]
Thinking beyond today(오늘을 넘어 생각하기)
슬로건은 자체만으로는 좋지만 부동산에 관한 내용이 아무 것도 없다.

크레손 Crayson
Specialists in selling(매매 전문가)

커쉬맨 & 웨이크필드 Cushman & Wakefield
See beyond the expected(기대 이상을 보십시오)

더글라스앤고든 Douglas and Gordon
It doesn't hurt to know(안다고 나쁘지 않잖아요)

헨리 & 제임스 Henry & James
Qualities(양질)

잭슨-스탑스 & 스태프 Jackson-Stops & Staff
Times change, but standards endure(시간은 변하지만 수준은 지속됩니다)

재닌 스톤 Janine Stone
Creating exceptional homes for exceptional people(이례적인 사람들을 위해 이례적인 집을 만듭니다)

존 디 우드 John D Wood & Co
Estate of mind agents(고객의 마음에 드는 부동산을 구해주는 에이전트)
'A state of mind(마음의 상태)'를 활용한 말장난이다.
- Real estate agent(부동산 업자)와 state of mind를 결합했다.

킹렝트 폴카드 & 헤이워드 Kinleigh Folkard & Hayward
Completely London(완전히 런던)

나이트 프랭크 Knight Frank
Recipes for success(성공을 위한 레시피)

마쉬 & 파슨스 Marsh & Parsons
Local know how. Better results(로컬 노하우. 더 나은 결과)

마운트그랜지 헤리티지 Mountgrange Heritage
… values that you'll love(당신이 사랑에 빠질 가치들)

오크라이츠 Oakwrights
Beautiful homes, uniquely crafted(특별하게 만들어진 아름다운 집들)

옥타곤 Octagon
Bespoke(맞춤집)

프라임로케이션닷컴 Primelocation.com
① The more refined property search(보다 세련된 부동산 검색)
② The prime property website(프라임 부동산 웹사이트)

리얼에스테이트닷컴 RealEstate.com
The easiest part of getting a home(집구하기 중 가장 쉬운 부분)

리갈 홈즈 Regal Homes
Prepare to be inspired(감동받을 준비하세요)

라이트무브 Rightmove
Britain moves at Rightmove(영국은 라이트무브로 이사합니다)

더블유에이 엘리스 WA Ellis
① Quietly outstanding(침착하게 뛰어납니다)
② Expect the best(최고를 기대하십시오)

윙크워스 Winkworth.co.uk
For thousands of properties to buy or rent(수천 개의 매매 월세 매물)

더 월드 The World[배]
The ultimate address**(마지막 주소)
정말 포인트를 잘 잡은 슬로건이다.

주플라 Zoopla.co.uk
Smarter property search(더 똑똑한 부동산 검색)

51 소매업

아마존닷컴 Amazon.com
① Earth's biggest selection(지구에서 가장 큰 매장)
② And you're done(이제 쇼핑 끝)
③ A bookstore too big for the physical world(세상에 들어가기엔 너무 큰 서점)

아르고스 Argos
Find it. Get it. Argos it(찾으세요. 사세요. 아르고스 하세요)

아스다 ASDA
Saving you money every day(매일 절약해 드립니다)

반스앤노블 Barnes & Noble
① Booksellers since 1873(1873년 이래 서적 판매상)
② If we don't have your book, nobody does(우리가 당신이 찾는 책을 가지고 있지 않다면 그 누구에게도 없습니다)

베스트 바이 Best Buy
Turn on the fun(재미를 켜세요)

코멧 Comet.co.uk
Come and play(이리와 놀자)

코스트커터 Costcutter
Proud to be local(지역에 자부심을 갖습니다)

딜라즈 Dillard's
The style of your life(당신의 라이프스타일)

디에스엠 DSM

Bright Science. Brighter Living(밝은 과학, 더 밝은 생활)

호킨스 바자 Hawkin's Bazaar

Because life's too serious(삶은 너무 심각하니까요)

하우스 오브 프레이저 House of Fraser

Since 1849(1849년 설립)

제이씨 페니 JC Penney

① It's all inside(다 있습니다)

② Every day matters(매일이 중요합니다)

존 루이스 파트너십 John Lewis Partnership

① Never knowingly undersold(결코 양보하지 않습니다)

존 루이스 파트너십이 슬로건에서 한 약속을 지키기는 하지만, 슬로건이 어설픈 것은 사실이다. 최근에는 'on quality/on price/on service(품질과 가격과 서비스를)'라는 구문을 추가했다.

② A lifelong commitment to quality(당신을 향한 평생의 헌신)

케이마트 K-Mart

Compare and save at Super K-Mart(슈퍼 케이마트에서 비교하고 저렴하게 구입하세요)

리오네스 Lyoness

Together we are strong!(함께하면 우리는 강합니다!)

메이시스 Macy's

The magic of Macy's(메이시의 마법)

피어 임포트 Pier Import

Get in touch with your senses(감각과 접촉하세요)

베일리스Baileys 슬로건과 유사하다.

프리마크 Primark
Amazing fashion. Amazing prices(놀라운 패션. 놀라운 가격)

세인즈버리스 Sainsbury's
① Try something new today(오늘 새로운 일을 해보세요)
② Live well for less(저렴하게 잘 사세요)
이전 슬로건보다 더 낫다.

타깃 Target
Expect more. Pay less*(더 기대하세요. 더 적게 내세요)
More(더)와 less(적게)를 똑똑하게 사용했다.

티케이 맥스 TK Maxx
Big labels, small prices(큰 라벨, 작은 가격)

베리 Very.co.uk
The new online department store(새로운 온라인 백화점)

월마트 Walmart
Always low prices(상시 저가)

워터스톤즈 Waterstone's
Feel every word*(모든 단어를 느끼세요)
꽤 좋은 슬로건이다. Word(단어)를 사용해서 책과 관련된 업계라는 것을 보여준다.
– 워터스톤즈는 온라인 서점이다.

더블유에이치스미스 WHSmith
Game on. Think WHSmith(게임 중이다. WHSmith를 생각하라)
m과 i 위에 점이 있다.

윈-딕시 Winn-Dixie
The real deal*(진짜 거래)
멋진 라임이다.

52 선박

아킨 프루바 요트 Arkin Pruva Yachts[터키]
Refined sailing for those wanting to enjoy the future whilst honouring the past(지난날을 존중하며 미래를 누릴 자들을 위한 정제된 요트)

비-요트 b-Yachts
Sail the difference(차이를 항해하라)

캠퍼 & 니콜슨즈 Camper & Nicholsons
Yachting since 1782(요트 1782년)
많은 시계 기업의 슬로건과 유사하다.

페레티 요트 Ferretti Yachts
Created to seduce(유혹하기 위해 만들어졌다)

프레스 Frers
Naval architecture and engineering(해군 수준의 건축 기술)

푸루노 나브넷 Furuno NavNet
Get some backbone…(용감하게 바다로 나서세요/기골이 있습니다)

퓨처 파이버스 Future Fibres
Tomorrow's innovation(내일의 혁신)

하켄 Harken

Innovative sailing solutions(이노베이티브 세일링 솔루션)

제이 보트 J-111 Boats J-111

Better Sailboats for People Who Love Sailing(세일링을 사랑하는 사람들을 위한 고급 세일보트)

라티튜드 요트 Latitude Yachts

Classic Yachts Construction(클래식 요트 건설사)

나비모 Navimo

On board with you(당신과 함께 합니다)

맥머도 McMurdo

Safety for professionals(전문가를 위한 안전함)

맥머도 패스트 파인드 McMurdo Fast Find[조난 구조]

Get found with Fast Find(패스트 파인드로 구조받으세요)

더 무링스 The Moorings

Yacht ownership(요트 오너십)

엠티유 mtu[요트]

Power. Passion. Partnership(역량. 열정. 파트너십)

세 번째 단어는 불필요하다.

노스세일즈 NorthSails[요트]

Better by Design(태생적으로 더 낫다)

오이스터 요트 Oyster Yachts

Even at sea level you can feel on top of the world*(해수면에서도 세상의 정상을 누리십시오)

샌드맨 요트 컴퍼니 Sandeman Yacht Company
Classic Yacht Brokers(클래식 요트 브로커)

세븐스타 요트 트랜스포트 Sevenstar Yacht Transport
A sea of choice… Oceans of experience(선택의 바다… 경험의 대양)
오이스터 요트^{Oyster Yachts}의 슬로건 같이 비유를 활용한 슬로건이다.

서덜리 Southerly(Dubois Naval Architects)
World Leading Variable Draft Cruising Yachts(세계 최고의 드래프트 크루
징 요트)

스트리퍼 Stripper[프로펠러]
The bare essential for your propellor(가장 기본적으로 필요한 당신의 프로
펠러)
인어가 벌거벗었다는 의미의 bare를 두드러지게 하여, 'bare essential(가장 기본적인)'
을 더 도드라지게 만든다.
– Bare는 프로펠러에 해조나 따개비 등이 프로펠러에 자라지 않도록 한다는 점을 강조한다.

엑스-요트 X-Yachts
World Class since 1979(월드 클래스 1979년)

제우스 Zeus(B&G)
The only chartplotter designed for sailing(요트용으로 만들어진 단 하나의
지도 만드는 배)

---

53 반도체

어플라이드 머티리얼즈 Applied Materials
The information age starts here(정보화 시대는 여기서 시작된다)

인피니온 테크놀로지스 Infineon Technologies
Never stop thinking(절대 생각을 멈추지 마라)

54 소프트웨어[컴퓨터 참조]

액센츄어 Accenture[consulting]
① Innovation delivered(혁신, 전해되다)
② High performance. Delivered(고성능, 전해되다)

어도비 Adobe
Better by Adobe(어도비를 통해 향상되다)

비즈니스 오브젝트 Business Objects(SAP)
Business intelligence. If you have it, you know(비즈니스 지능. 가지고 있
는 자는 안다)

캡 제미니 Cap gemini
Ideas. People. Technology(아이디어. 사람. 기술)

씨디더블유 CDW
① Computing Solutions built for business(비즈니스를 위한 연산 솔루션)
② The right technology. Right away(딱 필요한 기술. 지금 당장)

컴퓨터 어소시에이트 Computer Associates
① Software superior by design(월등한 소프트웨어)
② The software that manages e-business(e-비즈니스 관리 소프트웨어)

컴퓨웨어 Compuware
① People and software for business applications(비즈니스를 위한 사람
과 소프트웨어)

② What do you need most?(무엇을 가장 필요로 하시나요?)

이엠씨투 EMC²
Where information lives(정보의 거주지)

이.에스.큐 E.S.Q
Software tools to manage your business(당신의 비즈니스를 관리하는 소프트웨어)

하이퍼큐브 Hypercube Inc
The best chemistry(최상의 조합)

하이퍼리온 Hyperion
Listen to your business(당신의 비즈니스를 들으세요)

제이디 에드워즈 JD Edwards
① Run with it(밀고 나가세요)
- '프로그램을 실행하다'라는 의미의 run을 활용해 JD 에드워즈를 실행하라는 다중적 의미도 내포한다.
② Software for a changing world(변화하는 세계를 위한 소프트웨어)

로터스 Lotus(IBM)
Working together(함께 작업합니다)

마이크로소프트 Microsoft
① Where do you want to go today?(오늘은 어디로 가고 싶으세요?)
마이크로소프트 이름에 있는 soft를 활용한 슬로건이 더 좋았을 듯싶다.
② Software for the Agile business(민첩한 기업을 위한 소프트웨어)
③ Your potential, our passion(당신의 가능성, 우리의 열정)
④ people 'T' ready(피플 T 레디)
T는 여체로 표현되어 있다.
- Tablet(태블릿), touch(터치) 등 T로 시작하는 기술로 무장되었다는 의미같다.

⑤ [Windows 7] The collection designed for individuals(개인 사용자를 위한 컬렉션)

오라클 Oracle
Unbreakable(부서지지 않는)

피플소프트 PeopleSoft
① Applications for e-business(e-business를 위한 어플리케이션/응용 프로그램)
② Past; Present; Future(과거; 현재; 미래)
브랜드 네임은 슬로건 아래에서 왔다.

에스에이피 SAP
① More than no-one in the world(세계에서 아무도 이 이상 더 뛰어나지 않은)
② Certified business solutions(공인된 비즈니스 솔루션)
③ The best-run businesses run SAP[changed to The best-run companies run SAP](SAP을 실행하는 최상의 비즈니스)

에스에이에스 SAS
The power to know(아는 것의 힘)

신테그라 Syntegra
The brains behind the scene(무대 뒤의 숨겨진 두뇌들)

베리타스 Veritas
Kiss your data hello*(당신의 데이터에 재회의 입맞춤을)
매우 창의적인 슬로건이다.
 - Kiss goodbye(작별의 입맞춤 하다)를 이용한 슬로건이다. 데이터를 잃어버렸다가 복구해서 기쁨의 입맞춤을 한다는 의미다.

55 스포츠

아디다스 아디제로 Adidas Adizero
Light makes fast(가벼움. 빠름)

알투라 Altura
Technical bikewear(사이클러의 전문 의류)

아메리카스 올림픽 팀 America's Olympic Team
Who's our next hero?(누가 다음 영웅인가?)

아식스 Asics
Sound mind, sound body(건전한 정신, 건강한 신체)

아스파이어 카타르 아카데미 Aspire Qatar Academy[sports academy]
Aspire today, inspire tomorrow(오늘을 열망하다. 내일을 고무하다)

에소스 Assos
Sponsor yourself(자신에게 투자하세요)

바볼랏 Babolat
① Tennis runs in our blood(우리 피에 테니스가 흐릅니다)
멋진 슬로건이다.
② Ultimate tennis experience(최고의 테니스 경험)

밤부 Bamboo[서핑보드]
Laminate Technology(라미네이트 기술)

카브린하 Cabrinha[카이트서핑]
Intelligent Depower System(지능형 무동력 시스템)

클럽 호텔 올리비 Club Hotel Olivi

Where tennis is a lifestyle(테니스가 라이프스타일인 곳)

콜나고 Colnago[자전거]

True to Colnago(콜나고 명성에 충실하다)

자기만족하는 슬로건이다.

코르테즈 서프보드 Cortez Surfboards

Epoxy Flight(에폭시 비행)

– 에폭시는 서프보드의 구성 재질이다. 날듯이 파도타기를 한다는 의미를 전한다.

사이클 클레임스 Cycle Claims

The specialist firm for cycle accidents(사이클 사고 전문회사)

도스 사이클스 Dawes Cycles

Discover your world(당신의 세계를 발견하십시오)

던롭 스포츠 Dunlop Sport

Quality products at quality prices(양질의 제품을 우수한 가격에)

에프씨 바르셀로나 FC Barcelona

More than a club(단순한 축구팀 이상입니다)

국제축구연맹 FIFA

For the good of the game(축구를 위해 존재합니다)

포름 Forme

Embracing the best of British design(영국 최고의 디자인의 정점)

지네트릭스 Genetrix[연]

Wired instinct(줄에 달린 본능)

– '연이 날고자 하는 본능', '열정적 본능'이라는 중의적 의미를 모두 표현하며, 연의 구조와

연날리기의 재미를 한번에 전달한다.

지오다나 Giordana

True passion for cycling(사이클링에 대한 진정한 열정)

지엔씨 GNC

Live well(건강하게 사세요)

이코 센터 IKO Centers

It's a great feeling(기분 좋다)

잭 울프스킨 Jack Wolfskin

For those who feel at home outdoors(야외가 집같은 사람들을 위해)

카라칼 Karakal[라켓]

Evolution by design(발명된 진화)

킬로 투 고 Kilo To Go

On your bike, Britain(영국이여, 자전거를 타라)

노바일 카이트보딩 Nobile Kiteboarding

Beyond expectations(기대 이상)

오닐 하이퍼플리스 O'Neill Hyperfleece

Stay out longer(실외에서 더 오래 있으세요)

– 보온이 잘 되는 오닐 하이퍼플리스를 입고 추운 바깥에서 더 오래 있으라는 뜻이다.

오존 C4 Ozone C4

The future defined(카이팅 스포츠의 미래를 정의하다)

파타고니아 Patagonia

① Built for purpose(목적을 가지고 만들어졌다)

멋진 슬로건이다.

② Build the best products, cause no unnecessary harm, use business to inspire and implement solutions to the environmental crisis(최고의 제품을 만든다. 불필요한 위험은 없앤다. 비즈니스로 환경위기 솔루션을 시행한다)

핑 Ping

Play your best(최선을 다해 플레이하라)

퓨얼리 테니스 Purely Tennis

Where service matters…(서비스가 중요한 순간…)

– 서비스는 테니스에서 처음으로 공을 치는 것으로 서비스를 어떻게 하느냐에 따라 승패가 갈린다.

피더블유피 PWP

Europe's biggest Racketsport Specialist(유럽의 가장 큰 로켓 스포츠 전문가)

리블 사이클스 Ribble Cycles

Established 1897(1897년 설립)

살로몬 Salomon[스키]

Fuel your instinct(본능을 채워라)

샌다운 파크 Sandown Park[레이스코스]

Nowhere else comes close(우리만큼 좋은 레이스코스는 없습니다)

– Close를 다른 의미로 읽어 '막상막하의 레이스게임'이라는 의미도 있다.

셀레 이탈리아 Selle Italia

Saddles for winners since 1897(1897년 설립. 승자의 안장)

쉰 Shinn

All skills need practice(모든 기술에는 연습이 필요하다)

서프테크 Surftech
Building boards for people who surf!(파도 타는 이들을 위한 정교하게 제작된 보드!)

타쿤 카이트보딩 Takoon Kiteboarding
Suits all styles(어떤 스타일이든 소화합니다)

티피 어드벤처 Tipi Adventure
Learn it, live it, love it!(배우세요. 사세요. 즐기세요!)
적지 않은 슬로건이 세 부분으로 나뉜 형식을 차용한다. 홀푸드^{Whole Foods}와 모나비^{MonaVie} 슬로건을 참조하라.

반스 서프 Vans Surf
Classic style. Modern comfort(클래식 스타일. 모던 컴포트)

비전 카이트 Vision Kites
Superior versatility, exceptionally balanced(뛰어난 활용도, 특출난 균형감)

웰드타이트 Weldtite
Fix it. Ride it(고쳐서 타세요)

휠베이스 Wheelbase
UK's largest cycle store(영국 최대 자전거 매장)

윌슨 Wilson
Number 1 in Tennis(테니스 넘버원)

56 담배

카멜 Camel

What you're looking for(당신이 찾는 담배)

시푠터스 Cifuentes[시가]

An escape from the ordinary(일상으로의 탈출)

– '평범한 시가로부터 탈출'이라는 다중적 의미도 가지고 있다.

코히바 Cohiba

A world beyond other cigars(다른 시가를 뛰어 넘은 세계)

콜리브리 Colibri[라이터]

Light years ahead(광년을 앞서다)

– 슬로건을 어떻게 읽느냐에 따라서 전달하는 의미가 두 가지인 똑똑한 슬로건이다. Light year(광년)으로 해석할 수 있고, light(라이터)를 켜다로 읽는다면 '앞으로 몇 년간 라이터를 켜라'라는 의미가 되어 '콜리브리 라이터는 앞으로 몇 년간 작동합니다'라고 읽을 수 있다.

드 히렌 반 루이스달 De Heeren van Ruysdael

The cigar of kings. And those who live like them(왕을 위한, 그리고 왕같이 사는 사람들을 위한 담배)

하바나 리저브 Havana Reserve

Unlimited pleasure, without reservations(무제한 즐거움. 주저 없이 즐기세요)
불필요하게 장황하다. Reservations로 Havana Reserve(하바나 리저브)를 반복하려는 게 보이기는 하지만, 맨 처음 두 단어만으로도 충분하다.

마카누도 Macanudo

An American passion(아메리칸 열정)

맥클러랜드 McClelland[pipe tobacco]
Take the time to enjoy the taste…(천천히 음미하세요)

팔리아멘트 Parliamen(Phlip Morris)
① The perfect recess(완벽한 휴식)
② Distinctly smooth(독특한 감미로움)

필립 모리스 Philip Morris Companies
Supporting the spirit of innovation(혁신 정신을 지지합니다)

알제이 레이놀즈 RJ Reynolds
① Over 18000 people in 170 countries(170개국 1만8000명 이상)
숫자가 포함된 얼마 안 되는 슬로건 중의 하나다. 포시즌Four Seasons을 참조하라.
② The key to success. People(성공의 열쇠. 사람)

지노 다비도프 Zino Davidoff[시가]
A man, a cigar, a legend(남자, 시가, 전설)

지포 Zippo
It works or we fix it free(잘 작동되지 않으면 무상으로 고쳐드립니다)

57 관광[호텔, 리조트와 여행 참조]

아부 다비 Abu Dhabi
① Travellers welcome(여행객 환영)
② The world. Closer via Abu Dhabi(아부 다비를 통해 더 가까워진 세상)

안달루시아 Andalucia
There's only one(단 하나밖에 없습니다)

아르메니아 Armenia

Noah's route. Your route*(노아의 길. 당신의 길)

훌륭하다. 외딴 나라의 슬로건을 찾기가 쉽지 않았다.

– 대홍수가 끝난 후 노아의 방주가 아르메니아의 한 지역에 멈추었다는 설을 근거로 만든
　슬로건이다.

아스펜 Aspen

Renew(다시 시작하세요)

오스트레일리아 Australia

There's nothing like Australia(호주만한 곳은 없습니다)

오스트리아 Austria

① It's got to be Austria(오스트리아가 분명합니다)

② Think Spa. Think Austria(스파는 오스트리아를 기억하세요)

아제르바이잔 Azerbaijan

Land of fire(불의 땅)

아조레스 Azores

Feel alive(활력을 느끼세요)

바하마 Bahamas

It just keeps getting better(점점 더 좋아집니다)

바베이도스 Barbados

Long Live Life(인생을 즐기세요/인생 만세!)

바르셀로나 Barcelona

Experience Barcelona(바르셀로나를 경험해보세요)

벨기에 Belgium
A state of mind(생각의 나라)
이 슬로건과 함께 나오는 TV 광고가 참 훌륭하다.
– A state of mind는 심리상태, 정신상태를 나타내기도 한다.

버뮤다 Bermuda
Feel the love(사랑을 느껴보세요)

보츠나와 Botswana
Redefining safari(사파리를 재정의하다)

브라질 Brazil
Sensational!(놀랍다!)

브리티시 콜롬비아 British Columbia
Super, Natural British Columbia(아주 멋진 천혜의 브리티시 콜롬비아)
– Super, natural은 supernatural(초자연적인)로 읽힐 수도 있다.

브리티시 버진 아일랜드 British Virgin Islands
Nature's little secrets(자연의 작은 비밀)

불가리아 Bulgaria
Magic lives here(마법이 있습니다)
프랑스어 슬로건인 la magie commence ici(마법은 여기에서 시작됩니다)가 더 좋다.

캘리포니아 California
Find yourself here(여기에서 자신을 찾으세요)

캐나다 Canada
Keep exploring(계속 탐험하라)

케이먼 아일랜드 Cayman Islands

It's not who you know. It's where you know(누구를 아는지가 중요한게 아니라, 어디를 아는지가 중요합니다)
너무 긴 슬로건이 아쉽다.

체서피크 Chesapeake

Where business comes to life(비즈니스가 살아나는 곳)

크로아티아 Croatia

① The Mediterranean as it once was(예전의 지중해)
② Sounds good(좋아요)

컴브리아 Cumbria

Britain's Energy Coast(영국의 에너지 해안)

사이프러스 Cyprus

① The island for all seasons(사계절 좋은 섬)
② In your heart(당신의 마음 속에 있습니다)

덴마크 Denmark

Feel free(거리낌 갖지 마세요)
나쁘지 않은 슬로건이다.

도미니카공화국 Dominican Republic

① A land of sensations(감각의 땅)
② Has it all(모든 것을 가지고 있습니다)

두바이 Dubai

① Freedom to do business[Jebel Ali Free Zone](비즈니스의 자유/제벨 알리 자유무역지구)
② The Centre of now[Downtown Dubai](현재의 중심/두바이 시내)
③ Definitely Dubai(확실히 두바이)

D의 반복이 좋다.

이집트 Egypt
① Where everyone wears a smile(모두가 미소를 짓는 곳)
② Where it all begins(모든 것이 시작되는 곳)
흥미롭게도 과거 문명을 언급한다.

조지아 Georgia
Grow with Georgia(조지아와 함께 성장하세요)

그리스 Greece
① Experience life(삶을 누리라)
② Beyond words(말로 표현할 수 없는)
③ Explore your senses(감각을 탐험하라)

그린란드 Greenland
Be a pioneer*(선구자가 되라)
과거를 추억하며 미래에 호소하는 효과적인 슬로건이다.

그레나다 Grenada
The spice of the Caribbean(카리브 해의 묘미)

건지 Guernsey
Not long haul, but miles away*(장거리 비행은 아니지만, 충분히 멀리 있습니다)
멀지는 않지만 기분 전환하기에 충분한 여행이라는 뜻을 잘 전달한다.
- Long haul flight는 6시간 이상의 장거리 비행을 지칭한다.

홍콩 Hong Kong
① Live it. Love it!**(누리세요, 즐기세요)
매력적인 슬로건이다. 여태 아무도 이 같은 슬로건을 고안해내지 않았다는 것이 이상
할 정도다.
② Asia's world city(아시아의 세계 도시)

이전 슬로건보다 훨씬 질이 떨어지는 이 슬로건은 제6회 WHO 각료회의를 겨냥해 선택된 듯싶다.

헝가리 Hungary

Take a turn(한번 해 보세요)

– 구체적이지 않고 수많은 의미로 이해할 수 있다. 상황에 따라 산책해보세요, 돌아보세요 등으로도 해석할 수 있다.

아이슬란드 Iceland

Discover the world(세계를 발견하라)

일리노이 Illinois

A million miles from Monday(월요일부터 100만마일)

– 월요일로부터 100만 마일은 일리노이 주의 주시(州是)다. 월요일이 되어 직장에 갈 시간이 아직 멀었다는 뜻이다.

인천 Incheon

The winged city(날개달린 도시)

– 국제공항이 있는 인천에 적합한 슬로건이다.

인도 India

Incredible! India(놀라운 인도!)
라임이 멋진 슬로건이다.

인도네시아 Indonesia

① The world of its own(그 자체로의 세계)
② Remarkable Indonesia(놀라운 인도네시아)

아이오와 Iowa

The smart state for business(비즈니스하기 좋은 주)

아일랜드 Ireland
① Awaken to a different world(다른 세계로 깨어나다)
② Go where Ireland takes you(아일랜드가 이끄는 곳으로 가십시오)

이스라엘 Israel
Tranquil oasis(고요한 오아시스)

이스트리아 Istria
Green Mediterranean(녹색 지중해)

이탈리아 Italy
Much more(훨씬 더 많습니다)

저지 Jersey
Turbo charge your weekend(주말을 급속 충전하세요)

케냐 Kenya
① Discover the magic of Africa(아프리카의 마법을 발견하세요)
② Magical(마력적인)
단어 하나로 이루어진 매우 인상 깊은 슬로건이다.

루이지애나 Louisiana
Come as you are. Leave different(있는 그대로 와서 변화되어 가세요)

말레이시아 Malaysia
Truly Asia(진정한 아시아)
말레이시아와 완벽한 라임을 이루기 때문에 기억하기 쉽다.

몰디브 Maldives
The sunny side of life(인생 속 햇살이 내리쬐는 쪽/삶의 화창한 측면)

몰타 Malta
① A stone's throw(돌을 던져 닿을 수 있는 가까운 거리에 있습니다)
② Truly Mediterranean(진정한 지중해)

마라케시 Marrakech
Travel for real(진짜 여행)

마르세유 프로방스 Marseille Provence
You'll be moved!(감동받을 거에요!)

모리셔스 Mauritius
Simply divine*(신성하다)
독창적인 슬로건을 찾기 힘든 분야에서 심플하고 더할 나위 없는 슬로건을 만들어냈다.

멕시코 Mexico
① Beyond your expectations(기대 이상)
② The place you thought you knew(당신이 안다고 생각했던 곳)

마이애미 Miami
Where worlds meet(세계가 만나는 곳)

몬테네그로 Montenegro
Wild beauty(야성미)

모로코 Morocco
① Travel to a land of wonders(경이로운 땅으로의 여행)
② Travel for real(진짜 여행을 하세요)

나미비아 Namibia
Endless horizons(끝없는 지평선)

뉴질랜드 New Zealand
Simply remarkable(한마디로 놀랍습니다)

나이지리아 Nigeria
Good people. Great nation(좋은 사람들. 멋진 나라)

오만 Oman
Beauty has an address, Oman(아름다움에는 주소가 있습니다, 오만)

온타리오 Ontario
① The future's right here(미래는 바로 여기에 있습니다.)
② The world works here(전 세계는 이곳에서 일합니다)
슬로건이 어떻게 투자자들보다 관광객을 유치하기 위해 변경되었는지 보라.

올랜도 Orlando
You never outgrow it(디즈니월드에 가기에 너무 많은 나이는 없습니다)
- 올랜도 최대의 관광지인 디즈니월드를 사용한 슬로건이다.

파항 Pahang(Sultanate)
Nature's undiscovered gift(자연 속 미지의 선물)

페루 Peru
Live the legend(전설을 살다)

포르투갈 Portugal
① Europe's West Coast(유럽의 서부 해안)
② The beauty of simplicity(단아함의 미)
이 슬로건은 누구든 사용할 수 있기 때문에 전에 비해 나아지지 않았다.

카타르 Qatar
Once seen, never forgotten(일단 보면 결코 잊을 수 없습니다)

퀘벡 Quebec

① Closer than you think(생각보다 가깝습니다)

② Providing emotions since 1534*(감성을 전합니다. 1534년 이래)

퀸즈랜드 Queensland

Where Australia shines(호주의 빛나는 곳)

퀸즈랜드의 Q는 햇살 같은 빛 모양으로 되어 있다.

레이놀즈 마운틴 Reynolds Mountain

Distinctly above it all*(확실히 모두 위에)

산맥의 높이를 활용한 슬로건이다.

세인트 루시아 St Lucia

Live the legend(전설을 살다)

스코틀랜드 Scotland

① Best small country in the world(세계에서 가장 좋은 작은 나라)

② Welcome to Scotland(스코틀랜드에 오신 것을 환영합니다)

나라에 대한 설명이 아무것도 없기에 비판받을 만하다.

③ Surprise yourself(놀랄 것입니다)

시실리 Sicily

① Everything else is in the shade(시실리 외에 모든 것들은 그늘 속에 있습니다)

② Myth into an island of light(신화로 알려진 섬, 이제는 빛의 섬으로)

싱가포르 Singapore

So easy to enjoy. So hard to forget**(즐기기에 쉽고, 잊기엔 어렵다)

시적인 슬로건이다.

사우스 아프리카 South Africa

It's possible(가능합니다)

스페인 Spain

Lost at last!*(마침내 일상에서 떨어져 휴가를 즐기다)
매력적인 슬로건이다.

스위스 Switzerland

Switzerland. Naturally(스위스, 당연히)

시리아 Syria

Land of civilisations(문명의 땅)

태국 Thailand

① A beautiful reason to smile(미소 지을 멋진 이유)
② Exceed your expectations*(당신의 기대를 넘습니다)
Exceed와 expectation에서 ex의 반복이 좋다.

튀니지 Tunisia

The future is here today(미래는 오늘 여기에 있습니다)

터키 Turkey

① Fascinates(매료하다)
② Welcomes you(당신을 환영합니다)
이 두 슬로건은 강조하는 바가 다르다.

버지니아 Virginia

Virginia is for lovers(연인들을 위한 버지니아)

웨일스 Wales

For proper holidays(제대로 된 휴가)

58 장난감, 게임[소매업 참조]

빙고 Bingo

Put some play in your day(일상에 게임을 추가하세요)

이에이 게임즈 EA Games

Challenge everything(모든 것에 도전하라)

이에이 스포츠 EA Sports

It's in the game(게임 속에 있습니다)

– In the game은 경쟁적으로 스포츠를 한다는 의미도 가지고 있기 때문에 실제 스포츠를
  하는 것과 같다는 뜻도 있다.

피셔-프라이스 Fisher-Price

Oh, the possibilities!(오, 가능성!)
슬로건에서 잘 사용하지 않는 느낌표를 활용했다.

플레이스테이션 PlayStation

① Live in your world. Play in ours(당신의 세상에 살아라. 우리의 세상에서
플레이하라)
꽤 괜찮은 슬로건이다. 무엇을 홍보하는지 확실히 전달된다.
② Your turn(당신이 게임할 차례)
이 슬로건이 더 낫다.

티들로 Tidlo

Timeless toys(유행을 타지 않는 장난감)

토이저러스 Toys R Us

Only at Toys R Us(토이저러스에 밖에 없습니다)

엑스박스 Xbox

① Play more(더 플레이하세요)

② Jump in(점프 인, 뛰어드세요)

멋지게 짧다. 하지만 이 슬로건이 무엇과 관련되어 있는지 모르는 사람에게는 의미가 없는 말이기도 하다.

59 여행[관광과 호텔, 리조트 참조]

에어투어스 Airtours(토마스 쿡)

The holiday makers(휴가를 계획해 드립니다)

알스톰 Alstom

We are shaping the future(미래를 만들어 갑니다)

아마존 크릭 Amazon Creek

Ultimate Luxury Holidays(최고의 럭셔리 휴일)

암트랙 Amtrak

Now arriving(열차가 들어오고 있습니다)

아나히타 Anahita

Live in your dream(꿈꾸는 대로 살라)

블루 워터 홀리데이즈 Blue Water Holidays

The UK's only specialists in holidays afloat(영국의 유일한 해상 휴가 전문가)

봄바르디어 제피로 Bombardier ZEFIRO

The fastest way to save the planet(지구를 구하는 가장 빠른 방법)

브르타니 페리즈 Brittany Ferries
Where holidays begin(휴가가 시작되는 곳)

캐리비안 커넥션 Caribbean Connection
Luxury travel is our speciality(최상급 여행이 우리의 전문입니다)

셀러브리티 크루즈 Celebrity Cruises
Exceeding expectations(기대 이상)

크리스털 크루즈 Crystal Cruises
① The most glorious ships at sea(바다의 가장 장엄한 배)
② The difference is Crystal clear*(차이는 크리스털처럼 명확합니다)
매우 멋진 슬로건이다.

큐나드 Cunard
Where else in the world(우리만큼 좋은 크루즈를 세계 어디에서 찾을 수 있나
요?/크루즈를 타고 세계 어떤 곳을 가고 싶으세요?)

델타레일 DeltaRail
Software and Technology for the rail industry(철도산업 소프트웨어 & 기술)

이에스지 ESG[철도]
Designed to deliver(배달을 위해 있습니다)

유로스타 Eurostar
Opening the way(길을 엽니다)

이그젝티브 제트 Executive Jet
Judge a company by the customers it keeps(돌아오는 고객으로 기업을 평
가하십시오)

엑스페디아 Expedia.co.uk
We're powered by people who travel(여행자들이 우리를 있게 합니다)

퍼스트 그레이트 웨스턴 First Great Western
Putting you first(당신이 최우선입니다)

포도스 Fodor's
An adventure on every page(매 페이지마다 모험이 기다리고 있습니다)

헤이븐 Haven
Britain's favourite seaside holiday(영국의 가장 사랑받는 해변 휴가)

헤이즈 & 자비스 Hayes & Jarvis
Unmistakable value(틀림없는/놓칠 수 없는 가치)

홀랜드 아메리카 라인 Holland America Line
A signature of excellence(우수성의 상징)

호텔즈닷컴 Hotels.com
Wake up happy(행복하게 일어나세요)

핫와이어닷컴 Hotwire.com
4-star hotels, 2-star prices(4성급 호텔, 2성급 가격)

인벤시스 레일 Invensys Rail
A more powerful solution across the board(전반적으로 더 강력한 솔루션)

커커 Kirker
For discerning travellers(안목 있는 여행자를 위해)

쿠오니 Kuoni
No one knows the planet like us(누구도 우리만큼 지구를 알지 못한다)

로우코스트할리데이즈닷컴 Lowcostholidays.com

Now anyone can go anywhere(이제는 그 누구도 어디든 갈 수 있습니다)

엠에스씨 크루즈 MSC Cruises

The most modern fleet in the world(세상에서 가장 현대적인 크루즈)

내셔널 레일 National Rail

Life begins off-peak(인생은 비수기에 시작합니다)

노르웨이젼 크루즈 라인 Norwegian Cruise Line

Freestyle cruising(프리스타일 크루즈/자유형 크루즈)

오세아니아 크루즈 Oceania Cruises

Your world. Your way(당신의 세계. 당신의 길)

오리엔트 라인즈 Orient Lines

The destination cruise specialists(데스티네이션 크루즈 전문가)

P&O 크루즈 P&O Cruises

There's a world out there(바깥에 또 하나의 세계가 있습니다)

P&O 페리즈 P&O Ferries

Expect more(더 많은 것을 기대하세요)

페이지 & 모이 Page & Moy

Immerse yourself(빠져보세요)

파우더 번 Powder Byrne

The luxury holiday company for parents and kids(부모와 자녀를 위한 최고급 휴가)

프린세스 크루즈 Princess Cruises
Escape completely(일상에서 완벽하게 탈출하세요)

램블러 Ramblers
Worldwide Holidays(전 세계로 여행을 떠나세요)

리젠트 세븐 씨즈 크루즈 Regent Seven Seas Cruises
Luxury goes exploring(럭셔리가 탐험을 떠납니다)

로얄 캐리비안 크루즈 Royal Caribbean Cruises
Get out there(여행을 떠나세요)

샘소나이트 Samsonite
① Our strengths are legendary(샘소나이트의 내구력은 전설적입니다)
② Worldproof(세상에서 겪는 어떤 어려움이든 견딜 수 있습니다)
단어 하나만으로 회사의 기능을 나타내기에 이전 슬로건보다 훨씬 좋다.

시닉 투어 Scenic Tours
The ultimate touring experience(최고의 여행 경험)

씨본 Seabourn[크루즈]
When only the best will do(최고여야만 할 때)

실버씨 Silversea
① One aim, one excellence(하나의 목표, 하나의 우수성)
② Explore. Dream. Discover(탐험. 꿈. 발견)

서리얼 할리데이즈 Surreal Holidays
Beyond your imagination(당신의 상상 그 이상)
기업의 이름 Surreal을 활용했다면 더 좋을 뻔 했다. Real holiday, surreal living(현실적인 휴가, 비현실적인 삶)처럼 말이다.

토마스 쿡 Thomas Cook

Don't just book it. Thomas Cook it(그냥 예약하제 마세요. 토마스 쿡 하세요)

멋진 슬로건이다. Book과 Cook의 라임도 참신하다.

톰슨 Thomson

Your holiday to a T(딱 맞는 휴가)

– 꼭 맞는 to a T라는 관용구에 나오는 T는 Thomson을 떠올린다.

트랜시스 프로젝트 리미티드 Transys Projects Limited

Assured Rail Vehicle Solutions(보증된 철도 솔루션)

트래블 채널 Travel Channel

Be a traveller(여행자가 되어보세요)

트래블러 Traveler

① Why be a tourist when you can be a traveler?(트래블러가 될 수 있는데 왜 관광객이 되나요?)

② Truth in travel(여행의 진실)

③ Holidays created by the people who know(휴가를 아는 사람들이 만든 휴가)

트래블러즈 인사이더즈 가이드 Traveler's Insider's Guide

The last trip you'll ever take without leaving home(집을 떠나지 않고 갈 수 있는 마지막 여행)

트래블엑스닷컴 Travelex.com

Before you travel, Travelex(여행을 떠나기 전, 트래블엑스)

트립닷컴 Trip.com

Simply brilliant(단순히 뛰어난/그저 놀라운)

좋은 슬로건이지만, 그것은 우리에게 왜 이 회사가 다른것들 대신 선택해야 하는지를 말하지 않는다.

바이킹 리버 크루즈 Viking River Cruises
Exploring the world in comfort(편안하게 세계를 탐험하다)

버진 할리데이즈 Virgin Holidays
Ask for the world(세계에 대해 물어보세요/세계를 여행하세요)

보야지프리베닷컴 Voyageprivé.com
Dream travel within reach. For members only(실현 가능한 꿈의 여행. 회원제)

와일드라이프 & 컬처 할리데이즈 Wildlife & Culture Holidays
Immerse yourself*(문화와 야생에 흠뻑 빠져보세요)
정말 흠뻑 빠진 느낌의 슬로건이다.

60 웨딩

카사블랑카 브라이들 Casablanca Bridal[웨딩드레스]
Celebrate forever(영원히 기념하세요)
잘 만들어진 슬로건이다.

크레이트 & 배럴 Crate & Barrel
The wedding parties(결혼 연회)

데이비드 브라이들 David's Bridal
Get inspired(영감을 얻으라)

그레이 & 패럴 Gray & Farrar
The ultimate matchmaking service(최고의 중매 서비스)

케이트 애스펜 Kate Aspen
Unforgettable Favors(잊지 못할 선물)

마이클스 Michaels[웨딩]
Where creativity happens(창의력이 만들어지는 곳)

올레그 카시니 Oleg Cassini
Fashionable. Affordable. Unforgettable(패셔너블. 경제적. 기억에 남는)

샌들스 Sandals
Luxury Included Vacations(럭셔리 신혼여행)

와터스 Watters
Dream designs for dream weddings(꿈의 웨딩을 위한 꿈의 디자인)

웨딩 페이퍼 Wedding Paper
Simply perfect, perfectly simple(심플하게 완벽, 완벽하게 심플)
페트론 데낄라Patrón Tequila 슬로건과 유사하다.

61 기타

애드슬로건 AdSlogans
① It pays to check(확인하는 것이 더 좋습니다)
– 애드슬로건은 영어로 된 슬로건 정보를 모아 놓은 기업으로 슬로건을 기획하는 광고 에이 전시가 기존에 어떤 슬로건이 있는지 확인하는 것이 효과적일 것이라는 의미를 전달하고 자 한다.
② Where the endline comes first(끝에 오는 광고 구문이 먼저 시작하는 곳)
두 번째가 더 재미있지만, 첫 번째 슬로건이 더 마음에 든다.
– Endline은 슬로건, 또는 광고 구문의 영국식 표현이다.

본함스 Bonhams
Since 1793(1793년 설립)

보이즈 앤 걸즈 클럽스 오브 아메리카
Boys and Girls Clubs of America
The positive place for kids(아이들을 위한 좋은 곳)

청소년을 위한 멤버십 클럽 Care Village Group
It's all about you(당신만을 위합니다)

처칠 워 룸스 Churchill War Rooms
The rooms that changed history(역사를 바꾼 방)

생명공학정보협의회 Council for Biotechnology Information
Good ideas are growing(좋은 아이디어가 자랍니다)
– 생명공학 분야에 맞춰 '성장하다/자라다라'는 유기적인 표현 growing을 사용했다.

드레위츠 & 블룸스버리 Dreweatts & Bloomsbury
Working together(함께 일하기)

듀크 Duke's
If you are thinking of selling, think Duke's(판매를 고려한다면 듀크를 기
억하세요)

후버 인스티튜션 Hoover Institution
Ideas defining a free society(자유사회를 정의하는 아이디어)

국제광고협회 IAA(International Advertising Association)
Advertising. The right to choose(광고. 선택할 권리)

인데시트 Indesit
We work, you play(우리가 일하겠습니다. 당신은 쉬세요)

맨파워 Manpower

Here and now(지금 이곳에)

소프 Thorpe[놀이공원]

Spill out(물 튀기세요)

− '비밀을 누설하다라'는 뜻의 관용구 spill out을 활용해 소프 수상파크의 모토 Thrills and Spill을 연상시킨다.